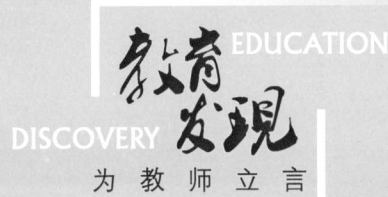

教育 EDUCATION
发现 DISCOVERY
为 教 师 立 言

教育发现

fā xiàn yǔ wén

发现语文

——孙建锋对话教学

孙建锋 著

○○○

山东文艺出版社

自 序

鹤以青松为世界，鸥将白水做家乡，人视对话为家园。

青松、白水之于鹤、鸥，兴许是稀松平常的"天欲"，而对话却是人为自己构筑的一个心理单间。它是精神的圣殿、心灵的天堂、生命的禅床。

对话是一种生命的内在诉求。"暧暧远人村，依依墟里烟。"一个生命呱呱坠地，便开始了与他者生命构建交流意义的对话。对话是一种存在方式。人就是在对话交往内存在的，个人不可能单凭自身而成为真正意义上的人。即便是密封舱里的宇航员，也不能自我放逐丢掉对话，反而要更加密切地保持与地面对话，这远远超出了通讯意义。人，一方面不断朝向世界开放；另一方面，又在同世界的关联中深感自身的欠缺性，需要诉说，需要倾听，需要与异于自身的"他者"对话，需要与外部世界进行信息与价值交换，使自身充实和成熟。如此经由对话达成相遇的人，才能活得健康。感觉剥夺实验已经证明，人一旦缺失对话时空，生命健康就无法正常维系。只有建立对话空间，才能开拓生存空间，才能在对话的审美历程中不断完善生命、提升生命、超越生命。当然，在真正的对话过程中，对话本身也以具有独立生命的"第三者"身份介入其中，而且启发对话双方的思路，使对话者领受到对话活动本身的恩宠，获得自身生命的一再重生。

对话是一种语言的诗意馈赠。语言是生命的酒，窖香馥郁，醇美甘甜，回味绵长，值得永久思量。语言是存在的家，唯有通过语言，存在才是可能的。人类要理解自己的过去、现在和将来，都必须借助于"语言"所组成的"文本"及其他不同类型的"记述"；通过"记述"，历史被复原、被理解，人类生活的经验也被"情节化""生动化""形象化"和"立体化"，变成"可理解的"东西。语言是人类文明最上乘的结晶。它为人类的思维、精神活动以及一切属于人类属性的因素，提供一个永无边际、永无终止线的无限广阔的天地。人需要语言不仅仅是为了传达意义，同时也是对自身存在的倾听与确认。让心宁静到几乎使时间停止，生命能够逆时间之流而上，达到洁净的源泉，便可谛听到有生命的语言在召唤、在说话。语言中有声音，有色彩，有味道，有感情的余温，有目光的交错，有无疆的大爱，有令人身心震荡的力量。与语言对话，听哲人追问，听诗人吟哦，也听芸芸众生絮语，那已不单是话语，还是心情；有时不单是心情，还是状态；有时不单是状态，还是境界；有时不单是境界，还是期待；有时不单是期待，还是存在。存在即对话。通过对话，聆听语言的喃喃自语，咀嚼语言的精神况味，感受语言的心灵悸动，品味语言的智慧意蕴，参悟语言的真知灼见，认同语言的经验体认，接受语言的诗意馈赠。

对话是一种心灵的深度倾听。人类生存的世界，并非只限于看得见的现实世界，还包括不可见的潜在世界，也包括各种从未料想到的维度。每个人都应该随时随地准备以积极的态度，倾听他者的创造性思路的启发，使自身透过与他者的开放关系，不断容纳他者所提供的文化精神养料。心灵的深度倾听意味着全部身心向他者开放，向世界开放，开放自己的一切和一切的自己，展现宇宙全息、生命全息和灵魂全息，不论何时何地都可以用一切可能的方式倾听一切可听之物，一如老子能听到大音希声，庄子能听到"渊默而雷声"，陶渊明能听到无弦之琴，毕达哥拉斯能听到天体运动的和谐韵律。自觉追求心灵的深度倾听：倾听言词，倾听灵魂，倾听天籁，倾听律动，倾听时间，倾听永恒，倾听隐含着值得人们一再发现和不断回味的不可见的意义群。在心灵的深度倾听中成为具有倾听力量的达人与圣者。

对话是一种分享的存在讲和。任何生命的"生存于世"，都具有欠缺性与不可化约和不可归纳的独特性，并以其独特的自我显现方式，呈现于其所遭遇的生活世界中。自然，在对话中，生命的欠缺性成为生命自我创造、自我显现及自我给予的内在条件和基本动力；生命的独特性使得人们所知的事件与所持的观点是互不相同的，在其本身的范围内，具有无限开拓和展示的可能性，各种思维、情感、观念与意见都渐次侵入。个人世界虽然表面看来很有限，从宏观上看，可能无法与大宇宙相比拟，但其内容与深度，其精神境界可能达到的广延性和维度，都可能与大宇宙相媲美。人之精神境界之维度，借助语言之歧义性，又依据语言之抽象及形象包含力和摄取力，可以扩展到任何人都难以推想之程度，也是无法为任何人所限定的。于是，对话中，不同的声音在相互碰撞、相互交响、相互牖启、相互交融，个体生命最终走出自我、走向他者生命的物理与精神空间，进而调适自己的经验世界，调整自我"在场"的姿态，重建自我对外部世界的感觉。在这种对话生存方式的相互参照中，实现双赢、共赢、一赢俱赢；在这种对话分享的存在讲和中，弥补人类生命的思维方式，丰富人类生命的生活方式，创造人类生命的存续美感。

对话是一种人权的良性恢复。对话俨然一场圆的比赛。在对话中，每个对话者都拔掉了各种指向沉默的界标。对话双方并不完全受其共有精神的审判，每一个新的对话者点燃一支新的火焰，每一个热忱的灵魂都奉献一丝光照，把我们从上一个发言的压迫中解放出来，同时用自己那伟大而孤傲的思想压迫着我们，紧接着又把我们转让给另一个拯救者。对话者之间不断涌现"共生之象"，宛如一支旋律，每个音符都自前一个音符流出，又为后一个音符增添华彩。对话中，人恢复了作为人的权利。

对话是一种唯美的精神相遇。生命的周围沸腾着活泼的生命，人始终都面临着"他者"的包围与共存，无论趋向何方，都与在者相遇。真实的人生就是一种相遇。相遇既可在可见的时空结构中进行，又可在"超时空"的精神领域中显现。每部文学作品都"以自己的方式敞开了存在者的存在"。当跨越时空，与千年之远、万仞之遥的大师巨匠对话，在其有声、有色、有思想、有韵味的语言世界里流连忘返，触摸集合了世间大智大勇的高贵灵魂与融会了人间大悲悯、大欢喜、大憎恨的博大情怀的颗颗大心时，那些金光闪闪的思念就像广阔苍天的繁星，径直把我们引向无边无际的精神世界。置此境域，便可谛听到一种"对人生万象、宇宙万物深切关注与深邃思考；对彼岸理想美好想象与热情呼唤；对此岸人生困境的痛苦逼视与勇敢揭露"的强大心音。在心灵桃花源里与大师巨匠精神相遇，从中汲取的智能与情感，霎时如泉喷涌，既难以控制而无穷分化，又轻轻抚掠心房和情海，悄然陶冶灵魂，提升境界，升华人格，增值生命。人，正是在这种相遇中不断进行精神探险，让深含于自身生命基础的意向性，朝着所选定的最美方向发展。

对话是一种艺术的生命唤醒。艺术是生命创造力的直接表现。艺术的生命唤醒是生命自我创造、自我展现和自我实现的过程。每个身体都是一座神殿，里面潜藏着巨大的神奇和能量；每颗心灵都具有智慧和慈悲的种子，能够为人类带来和平博爱；每个灵魂都是天地间不朽的杰作，能够创造美好未来。让心在专注的冥想中安静，像婴儿般单纯地与生命对话，艺术地唤醒每个生命对昨天的追忆与传承、对今天的柔情与热爱、对明天的梦想与乐观；唤醒每个生命以崭新的眼光审视社会生活、洞察人情物理；唤醒每个生命主动获取足够的鉴赏力、判断力、选择力；唤醒每个生命表达生命之真，体验生命之善，创造生命之美；唤醒每个生命带着激情与憧憬，带着豪情与自信，带着人格与魅力，带着精神高级状态与心灵最高维度，走出课堂，走出校门，走向更为宽广、丰富和多样的生活世界，创造属于自己的曼妙丰赡的艺术人生。

目 录

下　篇

上篇

创课对话

——创课·创客

无论哪一天，无论在哪间教室，只要你愿意，愿意怀揣"希望、信仰、爱与宽容"，都可以"创课"。

当下风行"创客"。创客，是指不以赢利为目标，努力把各种创意转变为现实的人。创客以创新为核心理念，热衷于创意、设计、制造，有意愿、活力、热情和能力为自己，同时也为全体人类去创建一种更美好的生活。

教师怎样成为创客？在我看来，教师可以通过"创课"成为创客。

一次，某名师工作室邀我为其成员讲一堂对话课。这堂课该怎样讲？我把自己作为创客，通过"写一写，读一读，听一听，说一说"四个环节，进行了一次别开生面的"创课"。

写一写：（　　）＋（　　）＝？

彼此初见，我先请工作室成员落笔写下自己的姓名，然后空两格写下"孙建锋"，接着在两个名字之间写上"＋"号，随后写上"＝"号，最后写上一个关键词。

一分钟后，这道加法算式便有了收获："语文""师徒""差距""快乐""缘分""似曾相识"……

这个对话环节的创意设计，意味着对话开启的时候要身心打开，让人接收到你释放出来的心灵磁场。心灵磁场是灵魂散发出的暗物质，是一种软实力，也是一种隐形力量。一个人的灵魂纯净，散发出来的心灵磁场自然能够净化身边的人，身边的人立刻会感到很舒服，觉得跟他有缘分。

看一看：（　　）－（　　）＝？

第一个对话环节过后，我相机请工作室成员看两组图片。

两组图片各三张，每认出一张图片上的人物就得到 100 分。然后用"认识的"减去"不认识的"完成算式"（　　）－（　　）＝？"。

第一组图片一出示，老师们异常兴奋地惊呼他们的名字——王力宏、李敏镐、金秀贤。在愉快的欢叫声中，每个人都轻而易举地获得了 300 分，极大的满足感与成就感使得他们急不可耐地要求赶快出示第二组图片。

第二组图片一出示，老师们却瞠目结舌、集体沉默，因为他们一个也不认识。

"她们是享誉全国的著名小学语文特级教师——霍懋征、斯霞、袁瑢，"揭示谜底后，我继续说，"请你们自己与自己对话，在心里完成'（　　）－（　　）＝？'算式吧。"

"我想说说心里话，"一个老师按捺不住了，"演艺界三位当红的靓男我全认识，小语界三位著名的小学语文特级教师我一个不认识，300－0

≠300，300－0＝迷失与追慕。由此，我知道了自己的迷失，也悟出了该有怎样的追慕。"

······

从迷到悟有多远，一念之间；从心到心有多远，对话之间。

这个对话环节的创意设计，意味着对话的真义在于引导，引导语文人对人文价值观有着明确的追慕方向，创生"仰望星空与俯察大地"的高贵感。设若一个语文人缺少人文精神的"高贵单纯与静穆伟大"所形成的"追求真理"的气场，缺少求知的神圣感与崇高感，缺少对传承人类精神文明者的敬畏感与仰止感，缺少经营内心精神的紧迫感与回归精神家园的皈依感，就会方向迷失、精神疲软、职业倦怠。走出这一窠臼，和过去的"迷失"斗争的过程，就是一个有向度的人的精神世界与深度性格重塑的过程。

听一听：（　　　）×（　　　）＝？

第三个"对话"环节，是请工作室成员与三个微视频中的"对话"对话。

第一个微视频：崔永元与刘晓庆对话——

崔：晓庆老师，上次看您那个《风华绝代》话剧演出的时候，我记得非常清楚，还有半个小时才开场，您就已经站在那个幕的一边，在黑暗中站着，是不是台词都得再回忆一遍？

刘：对！事实上我是提前三个小时就站在黑暗中，不跟任何人说话了。（《谢天谢地，你来啦》2012－10－13）

第二个微视频：柴静与冯小刚、李安、卡梅隆对话——

冯：我的另一类电影里的玩世不恭的态度，其实是一种自我保护的方式。比如说一个人骂你，他骂得没道理，你不去辩论，比如他说你黑，你马上变成了（黑），你终于看出我黑了，我其实比那黑还黑！

柴：你是觉得这让对方没话说是吗？（《看见》2012—12—2）

柴：好像你的大部分电影都在讲纯真的丧失。

李：不光讲纯真丧失。你对纯真的怀念本身是一种情怀，我觉得那种怀念不能够丧失。我觉得纯真在内心深处。还有你最珍惜的这种友情，跟人的关系，我觉得要保留。那是一种精神状态，那是种赤子之心。（《看见》2012—11—18）

柴：（2012年3月26日，57岁的卡梅隆，刚刚创下一项新的世界纪录，他独自蜷缩在狭小的潜水艇里，以每分钟150米的速度，下潜到世界海洋最深处马里亚纳海沟，下潜深度达到10898米，成为人类历史上第一位独自目击地球最深处景象的人。）你要在黑暗中历经长达十多个小时……这听起来并不好玩。

卡：那是你的感觉。

柴：请你解释一下。

卡：对我来说，有趣的是挑战本身，重要的不是刷新潜水世界纪录，而是创造新的技术，去探索地球上最后一片人类未知的地方。

柴：科学探索不是你的事，你只是个导演。

卡：在过去七年中，我只拍过两部电影，却做了八次深海探索，所以我在这方面投入的精力远比拍电影要多。在好莱坞当导演只是我的一份兼职。

柴：那你到底是谁？

卡：问得好！我想你问的是我对自己的定位。我认为我的本职是拍电影、写剧本，但创作剧本和深海探索是共通的。因为仅仅探索是不够的，你还要把记录的画面和故事带回来，并和大家分享。（《看见》2012—5—6）

第三个微视频：刘航与杨丽萍对话——

刘：（最近，杨丽萍担任总导演兼女主角的大型舞剧《孔雀》在全国各地巡演。在昆明刘航与舞蹈家杨丽萍进行了一场关于舞蹈、生命与自然的对话。）你对舞蹈的定义？

杨：宗教和信仰。用语言没有办法表述的时候，舞蹈是我的最佳语言。有时，我讲话都讲不好，但是我能用舞蹈表达出来。

刘：有人很好奇，这种灵感来自哪里？

杨：全部来自大自然。其实我觉得我真正的学校是生活和自然，生命本身的这个过程是太好的一本书。

刘：在大型舞剧《孔雀》的开篇中，杨丽萍在一个颇具震撼效果的梦境中出场，剧中的孔雀是鸟，也是人，是有情世界的芸芸众生。孔雀化身的杨丽萍，通过孔雀的动作来表现爱恨、伤害、诱惑和彷徨。这些情感的流露，也是她带自传性质的表达。

杨：冥冥之中，我老觉得我和她分不开，可能我上辈子就是孔雀吧……（《新闻当事人》2012—11—17）

这个对话环节的创意设计，意味着三个微视频中的对话为"被乘数"，而每位教师的对话则是"乘数"，若"被乘数"不变，"积"的大小取决于"乘数"，设若不去对话，"乘数"为零，"积"自然为零。

说一说：（　　　）÷（　　　）＝？

从教育的视角，说一说你与微视频中的对话有怎样的对话？

工作室成员一下子打开了话匣子，畅所欲言、各抒己见：

——微视频中的刘晓庆是演员，冯小刚、李安、卡梅隆是导演，杨丽萍既是演员又是导演。我觉得，一个好老师既要像刘晓庆一样做个好演员，又要像冯小刚、李安、卡梅隆一样做个好导演，更要像杨丽萍一样既做个好演员又做个好导演。

——刘晓庆作为一个演员，为了更好地"入戏"，在《风华绝代》话剧演出的时候，她提前三个小时就站在幕后的黑暗中不跟任何人说话了。作为一名老师，为了上好每节课我们要不要提前"入课"，课前三分钟，或者课前三十分钟，就把将要上的课"过一下电影"呢？

——在我看来，冯小刚、李安、卡梅隆三位导演，都有孩子气。冯小刚有一种孩子的"叛逆"，李安有一种孩子的"纯真"，卡梅隆有一种孩子的"冒险"。其实，每个人的心中都住着一个小孩。无论你是否看到他、关注他，他都如影随形地跟着你、提醒你。有人说他是我们的"真我"，而所谓"成为你自己"就是去除各种束缚，从而活出真实的自己。作为一名小学教师，要把心中的小孩放出来，和班里的孩子一起"玩"，这样才能"玩"在一起。

——我心仪卡梅隆，不仅仅因为他执导了享誉全球的大片《泰坦尼克号》与《阿凡达》，更因为他独树一帜的探索精神。表面看来卡导的"潜海"是不务正业，但他恰恰因为"不务正业"，才看到了别人不曾看到的海底景观。他又把这"景观"变成画面和故事与人分享。他的追求、他的冒险、他的探索、他的个性、他的视野、他的洞察、他的创造、他的分享……构成了他的大格局。正因为他的格局大，他执导的电影成了大片。我常想，每个孩子的内心世界不都有一片深不可测的大海吗，老师能像卡梅隆一样潜入孩子心海的马里亚纳海沟探索吗？能像卡梅隆一样胸怀大格局执导好每一节课吗？

——杨丽萍能够自编、自导、自演大型舞剧《孔雀》，是一位名副其实的舞蹈家。我想，一位优秀的教师也应当像杨丽萍一样能够独立开发课程，独立设计教案，独立进行公开教学。

——杨丽萍有三点值得我学习：一是把舞蹈作为一种信仰；二是把自然、生活、生命过程当作老师；三是表演《孔雀》能够人鸟合一。教师能不能"人本位"把孩子当作"宗教和信仰"？课堂上能不能通过对话做到师心、生心合一？能不能常"多元化"看看自然、生活与生命的无字书？

……

这个"对话"环节的创意设计，意味着三个微视频中的"对话"为"被除数"（定数），而每位教师的对话则是"除数"（变数），"商"的大小取决于"除数"，设若不去对话，"除数"为零，则无意义。

那么，对于"创课"成为"创客"，我们究竟该如何看待？

在大卫·布鲁克斯看来，"没有一件值得一做的事情，可以在人的一生中完成，我们必须用希望来拯救；没有一样真实或者美丽的东西，可以在历史的一瞬间展现它的华彩，因此，我们必须用信仰来救赎；没有一件事情，哪怕是美好的，我们可以独自完成，因此，我们必须用爱来拯救；没有什么善良的行为是完全的善，不论是从朋友、敌人还是我们自身的角度考量都是这样，因此我们必须用完全的爱来拯救，也就是用宽容。"

在我看来，无论哪一天，无论在哪间教室，无论哪位教师，只要你愿意，愿意怀揣"希望、信仰、爱与宽容"，都可以"创课"。"创课"，就是创客。不是吗？

辩课对话
——辩课取代评课例谈

传统的评课因积习流弊，亟须改革。辩课取代评课就是一种有效的尝试。

当下教研评课，流弊多多：

——"重听轻评。"听课时济济一堂，评课时寥寥无几。

——"高唱赞歌。"评课专挑"大年初一"的话讲，讲得"其乐融融"。

——"剑拔弩张。"出于个人目的，对授课人全盘否定。

——"面面俱到。"不分轻重，从头到脚，泛泛而评。

——"轻描淡写。"对存在的问题，评得蜻蜓点水，一带而过。

——"只会看病。"问题评出一箩筐，就是不会开药方。

——"一鸟入林。"太把自己当权威。一鸟入林，百鸟无声。

……

评课流弊举不胜举且愈演愈烈。这个，你懂的。

评课流弊的危害在哪里？社会学上有个"隐形人"现象。我们生活在各种各样的系统之中，它们就像一个个圆，大到一个星球、一个国家，小到一个社区、一所学校。在最理想的状态下，所有人处在平滑完美的圆形系统中公平获取资源。可是，总有那么一群人没能从现有系统之中公平获利，而身处困境。贫困、失业、无家可归，资源与发展的不平等让一群人在主流世界中成为"隐形人"。只要你的某种需求不被看见，你就有可能是"隐形人"。

"隐形人"同样存在于评课的系统圆中，越来越多老师的教研评课丧失了鲜活、敏锐、真诚与灵动，他们逐步沦为"教学思想贫困"的"隐形人"。

革除评课流弊，势在必行。人人都可以做评课的创变者，一个成功的评课创新，可以打通系统，让资源流向"隐形人"，使得评课的内部系统恢复弹性，充满张力与活力。

我曾引领工作室成员，做出以辩课取代评课的改变，效果非凡。出示课例："某位教师在执教《草船借箭》时，投影'你从哪些语句和段落看出诸葛亮是智慧的化身？找出来，并多读几遍。'围绕这一问题，执教者从找出语句，到分配角色，再到反复朗读，最后得出结论——诸葛亮神机妙算，共用时 40 分钟。"

辩课开始前，我先让大家看一段从《儿童性教育是否太超前》中剪辑的微视频——

主持人陈词：不同时段，山东、江西、河北出现了教师猥亵、强奸学生的事件。这些是否跟性教育的缺失有关？

嘉宾 1：这些教师的错误行为是缺乏性教育才导致的结果。他们这些状况的实质是闷骚的爆发。闷骚的时候他不吭声，一旦爆发就变成疯狂了。

嘉宾 2：这些人犯罪不仅仅是闷骚的问题，更是一个人格的问题，职业道德的问题。不久前，闹得沸沸扬扬的卡恩，世界货币组织的头头，都那么大年纪了，还花心不死……你说他找不到女人吗？

这就是一个人格问题。

嘉宾3：我做了39年的儿童教育，对这类事件曾多次反复研究与思考。发生这种事情的一个重要原因是什么？因为这些孩子压根不知道老师要干什么，她甚至以为老师喜欢她，老师爱她。大部分孩子不知道，年龄越小越不知道。从这里就看到了性教育的必要性。如果推行了性教育，孩子知道你不能亲我，不能随便摸我，我有我的权利，她就不会受到这种伤害。所以说，没有性教育的话，更多的孩子会受到伤害。

嘉宾4：对于孩子来说是性教育的问题，对于这些老师来说不是性教育的问题，而是人格的教育问题。

嘉宾5：刚才嘉宾3说的，这帮孩子不知道老师会做什么，他们认为这样好像是爱他们。但是，真正的责任在谁？这些责任都在老师身上。这些老师的早年教育很有问题，父母没有给他们很好的性道德教育。

主持人：为什么会造成这些悲剧，板子到底应该打在老师身上，还是打在家长身上，还是打在我们的社会身上呢？我们等一下再辩论……

"他山之石，可以攻玉。"我相机诱导，"从这段微视频中，你有没有悟出辩课的大体流程？"

"出示辩题——进行辩论——总结陈词。"

"出示'是什么'——辩出'为什么'——提出'怎么办'。"

"针对刚刚听过的《草船借箭》，从执教老师投影的'你从哪些语句和段落看出诸葛亮是智慧的化身？找出来，并多读几遍。'我们提取辩题——'学生读课文之前，老师该不该给诸葛亮定性'？"

师1：我认为应该给诸葛亮定性。在我们的传统文化中诸葛亮是智慧的象征。我们的教学就应该传承诸葛亮足智多谋的人文精神。因为这种人文精神不会自动介入。有人曾打过一个比方："人文精神就像电脑上的'reset'键，按一下，就随着人的生命重启一次。"所以，我认为，给诸葛亮定性，就是按了一下"reset"键，给孩子的精神生命一次重启。

师2：如果一定要给诸葛亮定性，也不应该由老师一锤定音。老师可不可以用"读了课文，你认为诸葛亮是个怎样的人"这样开放性的问题代替老师出示的那个"封闭性"的问题呢？可不可以让孩子自己读书，自己思考，自己对诸葛亮是个怎样的人做出判断呢？

师1：孩子有判断是非的能力吗？如果他们信口开河，那么考试的时候怎么办？

师3：给诸葛亮定性，怎样定性？是定为人，还是定为神？如果定为神，把其供起来，就不能动弹了，就会为势位所误，就会"状诸葛之多智而近妖"。但是，诸葛亮可不是神。所以，我们引导孩子读诸葛亮的智慧，读出他做人的智慧。这首先要从"智""慧"看"智慧"。"智"的上部分是"知"，"知"的左边是"矢"，就是弓箭，表示要战斗，右边是"口"，就是"说"；"智"的下面"曰"还是"说"：加起来就是能做会说。"慧"字上半部分是一个扫帚，下半部分是心，意思是多说多做积累了丰富的实践经验之后，还要扫除表象，明心见性，发现本质。《草船借箭》中诸葛亮的"智""慧"不正表现在他能说会做，善于把握天时、地利、人和的良机吗？

师4：我认为不应该给诸葛亮定性。智慧有正智慧和负智慧。用于造福人类的智慧就是正智慧，反之，就是负智慧。《三国演义》用一个字概括，就是"战"。所以，金圣叹说，少不看《水浒》，老不看《三国》。三国战斗频仍，"车辚辚，马萧萧，行人弓箭各在腰，爷娘妻子走相送，尘埃不见咸阳桥。牵衣顿足拦道哭，哭声直上干云霄……""苍苍蒸民，谁无父母？提携捧负，畏其不寿？谁无兄弟？如足如手。谁无夫妇？如宾如友。生也何恩，杀之何咎？"我们要和平，不要"一将功成万骨枯"的战争，任何涂炭生灵的战争所采取的所谓"智慧"只能理解为负智慧。再说了，是借箭吗？借，是征得同意，有借有还。诸葛亮征得曹操同意了吗？有还箭日期吗？可见，诸葛亮的行为完全不符合"借"的契约精神。课文题目应该改成《草船"骗"箭》。

师5：要引导学生以多元的视角评价诸葛亮。"读了《草船借箭》，你怎么看诸葛亮？"可以广开言路让学生表达自己的看法，只要学生能够自圆其说就行，不要忧心忡忡，"天塌不下来"。另外，可以用《草船借箭》教，但不囿于教《草船借箭》。不囿于用《草船借箭》教，意味着可以和另外的文本对话。譬如，学生阅读了《草船借箭》后，可以让其阅读"王位之战"——公园前1135年，英国国王亨利一世去世了，他的外甥斯蒂芬和他的外孙亨利二世都认为自己有权继承英国王位。由于斯蒂芬身在英国，就捷足先登，登上王位；亨利二世在欧洲大陆，听到这个消息后愤愤不平，在欧洲大陆组织了一支雇佣军来攻打斯蒂芬。那个时候亨利二世很年轻，经验不足，出兵的时候没有很好的筹划，所以大军千里迢迢开到英伦三岛一上岸，就发现钱已花光，粮食吃尽。怎么办？亨利二世给对手斯蒂芬写了一封求援信，说自己出征准备不周，断了粮草，问他能不能给点接济，好把这些雇佣军遣散回欧洲。斯蒂芬居然慷慨解囊，给了亨利二世一笔钱。可后来亨利二世卷土重来，打败了斯蒂芬。虽然他取得了胜利，但他却和斯蒂芬签订了一个条约，约定王位依然由斯蒂芬来做，自己为"太子"，待斯蒂芬百年之后，再来承继王位。通过这个故事，让亨利二世、斯蒂芬与诸葛亮对话，然后再来说说各自眼中的诸葛亮，相信学生一定会思路更广阔，视野更恢宏，言说更给力。

……

辩课，有N个人，就有N种个性，就有N＋1种声音。在辩课中，任何企及标准答案的做法都是徒劳的。化用爱默生哲语，当我们拔掉了各种指向沉默的界标，辩课中的每一位老师都不会再受到"清规戒律"的桎梏和既有精神的审判。每个人的论辩都是一次新的发言，每个新的发言人都点燃了一支新的火焰，把我们从上一个发言的压迫中解放出来，同时用他自己那伟大而独立的思想压迫着我们，紧接着又把我们转让给另一个拯救者。这时候，辩课中的每位教师，才真正恢复了作为人的权利，其教研灵魂体也才真正在这一过程中得以洗礼、更新、变化、建造、重塑。

拼课对话

——爱"拼"才会赢

拼课缔造的是一种释放团队智慧的教学方式和新型的师生关系。拼课赢在"一班多师",各扬其长,赢在学生有机会向不同学养、不同智慧、不同个性、不同风格的教师学习。e时代,爱"拼"才会赢!

e时代,新的生活方式层出不穷,闪客、博客、播客刚刚闪亮登场,却已稍逊风骚,君不见后来居上者——拼客,正风起云涌、大行其道。

拼客者,借助网络通联群体组合去做一件事也。

譬如"拼餐",每逢周末,有共同口味的拼客就会选好一家餐厅,美食一顿,人多菜多口味全,吃完后AA制。又如"拼房",就是找人合租房,许多刚参加工作、收入不高的年轻人,在网上发帖子,很快就能找到"拼房"伙伴,这样就能分摊房租,节省开支。再如"拼车",就是上下班搭顺风车,如果几个人每天上下班都顺路,就可以约好一起拼车,拼车的乘客向车主交一定的费用,但是比天天打的省得多,而车主也可以把油钱赚回来。而"拼学",则是一起结伴考研、学英语、上培训班等等,可以互相分享学习资料,交流学习心得,既省了钱,也避免了一个人学习的枯燥……

不只有拼餐、拼房、拼车、拼学，还有拼卡、拼玩、拼游、拼购、拼书、拼宠……似乎，生活中的一切无不可"拼"，"拼"在都市，一路飙升，"牛"不可挡。

"拼"不但可以用在生活上，而且可以用在工作上。

譬如，我们的教学工作，不妨尝试一下拼课。

一次，我听三位青年老师共同拼课《东方之珠》。组织教学流程的，是一位落落大方、亲和可人的老师；指导朗读、写字的，是一位普通话悦耳、粉笔字漂亮的老师；负责器乐伴奏、渲染情境的，是一位吉他弹奏娴熟、表演诙谐的老师。三位老师各施优长、分工协作，既分担了教学压力，又形成了团队合力；既突破了个体局限，又凝结了团体智慧；既实现了互惠互利，又缔结了同行情谊。拼课宛如一首乐曲，一首主题鲜明、节奏欢快、有和声、有间奏、韵味十足的乐曲，让身临其境的学生倍感耳目一新，使整个课堂文化生态焕然一新。

如果说拼客缔造的是一种节能型消费方式和新型的伙伴关系，那么拼课缔造的则是一种释放团队智慧的教学方式和新型的师生关系。

如果说拼客赢在 AA 制消费，分摊成本，赢在共享优惠、共享快乐、共享友谊，那么拼课则赢在"一班多师"，各扬其长，赢在学生有机会向不同学养、不同智慧、不同个性、不同风格的教师学习。

e 时代，爱"拼"才会赢！

自课对话

——追求"自编、自导、自演"的公开课

> 自编，意味着公开教学时有意识与心力自己选编教材；自导，意味着不靠外援独立设计教案；自演，意味着教师与学生心灵对话的课堂成为一种自觉义演。

"自课"，意味着追求"自编、自导、自演"的公开课。

我欣赏"自编、自导、自演"的品格演员，譬如大型舞剧《孔雀》中集"编、导、演"一身的杨丽萍；我追求"自编、自导、自演"的公开课，多年以来，应邀公开教学我都坚持"自课"——自编教材，独立设计，独创教学。

自 编

自编，意味着公开教学时有意识与心力自己选编教材。

教科书是学生学习的主要资源，但不是唯一资源。教科书永远处在一种不断更新、完善、丰富与发展的动态精进过程之中，每个教师都可以创造性地开发课程资源弥补教科书白玉微瑕的局限与不足。自编教材

当属重要举措之一。

自编教材，就课程内容而言，教师可以从学生的兴趣、爱好与个性化选择出发去丰富、拓宽语文课程的内涵和外延；就课程的动态性建构而言，教师可以主动建构与日常生活、社会，甚至世界的广泛联系，诸如让演讲、辩论、广告、自然风光、文物古迹、风俗民情、全球事件等素材性课程资源进入教学流程。

自编教材，教材要有张力，有蕴涵，有价值，有人文精神。譬如，我开发的教材《凄美的放手》《那深情的一跪》《目送》《最浪漫的事》《沙画人生》《跪鸟与跪狗》《今生与你相遇》《面对面交锋》《送你一双情人眼》《缺失的一角》《无翼鸟》《童年·童心·童真》《伟大的人有两颗心》……

自　导

自导，意味着不靠外援独立设计教案。既然使用的是自编教材，教案自然是"前无古人"的了。但教案绝不可能凭空出现，那么设计教案靠什么？

有人说："靠山吃山，靠水吃水。"但是靠近山的人要有本领吃山，靠近水的人要有本领吃水。靠山，本领大可以开矿，本领小只能打柴；靠水，本领大了行轮船，本领小了捞鱼虾。如果什么本领都没有，还不是望洋兴叹？

归根结底，"吃"的是自己的本领。靠山靠水都靠不住，只有靠自己的本领最真实。在我看来，这种"本领"，就是"情怀"。情怀高远，智慧良多！

以上，我所开发的每一篇教材文本，都是独立设计教案，因为只有这样，我的理念才可以融入设计之中。

自　演

自演，意味着教师与学生心灵对话的课堂成为一种自觉义演。

这种自觉义演的师生对话，永远沐浴在教学的"情感场"里。

"'为了我们的大树，做一片美的叶子吧！'读了这句话，我想农民、工人、警察、老师……都是我们国家这棵大树上的叶子。农民种好地，是做一片美的叶子；工人做好工，是做一片美的叶子；警察管好治安，是做一片美的叶子；老师教好学生，是做一片美的叶子……"

一次，在西安交通大学思源会堂里，一个小女孩对《做一片美的叶子》中蕴含的价值取向予以准确、流畅地解读，赢得在场一千多位听课老师热烈的掌声。

"几岁了？"我弯下腰来，问孩子。

"十岁。"

"叫什么名字？"

"斯瑶。"

"在哪所学校读书？"

"西安交大附属小学。"

"不要害怕，勇敢地站到凳子上，好吗？"我鼓励她。

"OK！"众目睽睽之下，她勇敢地站到了凳子上。

此时，站在凳子上的她，一下子"长"高了许多。我仰视着她："你愿意让我和在场的每位老师再次分享你刚才的话语吗？"

"当然愿意！"

"请摄像的叔叔，来个特写！"我说。

"请叔叔给我们来个特写。"高高站在凳子上的斯瑶迅捷地伸出手臂一揽，我便依偎在了她的身边……

顿时，场上掌声雷动！

掌声里，我鼻子一酸，眼睛湿润了……

那一刻，那一揽，仿佛我是孩子，她是大人；我是学生，她是老师。

感谢孩子给我的"一揽"，那"一揽"，是花蕊回赠蜂蝶的轻轻吻触。

那"一揽"，让我拥有了高峰体验，让我体验到了一颗童心和一颗未泯童心的平等和谐，体验到了一颗童心和一颗未泯童心的心灵对话，体验到了一颗童心和一颗未泯童心的真情交融。

设若对话教学"情感场"里阳光明媚，教师便拥有了"情人眼"，"情人眼里出西施"。

此时的人体便会自然分泌佛洛蒙，产生一种亲和力，营造一种愉悦的氛围。这就是对话的"情感场"。

置身于对话的"情感场"，你会洞见：教师眉飞色舞，学生眉开眼笑；教师神情激越，学生神采飞扬；教师妙语连珠，学生滔滔不绝；教师棱角分明，学生个性张扬；教师才思敏捷，学生灵光闪烁；教师哲思泉涌，学生智慧流淌……

此时此刻的教学对话，能够给进取的心以擂鼓，给燃烧的心以泼油，给翠绿的心以春雨，给锦绣的心以添花。此时此刻的教学对话，像星火互耀，你照亮我，我照亮你；如溪泉对流，你润补我，我润补你。此时此刻的教学对话，使得"近朱者赤"，"近大者大"。

这是对话教学追求的"自演"。

入课对话

——每堂课，不都是一场演出吗

入课，就是课开始前要进入"止语、冥想、内观、静思"的安静状态。入课，你才能真正释放自己的心灵力量，才能走向人课合一。

某市教育局邀请我做名师导师，仪式完毕，我引领徒弟们观看了一段《谢天谢地，你来啦》的剪辑"微视"——节目邀请著名演员刘晓庆作为点评嘉宾，开场便是冷幽默主持人崔永元和大牌影星刘晓庆的几句质朴对话：

崔：晓庆老师，上次看您那个《风华绝代》话剧演出的时候，我记得非常清楚，还有半个小时才开场，您就已经站在那个幕的一边，在黑暗中站着，是不是台词都得再回忆一遍？

刘：对，事实上我是提前三个小时就站在黑暗中，不跟任何人说话了。

……

置之于新课标"阅读教学是学生、教师、教科书编者、文本之间对话的过程"的理念下，我问徒弟们："假如《谢天谢地，你来啦》的这段剪辑视频就是文本，我作为这段视频文本的编者，我的用心何在？"如此发问，这段 36 秒的"崔刘对话"，立刻爆发了它的唤醒"当量"。

第一位老师说——

每堂课，不都是一场演出吗？

三尺讲台就是我们的舞台，每位老师不都是演员吗？作为一名工作快十年的老师，随着日子的滑落，演着演着，我总觉得教材已经驾轻就熟了，教案已经烂熟于胸了，流程已经了如指掌了，还有必要像刘晓庆那样自我加压一字不落地练"背功"来"作践"自己吗？

第二位老师接着说——

按照常人的思维逻辑，像刘晓庆那样名气大、资历老的演员，完全可以不跟自己较真儿，完全可以凑合着演戏，完全可以不那么卖力了，即便台词有了闪失，也可以后期处理嘛，毕竟她也是五十多岁的人了。可是事实和我们的想象正相反，刘晓庆俨然一个新手，好像第一次登台演出，又好像立了军令状似的，刻意跟自己过不去，竟然"提前三个小时就站在黑暗中，不跟任何人说话"去默诵台词。

第三位老师话锋一转——

这不正是她的职业操守吗？这不正是她的"台下十年功"吗？这不正是她之所以能够功成名就的"软实力"吗？

作为对话教学的开拓者、实践者与引领者，孙老师"别有用心"地剪辑这样一个视频，开启了一个独特的呈现视角，倏地便驱赶了我骨子里日渐袭来的职业倦怠。我觉得每天的家常课，都要像刘晓庆那样，提前几分钟来到教室，宁神静心，回忆梳理一遍上课的大体流程，甚至过一过每一个教学细节……

"心有灵犀一点通，这也许就是我剪辑《谢天谢地，你来啦》这段视频以飨各位的初心吧。"我笑曰,"记得,曾读过朱自清先生 1963 年写的一篇日记,那时候,朱自清已经是清华大学中文系主任,教了二十年书了。他半夜惊醒,梦见学生追着他跑,他躲到大钟寺的厕所,出来时被学生抓住了,学生说,你不读书,没学问,还不赶快回家。他说,我承认,我承认,最近备课不够认真,学业上没有进步,只要你们放了我,明天就卷铺盖走人。朱先生的战战兢兢,一如刘晓庆演出之前'提早三个小时就站在黑暗中,不跟任何人说话'一样,不都是缘于对职业的一种深深敬畏吗?唯如此,上课的老师才算真正的身心入课,才能真正做到人课合一。"

静课对话

——让"喧课"变"静课"

静课，意味着课堂要适时、适切、适度留"静"。"静而后能安，安而后能虑，虑而后能得。"灵魂在静中潜滋暗长。"喊声震天、满场杀伐"的喧课，岂能不"狼烟四起、陈尸遍野"？让课静下来，静成一棵松，静成一道岭，静成一条路，静成一潭水，在风雪中挺拔，在寂寞中坚守，在踩踏中延伸，听风听雨听鸟鸣，赏花赏月赏自己。

宇宙的一切活动都处于动态，万物都在动。这个世界如果不动就毁了，空了。世界上有没有一个真正的静止状态呢？没有。

无论从什么方面看，都没有完全的静态。静态，是一种缓慢的动态，一种延长的现象。

静态是个很难得的东西，它是生命功能的一种状态。

换句话说，能源从哪里来的？是从静态来的，从空来的。

南怀瑾的颖悟禅哲开示：生命的一切能源来自宁静。

课堂是有生命的课堂，生命的课堂焉能缺少宁静。

君不见，当下的课堂金鼓齐鸣、满场杀伐。日复一日，年复一年，破唱片似的对着一群群懵懂的孩子不厌其烦地滚动播放着"自以为是"，看似激情燃烧、能量井喷，实则花拳绣腿、自欺欺人。孩子的生命在其间鲜有智慧的生成、性灵的通透与精神的成长。

龙应台说："文化来自逗留：'逗'，才有思想的刺激、灵感的挑逗、能量的爆发；'留'，才有沉淀、累积、酝酿、培养。我们能不能说，没有逗留空间，就没有逗留文化；没有逗留文化，就根本没有文化？"

教育的主要元素就是文化，没有文化的教育与没有教育的文化，同样不可想象。试问：繁忙应试的教育有宁静的时空逗留在文化上吗？

龙应台还说："思想需要经验的累积，灵感需要孤独的沉淀，最细致的体验需要最宁静透彻的观照。累积、沉淀、宁静观照，哪一样可以在忙碌中产生呢？我相信，奔忙，使作家无法写作，音乐家无法谱曲，画家无法作画，学者无法著述。奔忙，使思想家变成名嘴，使名嘴变成娱乐家，使娱乐家变成聒噪小丑。闲暇、逗留，确实是创造力的有机土壤，不可或缺。"

当闲暇、逗留、宁静成为豪奢，奔忙就成了时代的关键词。

奔忙，不仅"使作家无法写作，音乐家无法谱曲，画家无法作画，学者无法著述"，也使老师无法安心备课，校长无法宁心管理，学生无法潜心向学，甚至连家长也无法倾心瞻顾自己的孩子。

奔忙，不仅"使思想家变成名嘴，使名嘴变成娱乐家，使娱乐家变成聒噪小丑"，也使聒噪小丑变成蛊惑巫妖。

教育啊，你慢些走，干吗行色匆匆，如此奔忙？

教学啊，你宁静点，干吗锣鼓喧天，鞭炮齐鸣？

宁静是一种课品。达此课品，教师要在己能安，待人要静。

在己能安，需要葆有足够的真诚，足够的充实，足够的意义和价值。唯有如此，方能获得实落，方能无惧无畏。无畏，方能安于心。

待人要静，需要葆有足够的明辨，足够的宽容，足够的美意和善心。

唯有如此，方能获得虚怀，方能大气大度。大度，方能静于行。

　　达此课品，留一份宁静给孩子，让他（她）安安生生地写写字、看看书、做做题，甚至双手托着下巴，发发呆。特别是习作课，要多给孩子生命独处的机会。独处的最大好处是宁静，宁静的最大益处是超然，让人精神超脱。这时，孩子就不需要考虑他人的反应，没有了他人的互动暗示，他们的思想得以随意涌动。像蓝色海洋，看似平静却波涛汹涌，写作很多时候不正需要这样一种宁静？思想如鱼在水，快活胜仙。

　　静课，意味着我们的课要有足够的时间保持在止语、冥想、内观、静思的安静状态，栖居于深度的宁静。宁静，让思想更活泼；活泼，让精神更宁静。宁静使得每个人在生命的大场里自然呼吸，同频共振，觉察心灵的无限纬度和张力，进而获得力量和智慧。

微革对话

——行走在教学"微革命"的路上

教学"微革命",意味着一种担待与行动,意味着任何一位教师都可以从任何一所学校、任何一间教室开始行动。哪怕从下课不拖堂、考试不排名、教研不说假话的温情改变开始,都已行走在了教学"微革命"的路上!

教学"微革命",意味着教师在力所能及的范围内,做出教学行为的改良。

镜头一:刈除标准答案

一次公开教学《草船借箭》,我先让学生在纸上填空——草船（　　）箭。学生无一例外地填上"借"字。我相机与一学生对话:"可以借你的笔用吗?用完后就还你。在借之前,我先征得你的——""同意。""又告诉你归还的——""时间。""浏览课文,想想诸葛亮是借箭吗?""显然不是,因为诸葛亮既没有征得曹操的同意,也没有告诉还箭的日期。""与其说是借箭,不如说是——""'偷'箭、'骗'箭、'诈'箭。""请撕碎'借箭'的标准答案!"学生纷纷碎尸标准答案于垃圾箱内。

镜头二：对话"α"的四声

教育国际化意味着，东西方教育要平等对话，而西方教学却在单向度输入，我们的教学何以输出？某次参加海外培训团，我们的一位教师借助肢体语言教美国一年级孩子读"α"的四声。首先，他双臂平展读第一声；接着，他右腿弓步右手斜向上读第二声；随后，他双手上举成 V 型读第三声；最后，他把双手向下一放读第四声。每做一次、每读一声，美国孩子都乐不可支。用心进行肢体语言对话，使得汉语拼音教学走进了金发碧眼孩子的心里。

镜头三：常设心理法庭

某次作文公开教学，播放一段关乎人生的沙画视频后，我让学生直抒胸臆。46 只小手纸上翻飞，15 分钟后，收获了 46 篇个性迥异的习作。其中一个孩子写道："1＋1＝3。1，分别代表一个翩翩的美少男和一个妙龄的美少女。天作之合，他们走进了同一屋檐下，生下了一个宝宝，诞生了三口之家……"课后，有老师问：为何不教写作方法？我讲了一个真实的故事：1968 年，美国内华达州一位三岁的小女孩伊迪斯告诉妈妈：她认识了礼品盒上"OPEN"的第一个字母"O"。母亲吃惊地问怎么认识的，女儿说是幼儿园的薇拉小姐教的。母亲立即一张状纸把薇拉小姐告上法庭。理由是幼儿园剥夺了伊迪斯的想象力，因为女儿在认识"O"之前能把"O"说成苹果、月亮、足球、鸟蛋等等。然而，自从幼儿园教她识读"O"之后，她便没有了这种想象力。最终，母亲胜诉。所谓的"写作方法"是否会束缚孩子自由表达？教学中，我的心里常设一个审判法庭，时刻警惕"伊迪斯母亲的状告"。

教学"微革命"，意味着一种担待与行动，意味着任何一位教师都可以从任何一所学校、任何一间教室开始行动。哪怕从下课不拖堂、考试不排名、教研不说假话的温情改变开始，都已行走在了教学"微革命"的路上！

教室对话

——缔造完美教室

　　设若孩子是天使，教室应该是"天堂"。"天堂"空间无限，孩子展翅翱翔……"天堂"的缔造者便是教师。让我们同早晨蓬勃明亮的阳光一道，深入日常小小的教室，照亮桌椅及存在于那里的一切生命。那是一屋子的华彩啊！

　　教室，是颐养师生精神生命与灵性的场域，怎样缔造完美教室呢？

　　缔造，这个词很大，如果联想到伟业，往往会觉得非凡人可为；缔造，这个词又很小，如果谙悉只要勤力就能缔造，那么人人皆可为。

　　缔造教室，如果单向度指向楼房建设与媒体配置等硬件设施，那么只要经济许可非教学人员亦能为的教室，无论物理空间有多大，配置有多高，终究是失去温度不会呼吸的冰冷物象。

　　缔造完美教室，意味着春满教室，置身其间的每个孩子与教师生命都能开出一朵花来。

在不完美中缔造完美

　　曾记得德国志愿者卢安克一度义教过的广西板烈村小学的教室，条件与设施远比想象中要简陋得多，在这个"不完美"的教室里，卢安克却想着法子解放孩子，让他们不拘章法，自由表达。譬如在班级的墙上张贴孩子们的作文，其中有篇《骑猪》写得妙趣横生："那年春天，我家养了一头又肥又帅的猪。有一天我突发奇想，我不能享受骑马的乐趣，何不尝尝骑猪的滋味？猪在前面跑，爸爸和爷爷在后面追，奶奶和妈妈拿着棍子在后面打，终于，猪停了下来。我从猪背上滑下来，定了定神，拍拍猪屁股，强作镇定地说：'老兄你干得不错！'爸爸虎着脸说：'你老兄也干得不错！'我知道情况不妙，撒腿就跑。"在这篇作文的上方，有一幅充满想象力的色彩绚丽的长条画幅。这是卢安克让所有的同学一起画的。卢安克说，合作难度很大，有的学生先画了，后面的学生再画便没有位置了，但后画的可以改变已经画过的东西。画过的学生要承受别人的改变，当然痛苦，但是只有经历这一过程才能学到怎样合作。正是这样，在"不完美"的教室里卢安克缔造了完美的合作。

在完美中缔造完美

坦率地讲，雷夫的 56 号教室的硬件设施还是相对完美的，在"完美的教室"里雷夫是怎样缔造完美学生的呢？

在圣母大学读书的珍妮，时隔多年之后，对 56 号教室仍念念不忘："在最后一场莎士比亚剧演出时，我心里只想着一件事：要是我能让时间停止该有多好！真希望我能够把那个晚上的所有感受都装进瓶子里，不论走到哪儿都带着它。十二次演出，十二次我都没有台词。但是从无到有打造一出又一出戏剧的经验，不只让我认识了莎士比亚，也知道了何谓团队、体验与谦逊……我们把流行歌曲融入各个场景，于是我学会了种种乐器的演奏。我了解责任和认真付出的价值，知道如果我不在期限内把自己的任务完成，影响的不只是我自己，还会牵连到剧组中其他人的进度。有谁会想到原来参与一出戏剧的制作与演出可以让人学到这么多?"

孩子们表演历史剧,一位小男孩朗诵《与莎拉诀别书》,那是美国南北战争时即将上战场并知道自己将会战死的贝罗少校写给妻子莎拉的一封信。小男孩读着读着,似乎"被一种伟大的精神感召",他面对的不再是舞台下的观众,他眼里、心里只有莎拉了,他要奔赴战场并命丧于此,但男孩自己又如此清晰地存在着,他的眼睛湿润、流泪、声音哽咽……这一刻,很多观众搞不清楚他究竟是霍伯特小学五年级的学生,还是贝罗。所有在场的人都哭了。事后很多人都记住了那双闪闪发亮好像在看着远方流泪的眼睛。

"孩子在朗读的过程中,呼吸改变了,眼神也变了,但是我没有给他施加任何的影响。"雷夫说,"我确实教了这个小男孩演讲的内容,但实际上我并没有做得多好,也没有做得更多。将艺术带到教室,孩子在演讲中显示出真实感情,这就是教育能够、必须、应该做的,让孩子们做到最大限度的伟大。"

在完美的教室里雷夫缔造了孩子们"最大限度接近伟大"的完美人格。

在完美中缔造不完美

电影《蒙娜丽莎的微笑》中,凯瑟琳·沃森教授在第一节美术史课上遵循着斯坦顿博士教学大纲为学生讲解,照本宣科地依次投影着西班牙奥尔塔米拉壁画《受伤的野牛》、法国拉斯考克斯法山岩画《群马》、《米塞利诺斯和他的妻子》这些不同时期的名画代表作。令她惊讶的是,无论是作者、绘画技巧与风格,只要她的投影一出,学生都立马对答如流。凯瑟琳说,课前读过这部讲义做了预习的请举手,全班同学手举如林。"如果你没有其他可教的,我们宁可自学。"一位对凯瑟琳发出挑战的同学的话音刚落,其余同学便起身离开了教室。

第二天，课始，凯瑟琳投影了一幅倒挂的动物尸体解剖画，问道："这是什么？请告诉我。"同学们先是狂翻书本，继而面面相觑。"苏蒂恩的《屠宰后的畜生》，绘于 1925 年。"凯瑟琳笑着解释。

"教科书上没有呀！"学生们惊诧了。

"是的，的确没有。有异议吗？课外的知识也能有助你们的思考。不容易接受，是吗？"凯瑟琳从前台走到同学中间，索性坐在后排的台阶上，倾听学生对这幅画的纷纷议论：

——"我不愿意称它为艺术，如此荒诞丑陋。"

——"有法则规定荒诞丑陋的就不是艺术？"

——"我觉得这里面富于侵略性和色情。"

——"难道不存在标准吗？那艳俗的天鹅绒画不就等同于伦勃朗的杰作了。"

——"我的叔叔就有两幅天鹅绒画，他爱死它们了。"

——"艺术是有标准的，需要技巧的，讲究构图、色彩，以及主题。因此，你告诉我们，怎么判定这块腐烂的肉是艺术，而且还是艺术杰作，我们究竟要学什么？"

"感谢你为我们概括了教学大纲，"凯瑟琳道，"什么是艺术？怎样区分孰优孰劣？由谁来判定？……请回到苏蒂恩的画，让我们的心灵为新的思想打开一扇门。"

没有驻足第一课照本宣科的"完美"，凯瑟琳缔造了第二课没有标准答案只有相互牖启对话的"不完美"。

缔造完美教室，关键在人。教室无人，教室便不再是真正意义上的教室而是空洞的房间。一间教室完美与否，不啻取决于教室的硬件设施，更重要的是取决于谁站在教室里，取决于教室桌椅之外的空白处流淌着什么，能给孩子带来什么。

缔造完美教室，关键在做。一位教育行者两次去拜访台湾的圣严法师，大师开示："做，就好了。"如果每天每位教师都能真正引领孩子"做好操，扫好地，读好书，写好字，唱好歌"，从小养成健体第一、珍爱生命的意识，养成环保卫生、勤劳养命的意识，养成终身向学、敬畏真知的意识，养成一丝不苟、端正做事的意识，养成悦己娱人、美化生活的意识，将这"五好"不打折、不缩水地落实在每一间教室每一个孩子身上，那么缔造完美教室怎么会是乌托邦呢？

微影对话

——微影之《蒙娜丽莎的微笑》

微影，多维度、大张力。与微影对话，唤醒力空前。

微影，即微电影。这里的微电影，指的是剪辑制作的三两分钟的精彩电影片段。微影，多维度、大张力。与微影对话，唤醒力空前。有一次，我从电影《蒙娜丽莎的微笑》中剪辑三个片段，制作成微影，把其当作我区特级教师论坛的"引子"，旨在开示特级教师们营造温馨和谐的对话氛围，引领学生与文本心灵对话，唤醒学生自主学习的意识，幸福成长。

这是微影的第一个片段：

大学开学了，学生们涌向礼堂。礼堂的门紧闭着，"一下、两下、三下、四下"，一个学生郑重叩击着……

"是谁叩响了知识殿堂的大门?"门内，校长庄严地质问。

"我!"门外，一个年轻的声音，"一位普通的女性!"

"你在寻找什么?"

"通过苦学获得灵魂，将我的一生献给知识。"

"那么，欢迎你! 所有和你怀有同样抱负的女性都将受到欢迎! 现在，我宣布新学期开始……"说着，校长打开礼堂的大门，站在门口，和学生一一握手，学生们在礼乐声中鱼贯而入……

这是微电的第二个片段：

初为人师的凯瑟琳，站在讲台上，依循教纲，按部就班，以投影向学生灌输。学生有过充分预习，对于提问个个对答如流。

"如果你没有其他可教的，我们宁可自学。"一个学生当堂挑战，其他的学生络绎离开，轻抛过来的目光里，是揶揄，是嘲弄，是不恭。

那一刻，凯瑟琳被丢在瑟瑟清寒、剪剪凉风里……

这是微电的第三个片段：

凯瑟琳的课风变了，由灌输到对话。她走到学生中间，和学生一起对话："什么是艺术作品？""艺术作品的标准是什么？""怎样评价艺术标准？"这些都不是赤裸裸地灌输给学生，而是通过与具体作品对话、师生对话、生生对话，让学生自己开悟自己，自己唤醒自己。

整个教学过程，一如水上写字，不留痕迹。

后来，我把这三个微影，寄给一位老师观看，请她与之对话，然后写下对话感怀。

她把一篇题为《不为彼岸，只为海》的文稿发给我——"三段视频，反复看。或慨叹，或凝思，或豁然。心弦犹似被凯瑟琳的微笑拨转。唤醒，共鸣，真切应和。想来，但凡师者，穿越了学生的目光，师心总是相通的。无关乎古今，无关乎中外。心乐起伏，如水漫寻而去。恰如佛陀言：不为彼岸，只为海。"

一种光芒

第一段视频所蕴含的教义，仿佛是神祇的谕诏。

你看，新学年始。师生整装，肃穆，端立。随着古钟悠鸣，知识殿堂门启。瞬时，圣殿被神性的光芒照彻。披泽着光芒，师生缓步迈入。由"通过苦学获得灵魂，将我的一生献给知识"而展开的求知之旅，是这般庄严、神圣、纯粹，以致我们有理由确信，倘若循着那光的指引，一点点行进下去，必直抵仙乐缭绕的天堂之地。

那神性的金色光芒，好生熟悉！我曾在简媜的文字里，见识过它的闪耀。

彼时，她在斯坦福大学校园散步。夜色中，长长回廊，似无止境。每个廊柱，都仿佛标示一个提问："你的学识比昨日丰实吗？你的道德比学识崇高吗？你的修养胜于资历吗？你的眼界高过年岁吗？你为理想献身了吗？你是否忠于信仰？"

穿越回廊，一座朴实教堂蓦然现于眼前。深蓝夜空，明月孤悬。静穆的天地间，教堂似散射出夺人光芒。只听闻自己的跫音，一步步接近那庄严圣所。刹那间，眼眶热了，融入学术氛围与宗教情怀所引起的幸福感，竟是如此刻骨铭心。

啊！学术殿堂，人类孕育雄伟心灵的地方！

在这些真切的场景里，我们找寻到了求知的本貌，不被任何外物所役。对知识的渴求和尊崇，是由衷的；对知识的热爱和融入，是由衷的。在知识的圣殿里，我们都是些小孩子，眼眸无染，映着天蓝；心灵无浊，漾着海绿。因被神眷顾着，得以让精神生出金翅儿来，翔游舒展，恣意求知。求知，求知，由无知到有知，由有限到无限，求得饱满灵魂，修得质感生命，获得阔朗人生。

抛却功利的目的，携一颗赤子心求知。这样的求知之旅，才拥有着最近天堂的美妙距离吧。

遥想起，幼年初入学的情状：闹着要换上花衣衫，吵着要背上新书包，临近校门的时候，会怯缩在大人身后，心似小鹿乱撞，紧张、欢喜、向往……那时的学校，之于我们，便是圣殿了。有许多不可知的奥秘，有绽放的梦，有金色的光芒。老师的微笑，在那光芒的深处，忽隐忽现，像是种亲切的召唤。被那样的磁力吸引着，我们不禁迎上去，到那圣殿里去，到那光芒里去，到那知识的海洋里去。"学海无涯苦作舟"，极早就谙熟的警句，就这样被贴在书桌一隅。心似乎要伸张出无数的触角来，在渺渺的学海里，探寻又探寻，汲取又汲取。

是啊，那神性的金色光芒，不也正闪耀在童蒙期的梦中？

时至今日，我依然会对幼时的求知时光，充满热烈的怀想。它如同视频里所昭示的那样：学堂便是学堂，传播知识的神殿；学子便是学子，孜孜求索的赤子。师生的优美互动，尚没有被功利应试扭曲，亦没有被"有色"视镜变形，一切是本真纯粹的。

知识的传承，生命的教育，恰正因那份本真纯粹，而焕发出异彩神光。它激荡起小小心灵里的潜在能量，促使着生命的个体，悄然萌芽拔节，获得真正的内在成长。

一种泅渡

一种光芒，始终闪耀，于知识的圣殿里，于学子的求索里，于师者的情怀中。但凡有良知的师者，谁不憧憬并渴想着，在那光照之中？只是，作为孩子的知识引领者，作为孩子的灵魂塑造者，你又能给予他们多少丰美的东西？

就像第二段视频所呈现的那样，初为人师的凯瑟琳，站在讲台上，依循教纲，按部就班，以为教给学生的，都是学生所需要的。可是，有过充分预习的学生，对她所预设的所有问题，皆能侃侃而谈。"如果你没有其他可教的，我们宁可自学。"学生们络绎离开，轻抛过来的目光里，是揶揄，是嘲弄，是不恭。师者之尊，不复存在。唯留她在讲台上，尴尬，怔忡，内心挫伤。

看着凯瑟琳的落寞和无助，我心有戚戚焉。

或许，凯瑟琳的失败，就在于她只研究了大纲，而生生忽略了学生本身。在她的潜意识中，也有"功利"的蠢蠢欲动。比如，她"授知"的目的是明确的，那就是把大纲界定的"知"，一股脑儿"授"给学生。至于，师之"所授"，是否是生之"所求"和"所需"，则另当别论了。

她不曾倾注她的满腔热情，去深入了解那些鲜活而独特的生命个体，她们的性情、思想、才能……一切的一切。从一开始，她们便未曾真正在她心里。自然，最终她也无法入了她们的心。无形的壁垒存在，师生的对话是有隔的，各自在各自的世界里。"金风""玉露"不相逢，又如何能生发"胜却无数"的愉悦碰撞和共融？

无疑，这是一种教育或者教学的错位，只专注"教纲教育"，而忽视"生命教育"，授知者只授冷冰冰的教材本身，而忽视求知者的性灵需求和生命的内在提升。师和生的对话是倾斜的，是失却了契合的、一种不对等的悲哀。

凯瑟琳的落寞，又何尝不是很多师者的落寞？比如我自己。

灵魂深处不是没有光的，那源自知识圣殿的神性的光照。

多年前，自己由求知的学子，摇身为教授语文的师者时，内心绵密着多么浓挚的情愫，袅舞着多少浪漫的绮思啊！是融了心的——

热爱那气息，语文的气息。那气息由旖旎的方块字，传递出来，或馥郁热烈，或暗幽清远，或宁馨俏皮……用心灵去感触，每一味气息，都有温度，生机勃勃的，暗蕴着生命的质感和张力。我常常会想：老师、语文、笑靥如花的学生，如斯构图，又何尝不是春天呢？春的鲜美，春的丰盈，春的诗意，春的幻梦。

可，又是什么时候起，这幅闪耀着生命之光的春的构图，开始黯淡、模糊了呢？

是教初中的这几年吗？被"应试"的鞭子抽打着，昏了头地团团转，却停不下来。分，分，分，周围无数张嘴巴，一闭一合，吐出的却都是同一个字。用分，来排学生的名次；用分，来排老师的名次。分，关乎着晋级，关乎着绩效，关乎着口碑。似乎，分的指挥棒一挥，能所向披靡。多少为师者急红了眼，拖堂、占课，明抢暗争；多少孩子累红了眼，考考，练练，见缝插针。有个同教语文的同事，教出的成绩，常常高出别人一大截。她的法宝就是：背、默、写。她的学生，可以将练习册上的答案，准确默全。

惊惧，慌张，纠结，苦恼。特别是教初三的第一年，我感觉自己完全丧失了初心，沦陷在"应试"的暗涌中。疲了累了，瘪了空了。像一条鱼，在激荡的漩涡中，拼命挣扎泅渡，视界空茫。

唯"分"至上，这不是我希冀给予学生的，自然，亦非年少的"求知"个体所渴求的美好。可我却在孜孜做着，并以为无力摆脱。这莫非便是"平庸之恶"？

一种抵达

看着第三段视频，我笑了。凯瑟琳终于找回了她身为师者的荣耀。知识圣殿的金色光芒，开启了她，并照亮了她。她把目光从教纲落定在学生身上，悄悄研究她们，那些鲜润饱满的年轻个体。

课堂上，她不再眼神飘忽，而是俯下身，坐在她们身边，真诚而充满情意地和她们对话。她给予她们的，不再只是冷冰冰的教纲，而是更为丰美的天地，艺术之思、亲情和根性……"授知"和"求知"的碰撞，师心和生心的共融，是葱茏而愉悦的，充满着浓郁的生命气息。

这是一种回归，更是一种抵达，智慧的，纯粹的，绵醇的。这是真正的艺术教育，真正的生命教育。

凯瑟琳做到了，自己又是否能做到呢？所幸，心中的光芒依然在，尽管微茫。所幸，自己还不曾放弃过努力。教育的初心，语文的诗意，以及那洋溢着生命之光的春之构图，一切可追，一切可期。

和学生编排课本剧，在别有巧思的创意里，放飞欢声；和学生进行朗诵竞技，在行云流水的乐曲里，撷取意境；和学生畅游文学里，在跌宕起伏的情节里，润泽人生……一如猛虎嗅蔷薇，努力从一些盎然的细节中，去嗅寻那属于语文的绵长味道。

泅渡，泅渡。不为彼岸，只为海。（贺敏）

……

微影"横空出世"，张扬着网生一代的艺术梦，它与生俱来的互联网做派与气质，深深吸附着人们的眼球。微影不微，它的眼球力量、精神力量、系列力量、整合力量、内容力量、主题力量等"软性"力量，恰是文化的"浸润"力量、理念的"置换"力量、思想的"建构"力量、行为的"催化"力量。当然，微影对话，有没有力量，取决于对话者是把其当作一种"事业"，还是一种"游戏"。"每一个行动要么是一种事业，要么是一种游戏。在游戏中行动没有任何目的，它本身就是活动的原因。"（康德）

童心对话
——童口、童心、童真

童口说童心，童心最本真，本真才美丽，美丽才感人。孩童打量世界的眼睛是最天真无邪的，既没有被常识和经验污染，也没有被功利的思想左右，所以对世界有着天然的感应。难怪有人说，孩子是天生的哲学家。

童　口

【李老师】昨天带三岁女儿在小区中散步，见一清洁工人在荷花池中修剪枯萎的荷叶，女儿问我他在干什么，我立马告知。女儿又问："他怎么不穿鞋？"我随口问："你说呢？"心中却想：穿鞋子不就弄湿了吗？这还用问？

【笔者】你女儿的看法呢？

【李老师】女儿说："他一定是怕把水弄脏了，把小鱼吓跑了。"我心中一动，想起你说过的一句话，"童口说童心，童心最本真，本真才美丽，美丽才感人。"

【笔者】女儿的话温暖人心呀！

【李老师】当时我就想，我们大人老是想当然地把自己的看法和感受强加给孩子，何曾认真站在孩子的角度想问题、看问题，或是仔细倾听他们的想法呢？在教学中我们真正做到以平等姿态倾听孩子了吗？

童　心

【笔者】孩子心里有很多想法和大人不一样。意大利诗人洛利斯·马拉古兹说："孩子有／一百种语言／一百双手／一百个想法／一百种思考、游戏、说话的方式……一百种世界等着孩子们去发掘／一百种世界等着孩子们去创造／一百种世界等着孩子们去梦想。"现在的课堂上缺少的是对孩子用心聆听。美国学者艾伯特·梅拉比安从实验中得出结论：人们获得的信息7%来自文字，38%来自语气，55%来自面部表情。在课堂交流中，教师要学会关注孩子的一举一动。

【李老师】您教学的《最大的麦穗》，简单的教学环节中透着实在，亲和中涌动着激情，对话中充满着灵气。平等、融洽的心灵对晤，点燃起孩子一朵朵智慧的火花，攀升了孩子的自信与憧憬。您真情的流露、由衷的赞扬，都化作灵动的音符，飘在我的心里。特别是您的体态语言拉近了师生距离，一次亲切的握手、一次鼓励的掌声、一次轻轻的抚摸，都会使课堂温情融融，情趣无限。譬如，上课时您蹲下和孩子说话，把孩子抱上凳子、仰视孩子……把别人的孩子当作自己的孩子似的"宠爱"……特别是不久前您给我们上的令人回味无穷的口语交际课，您"怂恿"学生大声叫您的名字，使学生和您之间完全失去距离感，学生不把您当外人，越是"放肆"地呼喊，越是觉得亲密。

【笔者】这样"娇惯"孩子，孩子才敢"为所欲为"，如果"威严不可侵犯",学生闻"锋"丧胆,彼此隔山隔水的远,对话只能是天方夜谭。

【李老师】总感觉,您的教学充满创意。有一次,公开课上您端着一杯矿泉水,从孩子的座位旁边走过,边走边说:"请大家集中精力,注意品味空气中的香味。"您一连三次走到学生中间,让每一个孩子嗅一下杯中的水。

由于受到"语言暗示",许多学生举手示意闻到了香味,只有一位学生例外。您问那位与众不同的学生:"你为什么不举手?"

"我相信我的鼻子!"他坦然作答,"什么味道也没有!"

"对,应该相信自己的鼻子。这是一杯矿泉水。"您蹲下身来,双手捧着他稚嫩的面颊,在他的鼻尖上,留下了意味隽永的一吻。

这一天使之吻,吻得说真话的孩子心花怒放;吻得其他的孩子羡慕不已;吻得听课的老师醍醐灌顶……

【笔者】应该感谢那时、那地、那些学生和听课的老师,是他们共同打造的气场,让我"发功",让我有了因教学创造而产生的高峰体验。

我们的课堂需要创造,有创造,才有感动;有了感动,教师的教学不再是单纯的工作任务,而是一种真心相待的生命历程;有了感动,学生的学习不再是机械的接受,而是一种以情激情的愉悦体验;有了感动,课堂才成了充满生机与活力的乐园。

童　真

【李老师】一等老师创造,二等老师模仿,三等老师克隆。我,该做哪等老师?借用您的文章反躬自问,我《是"教教材"还是"用教材教"》?我要《不仅仅教书,还要"立"人》,因为《教学,也不仅仅是一种告诉》,《教学是一种对沉睡潜能的唤醒》,是"一种对封存记忆的激活,一种对幽闭心智的开启"……有了这种理念,七月的夏天下的不仅仅是雨,还可以是葡萄、西瓜、项链、音符……

【笔者】还可以是一节节好课,只要你的天空布满"童真的云彩",总有一块云彩会落雨。

【李老师】我教《风筝》时,您建议我出示中学生写的一篇文章《挂在墙上的风筝》,要两篇文章一起读,说这样给学生的冲击更大。但我曾顾虑:是将沉重赋予学生,还是让他们多欣赏、多发现美好?我当时认为,教材文本就是让孩子去感知童年生活的美好和快乐,文章语言清新、自然,让孩子们领略这种美很好。课后我又认真地问过孩子们是否放过风筝,全班有七个人没放过,其他都放过了,还有人做过风筝。所以那时,我不是太赞同让"挂在墙上的童年"这种观念潜入孩子的头脑。

时至今日,我才渐渐理解了您的意图。据我所知,班里有个别孩子确实因为父母望子成龙,报了太多的兴趣班,童年被"挂在了墙上"。《挂在墙上的风筝》较接近他们的生活体验。出示该文,询问学生有没有类似的经历,让他们谈谈感受,引发学生的多元思考,进行思想理念上的碰撞,打开他们的视野,张扬个性。这种非线性思维与文本的对话会让老师多点研究、多点创造,会改变学生思考问题、感知世界的方式。那么,你就不再只是"告诉"学生了。

【笔者】怀揣着一份童真,引领孩子与两篇甚至更多篇同质或者异质文本对话。多元文本化,更能促使学生多角度看问题,做判断,下结论,从而避免在单向度上迷失。

【李老师】以自己的"童口、童心、童真"与孩子的童口、童心、童真对话,才是真正的对话。真对话真享受!期待再次与您 QQ 对话!谢谢!

美师对话

——看美国老师上中国公开课

美国的迈克老师能够迅速解决"制造和创造"的问题，使学生收获新奇感和超越感。这些"问题"是以前所不曾遇到的，它们的解决过程恰是不断向自我的极限发起挑战冲锋的过程，也是发现自我潜能和价值的过程。这就是他公开课的"巅峰体验"，创新和创造也是在"巅峰体验"中逐渐诞生的。

日前举行教育国际化中小学校长培训班，我们邀请了一位名叫迈克的美国老师上课。

葫芦不开口，神仙难下手

不知是因在众目睽睽之下心生畏惧，还是曾经受过什么压抑，这班六年级的孩子太乖了，乖到个个倒背双手，人人表情"冰封"。课始，迈克老师便热力"破冰"——

"在非常非常有限的时间里，我想让大家知道，我的太太是中国人。

所以，我听得懂你们的话。"迈克和颜悦色地来到学生身边，躬下腰来，极力套近乎，联络感情，解冻孩子，"我的三个孩子就像你们一样可爱！我们的家庭存在两种不同的文化，有美国的文化，也有中国的文化。你们应该对中国文化了解更多，是吧？"

孩子们不说不笑，木然以应。

"我们西方人看重的是什么？"迈克老师随机板书两个单词——制造、创造。"制造和创造有什么差别？谁可以告诉我？"

孩子们报以十秒钟的集体缄默。

"好，我来给你们一点点的帮助。中国的思想来自孔子，对不对？想了解中国文化，需要很好地了解孔子的思想；而要想了解西方人的想法，就要多学一些其他的东西。"迈克老师引向正题，"制造和创造有什么区别？"

孩子们依然尊奉"沉默是金"。

五分钟对话的破冰之旅告败。尽管迈克老师竭力走近了孩子，但还是走不进孩子。葫芦不开口，神仙难下手。

不用君开口，只需君动手

"好，这样吧，你们六个小组每组派一个代表上来。"迈克老师乾坤大挪移，相机调整"作战策略"，"这里有一些干草、树枝、树叶，我想让你们用十分钟的时间来做一个鸟巢"。

孩子们一听做鸟巢，表情倏然解冻了，气氛顿然活跃了……每组上来一个代表取走了"材料"。

"有谁之前做过鸟巢？"迈克冲着一个举手的男孩子说，"你可以教你的伙伴。"

六个小组，三十六双小手忙活开来。有的小组迅速把树枝、树叶、干草分开；有的小组用干草先编个圆圈，试图将枝条放进圈内做底，枝条一下子把草圈弹开了，大家马上改进，用枝条编个圈，用干草兜个底，再铺上树叶；有的小组，单兵作战，各做各的，熙熙攘攘争抢材料，"工期"滞后，其中一个单干的男孩子，由于到手的材料不足，只有一根干树枝，他掰成四小段，只够摆个方框……整个制作过程无论怎样"乱作一团"，甚至鸟巢做得面目全非，迈克都视而不见，一直"退隐"，悄悄"欣赏"着孩子们的"肆意妄为"，绝不干涉其"内政"。

六分钟过后，迈克老师魔术师般地取出一根粗壮且带有多个枝杈的枯枝，说："你们做的巢窝，要能放在树杈上。"

孩子们仿佛一下子醒悟了，开始修正手中的鸟巢。

八分钟过后，一个小组的孩子终于把鸟巢成功地放到了树上。

迈克老师从口袋里掏出一个鸡蛋，轻轻放进鸟巢，在孩子们的哈哈大笑声中，迈克又放进第二个、第三个……

十分钟的鸟巢制作，孩子们浸润其间，乐此不疲，似乎忘记了迈克的存在，忘记了这是课堂，欢快地忙碌着……原来，"不用君开口，只需君动手"，孩子们快乐了，教学便有效了。

神仙巧下手，画眉开了口

"我希望你们从做中能够学到一些东西。"迈克耸了耸肩，摊开双掌，躬下身来，用夸张的语态笑曰："这一组完全没有想法，你们都在做什么呢？"

大家的目光聚焦在这一小组上。

"其实，它没有这么容易对不对？即便是刚刚做成功的鸟巢，一旦刮大风……"孩子们还没缓过神来，迈克话锋一转，摇散了枯枝上的"鸟巢"。

迈克请完全没有想法的小组中的一名男同学，侧面站到白板前面。在同学们的哄笑中，他依孩子的头部描画出"剪影"，又在剪影里勾勒出"大脑"的轮廓，诙谐笑道："除大脑外，你在里面还放了什么东西？"孩子们又是一阵哄笑。

"好，现在我们的问题来了。这是一只鸟。"迈克边说边画，"这是鸟的大脑。是不是只有一点点，相比较人的大脑？为什么与人相比只有这么小大脑的鸟，能够做出一个不怕风吹雨打的鸟巢？"

"这些鸟没有手，只有爪子，它们利用爪子、喙建造鸟巢。大自然中，还有更小的蜂鸟，它们的大脑当然更小，它们也会做巢，用它们的喙、爪子，建造一个牢固的鸟巢，就算台风来了也刮不掉。这是怎么回事呢？谁教鸟搭建鸟巢的？"迈克老师反剪双臂，躬下腰身，伸长脖子，发出唐老鸭般的滑稽"鸟语"："你们有谁见过一只母鸟叽叽叽做给小鸟看，然后它就学会了？"

孩子们边笑边摇头："没有见过。"

"这种事情之所以会发生，是因为鸟有这种本能。本能即本身固有的、不学就会的能力，比如很复杂的一种现象，像鸟巢，我们大家都不能做，但是鸟能做。想一想，其他的动物，有什么本能？"迈克老师简笔画了一个蜘蛛网、一个蜂巢，"你知道人和这些动物有什么不同吗？人可以创造！创造和制造两者之间有什么差别？"

神仙巧下手，画眉开了口——

"小鸟垒窝，蜘蛛结网，蜜蜂筑巢，这些都是动物的本能。"一个学生说道。

"好！"迈克朝他竖起一个大拇指。

"创造，就是原来没有，根据想象制造出来。"又一个学生自告奋勇发言。

"制造是复制；创造是无中生有！例如，鸟爷爷是那样垒窝，鸟爸爸是那样垒窝，鸟孙子还是那样垒窝，无论过了多少年，鸟垒的窝都一样，这就是制造；然而，创造却不一样，例如，原来没有手机，人创造发明了手机！"第三个同学侃侃而谈，"我们有谁见过鸟窝旁边有个烧烤架，有谁见过蜘蛛网上挂过一个风铃，又有谁见过蜂巢里有个窗帘……动物的这种一成不变的本能就是制造。人，生下来没有这些本能，但是人可以创造一切。"

……

"人为什么会创造?"迈克相机提问。

孩子们摇摇头。

"你们知道《圣经》第一句话是怎么说的吗?"迈克道，"'上帝造人'，所以，人应该会创造！举例说说，人有哪些创造?"

"人创造了烤箱烘烤面包。"

"爱迪生创造了电灯。"

"乔布斯创造了苹果手机。"

"马化腾创造了微信。"

……

"上帝创造了人！"迈克老师煽情又煽智，"人创造了世界。每个能创造的人，都是上帝！"

……

听了迈克老师上的"鸟巢"，我暗自思忖，这节课里有什么?

从内容看：有言语交际——师生双语对话；有绘画美术——简笔画学生剪影、鸟巢、蜘蛛网、蜂巢；有手工制作——学生制作鸟巢；有生物知识——筑巢、结网是动物的本能；有宗教文化——《圣经》开篇

"上帝造人";有哲学启蒙——上帝创造人类,人类创造世界……

从思维看:教师晓之以理,学生思考接受,有逻辑思维;教师导之以行,学生活动探究,有操作思维;教师动之以情,学生情感体验,有情感思维;教师传之以神,学生合作交流,有交往思维;教师创之以新,学生整合顿悟,有综合思维。

从方法看:教师将自己的教育意图渗透在特定的情境之中,以制作鸟巢活动为载体,通过师生间交往互动,帮助学生习得积极的社会性情感体验。这种浸润式的教法,不仅提供更多教给学生语言的机会,还以制造鸟巢这一令人难忘的方式带领学生进入了语言的文化和社会背景,唤醒了学生的创造意识。

与其说这节课有"内容",有"思维",有"方法",不如说这节课有"智慧对机"与"巅峰体验"。所谓有"智慧对机"(对机,佛学词汇,对答之意),就是迈克老师通过引导让学生自悟"制造与创造的区别",建立起了内容的表达与学生之间的联系,对"彼时、彼地、彼生"随缘发用,真正实现了目中有人、上课上人。所谓有"巅峰体验",就是迈克老师能够迅速解决"制造和创造"的问题,使学生收获新奇感和超越感。这些问题是以前所不曾遇到的,它们的解决过程恰是学生不断向自我的极限发起挑战冲锋的过程,也是发现自我潜能和价值的过程。这就是他公开课的"巅峰体验",创新和创造也是在"巅峰体验"中逐渐诞生的。

情人对话

——送你一双情人眼

有了情人眼，"情人眼里出西施"，你对学生就不再有医生的眼、法官的眼、警察的眼了！

"孩子们，情人节快乐！" 2 月 14 日，我满面春风，走进教室，送来"见面礼"。

"老师，情人节快乐！"孩子们满面桃花，异口同声，掌声齐鸣。

"我们是情人！"

"情人?!"

教室里飘荡着孩子们开放而又羞涩的笑声，绵延着孩子们热烈而又激情的掌声，驿动着孩子们纯真而又懵懂的心声。

"科学统计表明：在偌大的地球上，两个人相遇的可能性是千万分之一，成为朋友的可能性是两亿分之一，结为夫妻的可能性是五十亿分之一。"老师灿笑若花，柔声软语，"我很庆幸自己在茫茫人海中有缘遇见你们，并成为朋友。所以，我们是有情人啊！"

"老师！您是我的情人。"一个男孩子勇敢地表白，"我送您一个礼物，好吗?""好啊！"老师欣然笑纳。

"送您一双'情人眼'！"

"为什么？"

"情人眼里出西施！"

"谢谢你的'礼物'！我会把它嵌入心里。"……

这是 2 月 14 日，一位刚上岗的年轻女教师的开课导语。

行年渐长，课听千遍的心已很难被轻易打动，但在那一瞬间我被从学生灵魂深处"唱出"，而又潜入我灵魂深处的"送您一双情人眼"感动了；我被她与学生同一律动的心感动了。因为——

要有情人眼，首先要有情人心啊！

所谓情人心，不就是珍爱学生生命，同时珍爱学生人格的肫恳绵密、细腻丰赡的爱心吗？

这颗爱心的内蕴是一个生命精神与另一个生命精神的融通。两个生命精神，共同创造一种内在的和谐，而后每一个生命，都具备了这种内在的和谐。

这颗爱心，比海还要渊默与包容，比山还要稳重与端正，比虹还要光彩与绚烂。

有了情人心，才会有情人眼。

有了情人眼，纵然孩子"另类""出格"，你依然觉得他们的一举一动都是景点，一笑一言都是新妍……

有了情人眼，纵然教学人生几十年，你依然觉得每堂课都很短，堂堂课都是良辰良缘，精金美玉不换；

有了情人眼，纵然教学之外有风情万种，你依然对教学情有独钟；

有了情人眼，"情人眼里出西施"，对学生你就不再有医生的眼、法官的眼、警察的眼了！

编辑对话

——对话教学理想

你的课坚持以对话为载体，以引读为课堂组织，调动了学生的一切语文活动，也促成了学生的语文素养在轻松和谐、不着痕迹间自然养成，还语文以"本色"，真正做到了简简单单教语文，真真实实教语文，于朴实之中见酣畅，于简约之中见精致，于率真之中见大气，不刻意雕琢，却尽得"风流"，达到了一种简约率真的艺术境界。

笔者接受《四川教育》编辑余小刚先生网络采访，与之对话。

【余小刚】孙老师，你在自己的著作中说自己只是一个享受"罗文"情怀的小学语文教师，忠实地执行着新课程理念。但近年来，你的课、文章、讲座，赢得了许多同行"粉丝"的喜爱。仔细研究，我发现，你与易中天、于丹有许多类似之处，一方面，你对教师职业的敏感让你深刻领悟新课程理念，并通过课感极强的课堂，形象地呈现出来，让所有观课者形象地、不费力地领略新课程的精髓；另一方面，你以"有效教学"为标尺，提出自己的教学见解，对新课程进行"个性化阅读"。作为当代名师，你的课坚持以对话为载体，以引读为课堂组织，调动了学生的一切语文活动，也促成学生的语文素养在轻松和谐、不着痕迹间自然养成，还语文以"本色"，真正做到了简简单单教语文，真真实实教语文，于朴实之中见酣畅，于简约之中见精致，于率真之中见大气，不刻意雕琢，却尽得"风流"，达到了一种简约率真的艺术境界。能不能谈谈你的教学理想？

【笔者】"目中有人、心中有本、教中有情、课中有智"是我的教学理想。

所谓"目中有人"，不仅是"老师的眼里有学生……直面功利而又超功利地为学生的精神发展打底子，为学生的生命奠基"，而且是"眼里有自己……教师和学生一样可以观照自我，认识自我，完善自我，实现自我，成长自我"。这让我想起了杜威的名言："儿童的兴趣是课程的基础。"我们在欣赏这句话的同时，往往忽略了基础只是基础的事实，在课程实施过程中，教师的自我观照同样重要，这样的"目中有人"，才是完善的。"走向目中有人的语文课，教学氛围：民主平等，和谐融洽，鱼水亲和；教学场景：身心解放，思维开放，个性奔放。置身此情此景，如沐春风，学习自主，'嫁于春风不用媒'。"

所谓"心中有本"，就是要有小学语文学科之本。小语姓"小"，语文姓"语"。小学语文课堂的根本在于念好"识、写、读、背、说、作、习"的七字歌……譬如，教学中如何培养学生"具有独立的阅读能力"。在我看来，阅读能力要在阅读教学中培养。当然，语文课要因课因生而异，教师要明确教学重点，营根固本，扎扎实实地进行教学。设若如此，语文这棵树，必将根深叶茂、挺秀参天。"小语"之"小"，是指其基础性；"语文"之"语"，在于语文独特的方法运用。这让我想起自己曾经激烈地批评过"学科本位"主义。注重学科之本，并非不能打破学科界限，我"跳出语文教语文"的课就是很好的例证。

所谓"教中有情"，就是要做到"课始激情情即生""课中悟情情更浓""课终谊情情未了"。摒除"无情教学"已经成为当今共识，我无须多论。

所谓"课中有智"，是指"语文是一门充满智慧的课程。如果说知识是豆浆，那么智慧便是卤水。知识很多、智慧很少的人，总是一盆豆浆，点不成思想的豆腐。从某种意义上讲，语文教学的过程就是老师带领学生超越知识、共同走向智慧的过程"。基于这样的认识，教师在课堂上就要做到"用好教材，超越教材，走向智慧"，而学生要"师从教师，超越教师，走向智慧"。

我以为，"四有"教学理想既源于新课程理念，又是对新课程理念的升华，在突出学生主体性的同时，也兼及教师的作用，尤其关照了学科之本。

【余小刚】你是怎样以"对话教学"营构课堂生态的？

【笔者】《福建教育》曾经邀请我就"对话教学"进行了一次网上对话。关于什么是对话教学、什么是语文对话教学以及对话教学与以往的课堂教学对话有什么不同，我是这样回答的——

人终其一生都在对话……其间的熙来攘往，无不藕连着"我"与"他人"喋喋不休的对话……对话，是个体与他人之间与生俱来的以语言为载体的交流互动……对话教学并非绝尘而来、横空出世，它是相对独白教学的一场深刻革命……从现代课堂视角看，课堂既是知识授受的地方，也是知识生成的场所；既是文化传承的环境，也是文化创造的天地；既是生理生命和感性生命存在的家园，也是人的精神生命、道德生命和人格生命养成的天堂；既是社会适应和个人满足的过程，也是超越社会和个人的过程。生成、创造和超越不是在专制、等级、禁锢和自闭的独白教学中实现的，而是在民主、平等、自由和开放的对话教学中涵养的。由是观之，对话教学是对独白教学的一场革命……真正的对话是带着自己的心灵，甚至带着疑问和惶惑，带着尊敬去倾听他人的意见，发表自己的看法。通过对话，既理解了他人，也重新理解了我们自己……"阅读教学是学生、教师、文本之间对话的过程。"这既是语文对话教学的新理念，又是语文教学的新形态。简而言之，以平等对话的教学理念实践语文教学便是语文的对话教学。

一种经由教师和学生倾情打造的对话氛围，应该是很美、很美的，一如山之光、水之声、月之色、花之香，有着无可名状的美：对话中，教师真诚地把学生看作心灵上的朋友，学生忘情地把教师当作灵魂中的亲人；教师眉开眼笑，学生眉飞色舞；教师欢声笑语，学生莺歌燕舞；教师柔情似水，学生情深似海。如果说滔滔河流是两山之间的桥，绵绵细雨是天地之间的桥，那么，浓浓情感就是教师和学生心灵对话的桥。"心桥"飞架，对话变通途——心空月朗，凉风习习，地碧天蓝，襟怀若谷；话语涓涓而流，心门徐徐洞开。如果说"艺花可以邀蝶，累石可以邀云，栽松可以邀风，贮水可以邀萍，筑台可以邀月，种蕉可以邀雨，植柳可以邀蝉"（张潮《幽梦影》），那么，造境可以邀"心"。置身此境，话，谈清了；理，摆透了；情，交融了；心，贴紧了。情至理顺，精神漫游，哪有心声不能聆听，哪有心灵不能理喻，哪有心室不能点亮，哪有心花不能怒放……在平等的对话中，话语如涓涓细水，潺潺而流；心门似春之柴扉，轻轻洞开。师生相互尊重、相互倾听，彼此敞开心扉，真诚肯定对方、赏识对方、悦纳对方，彼此共享知识、经验、智慧、丰富多彩的生活意义与曼妙丰盈的人生价值。几十颗心，以心印心，心心相印，沉浸在思想交锋、情感相融、心灵交会的大场里，吮吸、消融、同化、排解，思维之神得以多方面的顿悟和升华，心灵之殿得以广角的净化和超拔。

如何达到学生、教师、文本多元对话？首先，要善于创设一种对话的背景性情境，并且这样的情境隐射着文本，使对话前师、生、文三者不游离，以确保对话能够进行。《凄美的放手》课始的学生呼名、智猜谜语就是这样的。其次，要善于用"读"来实现"对话"，无论是教师范读，还是学生集体读、个体读，师、生、文的对话都在其中进行。当学生读的时候，教师以"旁白"对学生加以引导启发，让学生自然地与文本进行心灵对话。这样的三维式对话，把随文识字、随读会意、披文入情、解词造句、升华理解、语言与精神建构等"教"与"学"所有活动整合贯通，实效性强。同时也使阅读教学不游离、不肢解，整体感悟，多元互动。

只有以这样充满生态的对话营构充满生命活力的课堂，才能把课上到学生的心里。

【余小刚】怎样体现实、活、情、正的语文味，创造简约率真的教学艺术？

【笔者】实、活、情、正的语文味是我追求的教学美学。

譬如《凄美的放手》一课，我以谜语引出"美"，进而链接文本。在读第一篇文章时，又析出"风景"一词，引领学生领会文本负载的人、事、情。似乎学生总能够轻松地达到教师的期待，也似乎教师总能在轻松期待中看学生如期到达，其实，这其中的关键，还是在于执教者导学的功力以及求实的精神。

课堂之"活"，在于思维之"活"，在于学生心灵的天窗打开之后，思想迸出火花、体验化作语言、经验生成智慧、灵魂获得洗礼，在于课堂的声音多元而独特，在于读、问、思、话等语文方法的不缺席，在于教学方法的多样与创新……

许多听课教师和专家以"激情演绎"来评价我的课。我的课堂情感之美，从秉持"对话教学"入手。"悦纳对方"是取得"对话"认同的前提和"对话"继续的保证。课堂上，"悦纳"必须贯穿于全过程。教师怎样才能让学生"悦纳"？以情动情是"悦纳"的基础。课堂上消解年龄的障碍，把对话的心灵放在同一水平线上，共同探讨、共同进入心灵世界，一切的快乐与忧伤都只为分享个体的体验与触动，成人心智的"预设"在对话中相对得到了淡化，课堂情感相对温润，激情与生成指向文本并超越文本，浓情熙熙，只为纷纷说出个体对文本话题的理解，达到师、生、文情感的高度统一。这样的课堂情感，人（包括师与生）、文都是情感之源，情感四射并波及其他。

我的课注重吸附语文的本真，读、说、听、写等方法要真真实实，教师的角色要恰到好处，学生的主体性要得到彰显，课堂媒介要朴实简约，如《最大的麦穗》《做一片美的叶子》的教学设计都有认读生字、书写生字这些环节，甚至对书写习惯的引导都有具体落实过程。还语文以"本色"，语文味才"正"。

【余小刚】古人云："食必常饱，然后求美；衣必常暖，然后求丽；居必常安，然后求乐。"求美、求丽、求乐的本质是高尚的艺术活动。你的课堂教学艺术是求美、求丽、求乐的。愿更多的教者都能以有情之眼看教学艺术人生，从中一定能看出感动，看出彻悟，看出共鸣，看出希望！

校长对话

——教育姓"做"

校长姓什么，学校就姓什么；学校姓什么，教育就姓什么。教育不姓"说"，姓"做"；学校不姓"说"，姓"做"；校长也不姓"说"，姓"做"。因为说一尺，不如做一寸！

"做"，就坐进教室

有一位履新的校长，每个月，他都忘却自己的身份，坐进教室，当回学生，连听一周的课，并完成各科作业，且参加各科考试与排名，然后写下听课反思与做学生的感受。

问：为什么这样"折腾"自己？

答：亲历了现代学生的学习生活，体验了现代学生的学习艰辛，了解了现代学生的学习心理。然后再坐回办公室备课，走进教室上课，我的眼里才能看到学生，耳里才能听到学生，心里才能装着学生，与学生对话才能不失法度。

"做"，就做到尊重

在大英博物馆里至今还珍藏着两幅画，一幅是狗血液循环图，另一幅是狗骨骼结构图。这两幅画都是英国科学家麦克劳德小时所画，麦克劳德上小学的时候，有些调皮，也许是出于好奇心，把一只狗杀了，哪知道杀死的狗竟是校长家的。校长给他的"惩戒"是：画出两张解剖图——狗的血液循环图和骨骼结构图。

有时单纯为了完成任务去教授一门学科，因为功利或者谋求生存去训练学生考高分也许并不难，难的是激发学生的学习兴趣，使其真正喜爱一门学科。案例中那个包含真正懂得尊重的"惩戒"，既宽容了麦克劳德的恶作剧，又激发了他的兴趣，使他从小就爱上了生物学，并最终因发现胰岛素在治疗糖尿病中的作用而走上了诺贝尔奖的领奖台。

"做"，就做到包容

在梁文道先生眼里，有这样一位老校长：

在他退休之前，有学生在校报上发表文章，总结他的政绩——八年校长一事无成。看了，他笑笑。

当年他接受中央政府的邀请，出任"港事顾问"，替将来的回归大业出谋献策。很多同学都被他的举动激怒了，认为这是学术向政治献媚的表现。于是在一次大型集会上，学生会发难了，他们在底下站起来，指着台上的他大叫："校长可耻！"而他只是憨憨地笑笑。

后来，一帮更激进的同学主张打倒行之有年的"迎新营"，他们觉得那是洗脑工程，拼命向新生灌输以母校为荣的自豪感，其实是种无可救药的集体主义，很要不得。就在他对新生发表欢迎演讲的那一天，他们冲上去围住了他，塞给他一个套上了避孕套的学生玩偶，意思是学生全被校方蒙成了呆头。现场一片哗然，他却独自低首，饶有兴味地检视那个玩偶。后来在报纸上人们看清楚了他的回应。当时有记者跑去追问："校长！你会惩罚这些学生吗？""惩罚？

我为什么要惩罚我的学生?"他很不解地反问那个记者,然后,笑笑。

每年校长都会亲笔写信给学生会的学生,感谢他们的工作。不唯如此,他怕这些热心"搞事"的学生,忙得没机会和大家一样去打暑期工,所以每年都会自掏腰包,私下捐给学生会干事会和学生报各两万港币的补助金,请他们自行分配给家境比较困难的同学。那位臭骂校长"一事无成"的同学,正是当年的获益者之一。今天他已经回到母校任教了,在同学聚会上,回首往事,他笑呵呵地告诉大家:"我们就年年拿钱年年骂,他就年年挨骂年年给。"

这位把包容做到极致的就是前香港中文大学校长,因提出光纤构想而刚刚获得诺贝尔物理学奖的高锟。

……

教育伟业,说易行难。教育不姓"说",姓"做";学校不姓"说",姓"做";校长也不姓"说",姓"做"。因为说一尺,不如做一寸!

法器对话

——对话的八大法器

对话是有法器的。法器,不容玷污,这是其纯粹性;法器,可以造福众生,用来行善,这是其公益性。

磁场法器

一个真正教师的生命是带着对话这个法器来到世间的。她的形体,她的眉宇,她的声音,她的呼吸,她的体香,无不处处辐射着摄人心魄的对话气场。一个人的灵魂比较纯净,散发出来的气场就好,就能够净化身边的人,身边的人就会觉得很舒服。置身这样的生命磁场里,人人身心通透,个个灵魂净化,不要说与人可以互相交流,即便和动物、植物也可以进行交流。

智慧法器

愚诵千章,不解一句;智解一句,即解百义。与文本对话,旨在智解,非在愚诵。

未悟之人与文本对话,仿佛月夜看物;已悟之人与文本对话,宛如白日看物。

与文本对话的视阈在于：屋破见青天，通上彻下。

与文本对话，一如驾驶航船，如果不知身处何方，或者迷失了大方向，那么，任何风都是逆风。

唤醒法器

教育是唤醒心灵自觉的对话。

每个人心里都沉睡着一个"蒙"。破"蒙"，需对话。只有对话，才有唤醒；只有唤醒，才有活动；只有活动，才有生机；只有生机，才有生长；只有生长，才有生命——

开蒙我们平等对话的是空气。不因为你官高位显，就多给你一口；也不因为你一贫如洗，就剥夺你一口。只要你愿意呼吸，空气毫不吝啬与你对话。

唤醒生机的是春天。春来了，一切都欣欣然地被唤醒在她生命的大场里。

对于优质的生命来讲，空气是必需的，春天是必需的，对话，也是必需的。

自读法器

习作课上，存在一个共同的问题：习作出手的时候，学生自己没有仔细地通览一遍，没有把自己作为作品的第一读者，看看是否存在文字错误、字句不通、道理不明的地方。

我问学生为什么不自读作品，他们解释说是因为看了太多遍，已经到了再看就恶心的地步了。关于这一问题有几种办法可以解决：一是，你应该知道每个错误的修改都可能导致新的错误产生，所以至少在局部修改后，进行局部通读；二是，读出声可以帮你快速发现错误；三是，找同学，读给他听。

与自己的习作对话，自己做自己的第一读者，旨在整全，即把一篇文章从头做到尾、有始有终地整全。整全，不仅是成全习作，也是成全自己。

生命法器

凡在教育的心场为孩子高悬信仰与爱的，是创造者，他们用自己的生命与孩子的生命对话，为孩子的生命服务，对孩子的生命负责。

凡给大多数孩子埋设考试排名的陷阱，并千方百计粉饰这些陷阱，谎称是为了孩子的生存和民族的未来的，是刽子手，他们在孩子的头上高悬了一把利剑和各种欲望。

伟大的教育是心与心的对话，智对智的启迪，情对情的濡染，人对人的唤醒。

伟大的教育只有在远离市场与荣誉的场域才能发生。

伟大的教育一如深井，必须等很久，才知道坠落在底下的是什么！

教材法器

每位教师都是一部活教材，每位学生也都是一部活教材。唯有开展基于民主平等、差异互尊、批判反思与交流互动的心灵对话，活教材才能真正盘活。

矢志不渝地在课堂里开一片天，放飞学生的思想；游刃有余地在课本里造一片海，畅游学生的精魂。这彰显的不仅是为师者的功力，更重要的是其心力与定力。

初心法器

童年，人之初；童心，心之初。那颗颗初心，对生命而言有且只有一次，不可复制，不可倒逆，弥足珍贵。教育的一言一行当战战兢兢、如履薄冰，谨慎旨在呵护童年、守卫童年、敬畏童年。营根固本当自觉始于生命的上游啊！

一个有独立思想且勇于说真话的老师才是完备初心的老师，哪怕你的思考经由你的嘴巴发出的声音常常会让上帝发笑。

热恋法器

两个人争吵的时候，面红耳赤，声嘶力竭。那是因为，他们心与心的距离很远，所以需要很大声才能让对方听见。

当两个人热恋时，轻声细语，甚至根本不需要言语，眼神就够了。那是因为心与心的距离很近，甚至早已经没有了所谓的距离……

引领学生与文本对话，要像热恋，不能像吵架。

自我对话

——独处是一种美丽的自我对话

　　如果说思想火花常常来自与他人的对话，那么，要想燃起熊熊火焰并铸造出锋利武器，则更多的是需要自我对话。

　　人生在世，要会相处，一是与别人相处，二是与自己相处。与别人相处，叫社交，即与别人对话；与自己相处，叫独处，即与自我对话。这两种相处模式是一枚硬币的两面，缺一不可。

　　从心理学的观点看，人之所以需要独处，是为了进行内在的整合。所谓整合，就是把新的经验放到内在记忆中的某个恰当位置上。唯有经过这一整合的过程，外来的印象才能被自我消化，自我也才能成为一个既独立又生长着的系统。所以，有无独处的能力，关系到一个人能否真正形成一个相对自足的内心世界，而这又影响到他与外部世界的关系。

　　自我对话能力强健，益于积蓄精神；自我对话能力衰颓，何来与别人的优质对话？

　　君不见，世上正有这样的一些人，他们最害怕独处，和自己待一会儿，对于他们来说简直是一种酷刑。只要闲下来，他们就必须找个地方去消遣。表面上他们的日子过得十分热闹，实际上他们的内心极其空虚。他们所做的一切都是为了想方设法避免面对自己。他们感觉到了自己的贫乏，和这样贫乏的自己待在一起是最没有意思的，再无聊的消遣也比这有趣得多。这样做的结果是他们变得越来越贫乏，越来越没有自我对话能力。

阉割了自我对话能力，很容易导致心理疾病。过去几十年来，美国出现的系列谋杀犯几乎都有一个共同缺陷——无法独处。正如系列谋杀犯丹尼斯·尼尔森被抓住后所说："我一旦独处，没有任何快乐，就有冲动去杀人。"弗吉尼亚理工大学枪击案发生后，所有媒体都连续好几天追踪报导，大家都在询问缘由，连其家人都无法理解。我认为犯罪缘由之一，是凶手赵承熙无法平安独处，无法自我对话，无法让自己快乐。

独处是一种美丽的自我对话。因为独处时，灵魂是完全自由的，思想是随心所欲的。独处时，因为专注，内心世界有意无意地整合，孕育、唤醒和激发了想象力和创造力。你会更明白自己想要的是什么，更容易面对自己的灵魂，面对上帝所创造的大自然，面对身处的这个世界。如果说思想火花常常来自与他人的对话，那么，要想燃起熊熊火焰并使它铸造出锋利武器，则更多需要自我对话。

内功对话

——基本功，一种富有绿色生态的内功

内功，即教师的基本功。当今教育界，设若哪位教师的基本功最好、教学最有效、最能赢得学生的心，哪位教师就能赢得最大的尊重，教育界"绿色生态"的形成便指日可待。

语言文字是存在的家，是民族的根。

黑头发，黄皮肤，文化基因里始终澎湃着中华的声音，舞蹈着汉字的魅影。在特定的时空与国度里，作为传承中华文明的教师，开口讲汉话，抬手写汉字，宛如呼吸一样，是生存的必须。

语言文字，是耳濡目染、刻苦修炼的习得产物。

为师者不妨自省："我"的普通话、粉笔字、钢笔字、毛笔字何以成为今天这个样子？

原因可能是多方面的，其中最重要的一条与习得者的教育环境不无关系，换句话说，就是与自己早期求学时接受普通话以及写字训练的质量成正比。

语言是可以传染的，文字是可以临摹的。"近朱者赤""近大者大"，教师一口标准流畅的普通话，一手飘逸洒脱的板书，自会引无数学子竞折腰，成为学生效仿、临摹的活教材。

毋庸置疑，吃张口饭的教师，讲好普通话，写好汉字，是本分，也是取得资格证书的必要条件之一。这并不等于说，"播音员"加"书法家"就是好教师，但，好教师难道不需要"播音员"与"书法家"的素养吗？好教师难道仅仅需要"播音员"与"书法家"的素养吗？

越是进入信息化时代，教师越是离不开"字、话"之外的另两项基本功——阅读与写作。

阅读是输入，它要求吸收信息的速度要快、准确性要高；写作是输出，它要求自己的思想能够清晰顺畅地表达出来。

先说阅读。首先是阅读量，扪心自问：一天下来，不，一月下来，甚至一年下来，自己究竟看过几页书？其次是阅读的质，是刷刷屏、看看段子的浅表式阅读，还是怀着古典的情怀与经典对话？这恐怕只有天知，地知，己知。

再谈谈写作。除了短信、微信，以及为了应付官差"剪切"加"粘贴"拼个"工作总结"之外，自己究竟原创过几个字儿，营养过几双眼？

阅读的量少、质差，岂能不谈写色变，下笔如见鬼？殊不知，不管从事什么工作，写作都是一个人成功的基础。

请聚焦华尔街：2009年5月1日，以107岁高龄去世的艾伯特·戈登，大概是亲身经历1929年股市大坍塌的金融精英中最后一位退出历史舞台的。他一直到20世纪60年代还是华尔街的重要领袖人物。他的传奇中让我印象最深的，除了80多岁开始跑马拉松外，就是当老板时给每个雇员一本《风格的因素》。这本几十页的小书，在美国被称为写作《圣经》。可见，他要求公司里的每个人都必须具备良好的写作能力。

再把目光投向大企业：根据对120位美国大企业人事部负责人的调查发现，写作水平一直是高工资、高技术的标签，是成功者的基本特征。那些写作不行的人不容易被录用，也很难获得提升。三分之二的美国大企业其雇员的日常工作要通过写作来进行；金融、保险、房地产等服务业 80％以上的公司，在雇用员工时要考查写作，40％的公司要特别培训写作技能不足的员工。美国公司在这方面的投资，一年估计达 31 亿美元。

……

基本功，既不是装点门面的行头，也不是镜花水月的噱头，而是一种富有绿色生态的内功。

梅兰芳时期的京剧界，谁的演唱基本功最好、表演最到位、最能获得观众认可，谁就受到最大的尊敬。正因为有了这样的"绿色生态"，才造就了一代京剧大师。

当今教育界，设若哪位教师的基本功最好、教学最有效、最能赢得学生的心，哪位教师就能赢得最大的尊重，教育界"绿色生态"的形成便指日可待。崇尚这样的"绿色生态"，形成这样的气候，一代教育大家喷薄而出，岂会是天方夜谭？

气场对话

——气场，是教学的软环境

当"高负氧离子"的"气场"扑面而来时，教育者与受教育者之间因相互绿化、相互营养、相互造就、相互享受而成长为优质的生命共同体，就不再是一种奢望。

看一所学校，重点看什么？

看硬件！这往往是很多人的第一反应，因为人总是相信眼见为实。

学校不能没有硬件，硬件的坚挺，意味着教育场域追求立人的终极关怀有了坚强的依托。于是，现代化楼房、多媒体网络、多功能教室、豪华校车……大凡金钱能够兑现的一切物质层面的东西，在一座经济相对发达的城市的所有学校都变得越来越不是什么天方夜谭了。

但是，在教海里稍向前深游一步的有识之士，不能不追问，一座学校的软环境该怎样建设？

何谓软环境？软环境是不能用量化指标和物质空间来衡量，只能用心去感受、去体会的精神环境和人文环境。

它一不单纯看楼有多高，二不单纯看设备有多新，三不单纯看钞票有多厚，它着重看"气场"有多浓。

这种"气场"洋溢在每个教师和学生的脸上，在他们的每个步态、每个笑容、每句谈吐的自然呈现中，你都能够体会得到、捕捉得到。这种"气场"就是软环境。

软环境一经成为教育生活的常态，就不难洞见校园里——

管理者，是行政权威，更是学术权威，前者能维持位序法度，后者能赢得灵魂仰止；

教育者，是教学能手，更是育人专家，前者能教人安身立命，后者能树人顶天立地；

受育者，在承继传统，更在开拓创新，前者能使人明白来路，后者能使人清楚去向。

如此的"气场"绝不是空穴来风，而是需要每个教育者都能放飞梦想，怀揣圣心，灵转玉手，去缔造纯真可人的教学场景，唤醒生命蓬勃向上的热望。当"高负氧离子"的"气场"扑面而来时，教育者与受育者之间因相互绿化、相互营养、相互造就、相互享受而成长为优质的生命共同体，就不再是一种奢望。不是吗？

超越对话

——超越的教师

人的自我创造需要一个目标，它高于人自身，突破它的过程就是自我超越。"人是尚未定型的动物"，尼采认为，每一个人都应该在自己的估价里，"长出一个较强的强力，一个新的自我超越：它啄破蛋与蛋壳"。怎样做一个超越的教师？

超越的教师要善于把自己当学生

前不久，美国普林斯顿大学杜森教授来我校参观。

其时，四十开外、一米九有余、身材魁岸、肩挎一个包、嚼着口香糖的他正饶有趣味地观摩一节双语体育课。

突然，一个男孩儿冷不丁地跑过来，冲着他："please!"

他欣然应邀，兴冲冲地加入了孩子们的游戏——过隧道。这所谓的过隧道，只不过是孩子们撅起小屁股爬过用垫子临时搭起的矮小"甬道"。

个儿高、肚儿大、动作迟缓的他，慢条斯理地爬向"隧道"，"隧道"一下子被撑破了。孩子们乐得前仰后合、手舞足蹈……

那一刻，我不仅看到了杜教授眼睛向下、关怀向下、爱心向下参与孩子活动的其乐融融的场景，而且和每一个心灵在场的人一样亲历并感悟了一次怎样"把自己当学生"的过程，即暂时忘却身份，以童年的清新直觉与纯净感官，融入孩子，并营养孩子心力向上、情怀向上、精神向上。

超越的教师要善于把学生当自己

新学期，转入一名一年级新生。

"我相信这所学校，是以儿子为赌注来相信的。"他那研究生的妈妈有学养且有个性，跟校长的交谈颇有质量，"今天清晨，我交给学校一个快乐诚实又伶俐颖悟的小男孩，六年后，学校将还我怎样的一个少年？"

一生委身。家长交付的是信任，老师承担的是责任。

"格物而后知至，知至而后意诚，意诚而后心正。""心正"了，就有办法超越。超越的教师会把学生当自己，像珍爱自己一样珍爱，珍爱之心深于湖海；超越的教师同时会把学生当自己的孩子，像教养自己的孩子一样教养，教养之责重于泰山。因为"在爱的激情里，我们想象了一个整体，自己只是整体中的一部分，被我们爱的对象是整体的另一部分"。

超越的教师要善于把学生当学生

一次，同事把他七年级儿子的期中试卷拿给我看，试卷上有一题"你对《骄傲的孔雀》怎么看？"

孩子的答题颇有个性——漂亮的脸蛋长"大米"！

老师的批改颇有张力——人们在重视体力资源和脑力资源的同时，要合法地开发美丽资源，漂亮的脸蛋的确能长"大米"，美丽也是生产力呀！

这"张力"的背后，隐含了一个超越的教师把学生当学生的伟大情怀——首肯孩子言人人殊的个性，守护孩子特立独行的核心精神领域。

超越的教师要善于把自己当自己

一日，校"青年教师论坛"开讲，论题为"教师要成为_____"。

甲方的一名教师说，要成为某某特级教师，理由是非常非常崇拜他。

"假如让你完完全全成为他，生活在他的圈子里，拥有他的经历，享有他的盛名，你愿意吗?"乙方的一名教师冲着信誓旦旦的甲方质问。

"太愿意啦!"

"整个灵魂全成为他，你愿意吗?"乙方继续追问。

甲方语塞片刻，接着"反攻"："你认为呢?"

"我认为教师要成为自己!"

"怎样才能成为自己呢?"

"答案不会唯一，因为不存在一个适用于一切教师的标准答案。最重要的是每一个教师都要真切意识到'自我'的宝贵。在茫茫的宇宙空间，每个人都只有一次生存的机会，都是独一无二的生命个体。没有人能够代替自己再活一次，也没有人能够代替自己打造教育人生。有了这种觉悟，每一个教师都会寻找到属于自己的答案。"

超越的教师"把自己当学生"，"把学生当自己"，意味着换位思考，实现教师本位向学生本位的转移；超越的教师"把学生当学生"，"把自己当自己"，意味着突破自我的局限，从多维的坐标系来认识自己和周围世界的关系。因为超越的教师谙悉：学生的一切发展能够达到什么样的高度、强度、深度，最终都取决于角度，取决于教师站在什么样的位置来观察，以什么样的立场来考量。

画脚对话

——要画脚，不要画鞋子

"要画脚，不要画鞋子"，张扬的是以脚为本，画活的是鞋子；"要教人，不要教教案"倡扬的是以人为本，教活的是学生。教活了学生的是教育家；画活了鞋子的是艺术家。

早年，还是中央美院学生的陈丹青，一次正兴趣盎然地画鞋子，其师侯一民先生走过来一站："记住，要画脚，不要画鞋子。"言毕，侯先生便笑眯眯地走开了。

后来，陈丹青先生追忆说，至今他不记得在校两年间校方讲过什么科研与教学了，但侯先生的这一教诲却活在了他的心里。

"要画脚，不要画鞋子。"这个简单到没有一个生字，甚至连小学一年级的孩子都念得出来的句子，当年一经侯先生的口说出，一经陈丹青先生参悟，就不一样了。

二十年后，这句话从成绩斐然的大牌画家陈丹青口里说出来，尤值得珍视与玩味。

"要画脚，不要画鞋子。"说得也是，"皮之不存，毛将焉附"，没有脚，何谓鞋？

关键是，画鞋子之前，先要成"脚"在胸。胸有灰姑娘的脚，笔下就有神奇的水晶鞋；胸有杨丽萍的脚，笔下就有飘旋的舞鞋；胸有乔丹的脚，笔下就有生风的运动鞋；胸有杨利伟的脚，笔下就有遨游的太空鞋。一句话，胸有形态各异的脚，笔下就有因脚而异的鞋。画活了隐藏在鞋子里的个性化的脚，也就画活了个性化的鞋。

"要画脚，不要画鞋子"，震撼我的不只是这八个曾开启了画家陈丹青的心智与技艺的汉字，更重要的是它唤醒了我对"要教人，不要教教案"这一教学理念的触类旁通与透彻体悟。

记得，几年前一位著名特级教师应邀到青海某地上课。课始，他发现大多学生由于种种原因，所学的课文竟读不上来。他立马重打锣鼓另开张，放弃了预设的教案，同时也放弃了听课老师期待出现的种种精彩，开始一字一句领着学生读书。一节课下来，学生人人都能把课文读得正确、顺畅。

那时那地那课，执教者所秉持和坚守的不正是"要教人，不要教教案"的信念与大心吗？

教案有人，字字珠玑；教案无人，废纸一张。一如鞋子有脚，步步莲花；鞋子无脚，弃物一件。

"要画脚，不要画鞋子"，张扬的是以脚为本，画活的是鞋子；"要教人，不要教教案"倡扬的是以人为本，教活的是学生。

画活了鞋子的是艺术家；教活了学生的是教育家。

"没有艺术这回事，只有艺术家"，贡布里希的至理名言昭示：艺术跟人走，人在艺术在，人在教学在，人在性灵在。不是吗？

蝶境对话

——教人要羽化成蝶境

一个专业日臻成熟的教师，要破三层茧缚，羽化一种"蝶"境。"三层茧缚"指的是：一味教书；单纯教人；既不教书，又不教人。羽化一种"蝶"境意味着：既教书，又立人。

一味教书为"应试"。教书不过是为了完成任务，完成"搬运"任务：先把教参上的，搬到教案上；再把教案上的，搬到黑板上；接着把黑板上的，搬到作业上；最后把作业上的，搬到试卷上。于是，铃声一响，赶"鸭子"（学生）；媒体一开，填"鸭子"；试卷一发，烤（考）"鸭子"：结果全成"板鸭子"。

单纯教人为"应赛"。大学自主招生，要求又"红"（三好学生）又"专"（奥赛精英）。"红专"哪里来？"红专"窑在哪里？"红专"的工匠是谁？要多少"砖坯"才能烧成几块"红专"？仅靠这几块"红专"能砌几堵墙，能起几间房？在单纯教人的"应赛"教师看来，这些似乎可以不闻不问，只要比赛有人夺冠，就可以以点代面，以"冠"盖全；就可以一俊遮百丑；就可以明了月亮，暗了星星。

既不教书，又不教人，为"应付"。应付的，是庸师。庸师如庸医，除了医无能，什么病都看不好，小病医大，大病医亡，让患者人财两空之外，其余的什么花活儿都玩得很"到位"，很"专业"。庸师也一样，孩子被送到那里学好不敢说，但有一点可以保证：教后聪明的变平庸，平庸的变糊涂，糊涂的变白痴……总之，庸师从生命的上游，就迷惑了孩子的心智，污染了孩子的精神，阉割了孩子的个性。奶粉添加了三聚氰胺，可以让孩子肾结石；庸师在教学中添加了"应付"，就会让孩子"脑结石"。前者，可以检验，可以曝光，可以法办，而后者呢？

既教书又立人，为"应然"。"应然"在这里意味着教育的终极关怀应该是既教书又立人的本真状况，属于理想层面。

蛹破茧缚、羽化成蝶的教师，是应然的教师。应然的教师为良师。良师有良知，有良慧，有良策，有良能。良师谙悉：生命只售单程票。于是他热爱自己的生命，同时珍爱孩子的生命。课堂里，他和孩子化作了生命的共同体，同呼吸，共命运。

——当孩子需要心智开启的时候，他知道该说些什么，又知道怎样说能说得孩子怦然心动、悠然心会；

——当孩子需要心灵加持的时候，他能够给卑微的心带来自信，给脆弱的心带来强健，给迷惑的心带来觉悟；

——当孩子需要视野放达的时候，他知道怎样适切地引领孩子更上层楼，望尽天涯路；

——当孩子需要梦想放飞的时候，他能够营造宏大的气象与格局为孩子的梦想赢得广阔无垠的长空。

摆脱了应试、应赛，超脱了应付，走向了应然，蛹破茧缚，羽化成蝶的教师，徜徉于教室之中，流连于孩子之间，宛若蝶舞花丛，只取灵性的花香，不损童真的花色，只授智慧的花粉，不损童心的花本。

归零对话

——归零心态

被学生"忍着"的，都是为师者心中积攒多年的职业"垃圾"。只有适时尝试归零心态，回归原始状态，才能自觉地对职业"垃圾"有效地清理。

归零，意味着我们要及时清空心灵积淀的"垃圾"。归零心态就是把自己心灵里的一切清空、一切归于零的心态。

一位哈佛大学校长来北京大学访问时，讲了段自己"归零"的经历。

有一年，校长向学校请了三个月的假，然后告诉家人，不要问我去什么地方，我每个星期都会打个电话，报个平安。于是，他只身前往美国南部农村，尝试一种全新的生活。在那里，他去农场打工，到饭店刷盘子。有时背着老板抽支烟，偷偷与工友说句话，都让他有一种前所未有的愉悦。最有趣的是，有次在餐厅找到一份刷盘子的工作，仅仅干了四个小时，老板就把他叫来，跟他结账，然后对他说："可怜的老头儿，你刷盘子太慢了，你被解雇了。"

"归零后的老头"重新回到哈佛，回到自己熟悉的工作环境后，觉着以往再熟悉不过的东西都变得新鲜有趣起来，工作成为一种全新的享受。

其实，教师也可以尝试归零。

　　一次，有位教师"心血来潮"，坐到了教室里，和学生一起上下课，写作业，玩游戏，把"教师"清空，当了一周的"学生"。之后，他推心置腹地与我对话："我最大的感受是：当学生真不容易，必须忍着。我不喜欢有人高八度且用一根指头指着我讲话，但我必须忍着；我不喜欢节节课都看到讨债似的脸，但我必须忍着；我不喜欢享用'猪肉炖粉条，粉条炖猪肉'一成不变而又腻味人的课，但我必须忍着；我不喜欢把思考的万紫千红变成梨花一色，但我必须忍着；我不喜欢把兵马俑时期的脑袋安装在'微软'人的头上，但我必须忍着……"

　　"哦？"

　　"设若你清空'教师'，当回学生，定会亲历 N 个'忍着'。"见我愕然，他又诠释道，"被学生'忍着'的，都是为师者心中积攒多年的职业'垃圾'。只有适时尝试归零心态，回归原初状态，才能自觉地对职业'垃圾'有效地清理。不是吗？"

课件对话

——景全在我身上

课件恰如其分，教学锦上添花；课件过度泛滥，师生两败俱伤。当"技术"的发展改变了教育的言说方式，并占据统治地位的时候，一切都被机械地决定着，唯独没有了人的行走。任何对人性漠视的教育都是失败的教育。少一点技术铺陈，多一点人性关怀。

某校五节同级同题、异人异班的公开课开始了。

执教老师鼠标一点，今天学习第八课，屏幕上即刻跳出课题；学生齐读课题后，老师又鼠标一点，屏幕出现——学习字词："读一读""认一认""写一写"；五分钟后，老师再鼠标一点，屏幕显现——朗读课文："听录音读""分段读""自由读"；十分钟后，老师接着鼠标一点，屏幕映现——理解课文："分段""写段义""概括主要内容""归纳中心思想"；二十分钟后，老师鼠标一点，屏幕呈现——巩固练习："抄写生字五遍""词语解释三遍""造句两个"。

这五节课，教学流程一致，环节相同。该校班班有多媒体，上课教师人人放光盘，个个用课件。

恰当地使用多媒体教学，实现人机互动，学生学习积极主动，师生尊卑差异被消解，民主关系得以建构，可谓优长多多，无可厚非。

但"多媒体"是一把双刃剑，设若不能正确认识教育的内在功能，不能厘清教师的真正使命，不能将学生从繁重的知识传授和应试教育的重压下解放出来，滥用多媒体，多媒体就会演变成灌输的工具、应试的帮凶，课堂就会从"粉笔＋黑板"的"人灌"演变为"电脑＋光盘"的"电灌"。

有人问京剧表演艺术家盖叫天："为什么你演戏时不搞布景？"

盖曰："景全在我身上。"

君不见，京剧表演的追、跑、打、杀，骑马、渡河，乃至人生际会、风云变幻，全展现在小小的舞台上，演员凭着自己的身躯与脸面表达人间哀乐、宇宙万象，给人以美的享受。舞台的布景被取消或简约到最大限度，为的是将全部空间留给演员施展技艺。

诚如京剧表演的艺术之魂是"演员"而不是"布景"一样，课堂教学的艺术之魂是教师而不是"光盘"。

"光盘""课件"固然可以告诉学生知识，但不能唤醒学生的智慧；可以帮助学生了解和掌握文明的成果，却不能使其内化成人格。因为智慧需要智慧启迪，人格需要人格濡化，精神需要精神感染。而智慧、人格、精神的"景"全在教师身上。

哪里有危险，哪里就有拯救。技术的拯救，不在别处，就蕴含在自身之中。正如海德格尔所说的，在现代社会，危险的并不是技术，而是人类对技术本质的无知。技术在本质上首先是艺术，只不过人类对其功利价值过于迷恋，才使得其中的艺术功能隐而不显。人类要想从技术的奴役中摆脱出来，就迫切需要通过文化的力量将这种沉睡的艺术功能唤醒。

空筐对话

——文章的空筐结构

　　编辑约稿，让我谈谈写文章的方法。在我理解，写作技法不只是显性的，更多时候是隐性的。隐性写法像个空筐，我们一生的阅历放进去都填不满，若穷得拿不出丁点儿东西放进去，还怎么奢望收获满筐的文章？

　　假如有两个空筐，左边一个，右边一个。我们把荔枝放进去，放得满满的，这样便有两筐荔枝；如果把荔枝倒出来，把土豆放进去，便有两筐土豆；把土豆倒出来，把鲍鱼放进去，便有两筐鲍鱼……

　　由此可见，"1＋1＝2"这个算术公式具有空框结构的性质，具有囊括宇宙万物的威力。

　　其实文章也具备空筐结构的性质，一般而言，"内容＋写法＝文章"。文章是一个空筐，装进不同的内容与写法，文章自然不同。

　　"内容人人看得见……而形式对于大多数人是一个秘密。"（歌德）这个"形式的秘密"，从写作的角度而言，就是"写法"。囿于篇幅，本文探讨的不是表情达意、谋篇布局的显性写法，而是一种潜在的隐性写法。

　　隐性写法自身也是一个空筐。

先看一则教育案例——

　　广东省惠州市德园学校小学部二年级学生小文（化名）在 2012 年 3 月 9 日的数学课上遭遇了令她难以启齿的体罚。小文说，当时班主任让她收同学的作业。"我没有理解是上课收还是下课收，所以没动。于是，老师就让我站出来，举起双手，趴在课桌上。接着，老师就脱掉了我的裤子，让我在班上走一圈……"小文和她的几名同学告诉记者，本学期以来，班上至少有 10 名同学遭到老师脱裤处罚。（《南方都市报》2012—3—13）

　　关于这则"案例"，我访谈的 35 位老师都表示已经从网上看到了。内容人人看得见，可是，问及他们看到这则"案例"时都想些什么，他们坦言什么都没想，只不过把它当个"乐子"作为饭后谈资罢了。为什么会集体不思考？是不愿想，还是不会想？90％的老师认为主因是后者。

　　我们可否从如下维度思考上述案例？

　　——传统文化的维度。毋庸讳言，一些人连做梦都想当皇帝，哪怕是三间屋里的皇帝，那多爽——唯我独尊、说一不二。案例中班主任的行为正是这种心理的投射，同时也是这种心理的受害者。为什么？如果说知识分四种，第一种是知道的，第二种是不知道的，第三种是知道自己不知道的，第四种是不知道自己不知道的，那么，这位班主任缺少的恰是第四种知识。

　　——沟通心理的维度。人与人对话时存在着"沟通漏斗"。比如说一个人心里想的内容是 100％，通常只能说出 80％，对方听到的最多只能是 60％，听懂的却只有 40％，最后执行时可能也就只有 20％了。你心中的想法也许很完美，但下属执行起来却差之千里，这是由"沟通漏斗"造成的，因此你必须采取适当的方法，去克服这一"漏斗"现象。如果那位班主任谙悉"沟通漏斗",多一分理解与宽容,还会对孩子"该出手时就出手"吗?

——法律法规的维度。《教师法》第八条规定"教师应当履行下列义务:关心、爱护全体学生,尊重学生人格,促进学生在品德、智力、体质等方面全面发展";《中华人民共和国未成年人保护法》第四条规定"尊重未成年人的人格尊严"。脱掉学生的裤子让其在班上走一圈,侮辱了学生的人格,损害了学生的尊严,显然触犯了法律。如果那位班主任有法律意识,还敢冒天下之大不韪?

——文学艺术的维度。有一则寓言:笼子里关了一群猴子,主人每隔一天就打开笼子抓一只猴子杀掉。每次主人来时,所有猴子都很紧张,不敢有任何举动,生怕引起主人的注意而被主人选中。当主人把目光落在其中一只猴子身上时,其余的猴子就希望主人赶快决定,当主人最终决定时,他们甚至配合主人把选中的猴子从群体中挤出去。那个被选中的猴子拼命反抗,暂时没被选中的猴子非常高兴,在一旁幸灾乐祸地观看。这样的过程日复一日地进行着,最终的结果是,这群猴子被全部杀掉了。如果这群猴子群起而攻之,它们就有可能逃脱厄运。但每只猴子不知道其余的猴子是否会反抗,怕自己的反抗会引起主人的注意而被主人杀掉。

当第一名学生被脱裤子的时候,我们很难排除没有"在一旁幸灾乐祸观看"的同学。要不然,他们怎么会被一"脱"再"脱"?"小文和她的几名同学告诉记者,本学期以来,班上至少有10名同学遭到老师脱裤处罚。"

我们又不能说孩子们后来没有群起而"告"之。每个公民从小就应有维权的常识与意识,学会保护自己的合法权益不受侵害。面对淫威一味沉默的结果,只能是使社会风气更加恶化,对个体来说,虽然这一次倒霉的不是你,但下次你倒霉的概率就会大大增加。这种情形,就如同待杀的猴子，不知道什么时候轮到自己。

……

把以上维度的反思放进"写法"的空筐，"隐性写法"便自然显现。

再看一场教育报告——

3月9日，雷夫来到深圳福田讲学。

几千双眼睛都看到了，几千对耳朵都听过了，但耳闻目睹之后，剩下的往往是一句"真雷人"与一张光盘。"百度一下"，鲜见有思想有力度的随感文章。这多像我们的旅游，每每看到风景，只会说"好漂亮"，之后就是拍拍照，仅此而已。优美的风景难道不值得我们吟诗，卓尔的雷夫难道不值得我们作赋？很多人异口同声"拿不动笔"，要真如此，QQ和微博早就歇菜了。那么，我们究竟该怎样把独特的感受用文字表达出来，让更多的人分享呢？

可不可以视雷夫老师为一面镜子，观照自我的精神面相？

【观照1】56岁的雷夫，络腮胡子，黑衬衫，白皮鞋。亮点在脚上。玲珑的同声传译与之比肩而立，越发显得他魁梧。虽然他能够进行"语言、算术、科学、体育、戏剧、摇滚"的全科教育，但他不会讲汉语。他在现身说法，人不是全能的。教室里，我们能全科教学吗？能双语教学吗？能全知全能吗？

【观照2】全天的报告，雷夫运用最多的手语是双手打开掌心向着观众。播放视频的间隙，见他单膝跪地喝水，我暗想他连续两场报告或许是累了，连忙搬张椅子，示意他坐下小憩。他耸耸肩，摇摇头。"单膝跪地喝水"：自然降低了身体高度，虚化了台上的自我，实化了屏幕上的画面，暗示观众聚焦画面。"双手打开掌心向着观众"：过滤掉一个指头指向观众、四个指头指向自己的富含"告诫、命令、教训、指责、挑战"等负面信息的肢体语言。这些自然嵌入雷夫报告中的非语言代码，以及所折射的心理活动，我们破译了吗？

【观照3】中国教育界有一句气死老师的话，叫"没有教不会的学生，只有不会教的老师"。对此，雷夫回应说："我不认为我能教所有的学生，我认为我们应当努力去教好每个学生，但不是对所有的学生都有效。也就是说，有些学生是教不好的，就像医生拯救不了每个人的生命。但是，我不放弃。"前不久，笔者去一年级听课。角落里坐着一个目光呆滞的女孩儿，书桌上干干净净的，两只小手不停地在嘴前交叉比画，高一声低一声地"喵——喵——"。整整一节课，她像空气，被忽略了存在。下课了，老师跟我解释，她是自闭症患儿，对她实在是没办法……"不放弃"是不是一种办法？

【观照4】在第56号教室雷夫创造了轰动美国的奇迹。他先后获得"总统国家艺术奖""英国女王 M.B.E 勋章""全美最佳教师奖"。殊荣获得之后，雷夫为什么没有像我们许多人一样"教而优则仕"？他说自己的四个孩子都很优秀，有人问他优秀的标准是什么？"做对别人有用的事情，能去帮助别人的人，就是最优秀的人。"在雷夫的眼里，优秀的标准为什么不是我们很多人眼里的金钱与权势？

【观照5】问及怎样看待考试分数，雷夫说："妻子嫁给我的时候，并没有翻看我的考试成绩单！""分儿，分儿，学生的命根儿"，为什么我们如此纠结分数，不能"幽分数一默"？

【观照6】雷夫出示一幅西谚漫画——"倒洗澡水，连同孩子一起倒掉！"一画胜百言。难道他仅仅只是在警示美国教育？

【观照7】有人说，雷夫轻轻地来了，又轻轻地走了，不带走一片云彩。真的吗？

2010—2011 学年，中国留美学生总数达到 15.7 万人，比上一学年激增了 23%。中国大陆留学生群体近年来一直呈现低龄化趋势：2005—2006 年，大陆仅有 65 名中学生来美读中学；而 2010—2011 年，人数猛升至 6725 人，5 年增长了 100 倍。中国富人正集体把孩子送往美国读书。据说一个留美学生就能养活一个美国人。

在这个当口，雷夫来了，他在北京、上海、深圳三地巡讲，俨然一颗"美国基础教育的原子弹"，释放的冲击波和热量不亚于"小男孩"。我们感受到他的当量了吗？

......

雷夫是面镜子，帮助教师观照自我。精神面相浮现的过程，不正是隐性写法呈现的过程？

隐性写法这个空筐，我们一生的阅历放进去都填不满，若穷得拿不出丁点儿东西放进去，还怎么奢望收获满筐的文章？

自教对话

——学生自己教自己不是天方夜谭

千教万教，教会自教；千学万学，学会自学。

影片《菲比梦游仙境》里有一个教学场景，笔者看了多遍，看出五个字——自己教自己。

让镜头回放——

（场景：孩子推开剧场的门，偌大的剧场里空荡荡的，只有观众席第一排正中间坐着一位埋头看书的文雅端庄的中年女性。她就是学校新来的戏剧老师——道奇。14个孩子小鸟一般从两边的过道依次轻快地飞落到了舞台上，然后静静地坐下来，等待道奇老师导演《爱丽丝梦游仙境》……可是道奇依然埋头看书，整个剧场好像只有她一个人存在似的，她对孩子们的到来似乎浑然无觉。）

"你睡着了吗?"一个孩子忍不住问台下埋头看书的道奇。

道奇悠然地抬起头来，环视台上每个孩子的面孔后，轻声回答："没有。"

"那我们做什么?"一个孩子急不可耐地发问。

"我不知道。"道奇满眼含笑注视着她。

"我们是要排音乐剧吗?"一个孩子显然在等待道奇布置任务。

"我们在剧院了。"道奇含蓄而明晰地引导孩子,"我觉得我们应该在了。你不觉得吗?"

"你不告诉我们该怎么做吗?"有一个孩子问道。

"不了!"道奇断然说道,"你们来告诉我,你们怎么来演音乐剧?"

"穿着戏服说台词。"坐在左边的一个女孩反应很快。

"那么……开动吧!"道奇把微笑和自信送到每个孩子的眼里。

孩子们纷纷依照角色着装……道奇依然坐在台下观众席中,静静地欣赏着孩子们的一举一动。

"我们什么时候开始?"菲比疑惑地问。

道奇只是反问:"你觉得什么时候?"

"灯光亮起来之后?"

"好的。"道奇放下手中的书本,起身把窗帘拉上,剧场内的光线顿时暗淡了许多,她又轻快地走到舞台右侧,打开舞台灯光。然后,又轻巧地回归原来的座位,倏地完成了从服务员到观众的角色转换。

灯亮了,表演自然开始了。

"太热了,我累了。这本书真无聊。"菲比入戏很快,"一本没有插图的书能有什么作用?"

"我从哪儿上台?"小白兔扮演者跑上来问。

道奇并没有急于指手画脚,眨了眨眼睛反问:"你觉得呢?"

"舞台后面。""小白兔"即刻心领神会。

"噢,天啊,天啊,我来不及了。""小白兔"从后台跑上来!

"我现在听到女王来了。"菲比报告大家。

头戴王冠的女王把红色的裙摆一抛,厉声喝道:"要是不马上做些什么,我会将你们全都处死。"

"欢迎女王九十乘以九次。"舞台上的小动物们说,"杯子里装满糖浆和墨水,其他的东西看起来都很好喝……掺着沙的苹果汁跟混了羊毛的酒……"

"让我想想是谁梦到了这一切。不是我肯定就是国王。"菲比眼里放射着光芒,"他是我梦的一部分,但后来我也成了他梦的一部分。你们觉得到底是谁的梦?"

"好样的!"一幕终了。道奇,起立,微笑,鼓掌,祝贺,"欢迎你们到仙境中来!"

那一刻,孩子们都笑了,每个人脸上都绽开一朵花。

……

自己教自己,不是教师黔驴技穷之后毫无责任意识不去勇敢担当的"放羊"教学,而是一种简单而不简约、空灵而不空洞的教育哲学。

自己教自己是一种相信,它相信每个学生的身体都是一座神殿,里面潜藏着巨大的生命能量和神奇。

自己教自己也是一种不相信,它不相信深埋在每个学生心里的智慧与灵性的种子有了巧妙的对话唤不醒。

自己教自己是一种解构,它解构了别人教自己是教学法的唯一,因为别人教自己只是一时一事阶段性的他觉教育过程,不应当成为一种尊奉与迷信。

自己教自己也是一种建构,它建构了自己教自己是教学法之一,因为自己教自己是一生一世永久性的自觉教育过程,应当成为一种信奉与笃信。

自己教自己向学生展开,也向老师展开。它不仅意味着学生可以自己教自己,还意味着老师也可以自己教自己。就像《菲比梦游仙境》中的道奇老师一样,她既创设空间引领孩子们自己教自己,也给予自己机会教自己。

自己教自己是教的真髓。

课味对话

——课要有人、有情、有味

有人说，家常课像馒头稀饭，单调寡味、营养不全；公开课如鲍鱼熊掌，营养过剩、消化不良。家常课，公开课，何不各往中间走一步——形成一种风味独特的"小吃课"。

珍视生命，科学"消费"生命

人，是一种生命现象。生命是一切价值的基础，没有生命，一切都无从谈起。生命有且只有一次，死后不再复生。生命弥足珍贵，我们没有理由不珍惜。珍惜生命，意味着提高生命质量。提高生命质量，就课堂教学而言，就是提高师生共同活动的生命质量。

教学《生命生命》一课，对学生触动甚微的常规教法，无外乎熟读课文、理解内容、迁移运用。有位教师标新立异，他不是照本宣科，一味说教，而是结合学校的地理位置，合理利用周边资源，组织学生亲临有关现场，感受生命。在学校附近的医院产房里，孩子们看到了来时一丝不挂的婴儿，感受到了新生命降临的喜悦；在社区火葬场的炉门前，孩子们目睹了去时化作一缕青烟的死者，体悟到了生命消逝的哀恸。悲喜之间，孩子们真切目睹了生命的原点与终点，内心受到了强烈的震撼，生命有限的意识被深深唤醒，珍爱生命的情怀彻骨入髓。

每一节课，我们都在对生命刷卡消费，刷去的每一秒钟，都永不复回。一天天，一课课，一分分，一秒秒，浑然不觉中，我们便刷去了自己的生命，同时也带领孩子刷去了他们的生命。课堂上，我们与学生是同呼吸共命运的生命成长共同体，请各自盘点"刷卡消费"的盈亏，请扪心自问刷得值吗。

相互关爱，珍惜相遇的课缘

人，是一种情感动物。爱，是情感的源泉。每个人都有爱的能力。爱，并不复杂，有时往往就是一个眼神，一个微笑，一句巧言。

那天，她去新接的一个班里上语文课，结果发现一个男生没带书。她问他为什么不带书，男生说忘带了。同学们笑起来，七嘴八舌地说："老师，他有健忘症！""老师，他一贯这样，快别在他身上浪费时间了！"她用奶奶般的眼神，看了他一眼，笑了笑，没再说什么。第二天，她照样到班里来上课，扫了一眼教室，发现那个男生的课桌上依然空空如也。她没有发作，平静地宣布上课。同学们喊"老师好"，她回礼说"同学们好"。要讲课了，她却突然发现眼镜没有带。衣兜里没有，教案夹里没有，到处翻遍了，还是没有。她十分不好意思地说："同学们，真抱歉呀，我忘了拿眼镜。我眼花，离了眼镜什么也看不清。"她很自责，在全班同学的注视下甚至有点不知所措。这时候，她把和善的目光投向了那个没带书的男生，笑了笑。机敏的男生立马意会，一边朝老师笑了笑，一边自告奋勇跑到办公室帮老师取回了眼镜。接过眼镜，老师真诚地向男生致了谢，然后说道："一个人如果经常马马虎虎，丢三落四，多么耽误事啊。从今天开始，我和大家相约一起来消灭马虎，你们说好不好？"

"他望了她一眼，她对他回眸一笑，生命突然苏醒。"（白朗宁）春满课堂，师生身心浸透在春光里，眸子闪处，花花草草；笑口开时，山山水水；挥一挥手，心田里到处都播撒着花种。

焚几世香火，才成就一次课缘。怀揣一颗圣心在课桌间穿行一生的教师，与学生是三生缘定的有情人，有什么理由不珍惜彼此相遇、相知、相依、相偎的那份课缘？

健全智力教育，提升灵魂教育

人身上有三样东西最宝贵：生命、头脑与灵魂。没有生命，一切都是空谈；没有头脑，智力教育无从开展；没有灵魂，人无异于行尸走肉。健全智力教育的关键在于保护孩子的好奇心与培养孩子的独立思考能力。

在一个国际夏令营里，老师让孩子们讨论一个问题，题目是"世界粮食匮乏问题"。孩子们都不理解题目，但原因不同。美国孩子问："什么是世界？"他太狂了，美国就是一切，他不知道美国之外有世界。非洲孩子问："什么是粮食？"他太穷了，没有见过粮食。欧洲孩子问："什么是匮乏？"他太富了，不知道有匮乏这件事情。中国孩子问："什么是问题？"这是讽刺中国孩子没有好奇心，缺乏问题意识。

看一节课究竟有没有"味道"，只要抓住一个教学细节品一品学生的好奇心有没有得到保护，独立思考的能力有没有得以加强，就知晓了。

一次阅读教学观摩课上，老师绘声绘色讲解《少年王勃》的"落霞与孤鹜齐飞，秋水共长天一色"——夕阳西下，飘落的晚霞伴着低飞的野鸭，秋水与长天融为一色，多么美丽的画卷啊！

"老师，您讲错了！"一个学生站起来，说，"'落霞'，不是晚霞，而是'零散的飞蛾'。"

老师先是一怔，继而道："说说你的根据。"

"我课前查过资料。"学生拿出笔记，"宋代吴曾在《能改斋漫录·辨霞鹜》中说：'落霞非云霞之霞，盖南昌秋间有一种飞蛾。'另外，'落霞'之'落'并不是'飘落'的意思，'落'与'孤'对称，是'零散'之义。零散的飞蛾被孤单的野鸭在水面上追捕，就形成了'落霞与孤鹜齐飞'的千古绝唱。"

"在'落霞与孤鹜齐飞'的理解上，你是我的启蒙老师。"老师郑重地接过学生查阅的资料，读了一遍，又当众背了一遍，然后，真诚地握了握那位学生的手，"谢谢你！"

提升灵魂教育的核心，旨在唤醒学生意识到人是可以高贵自己的灵魂的。一个灵魂高贵的人，始终秉持做人的尊严，在任何情况下绝不做亵渎人身上神性的事。

——《丰碑》中，冰天雪地里，那个分管衣物的军需处长，如果多拿一件衣物暖身就可保命，但他并没有中饱私囊，宁可活活冻死，也不暗暗伸手。

——《钓鱼》中，皎洁明月下，孩子钓到了一条大鲈鱼，尽管那时那地无外人知晓，尽管孩子对鲈鱼爱不释手，但距离开放捕捞鲈鱼的时间还有两小时，父亲并没有网开一面而是斩钉截铁地说："你得把它放回湖里去！"孩子最终依依不舍地把鱼放了。生命的长河里，该有多少条欲望的鱼啊！欲望之鱼与规则的熊掌相冲突时，舍欲望而取规则。在规则面前自觉低头，信守规则看护的灵魂花园。

——《把我的心脏带回祖国》中，异国病榻上，弥留之际的肖邦，紧紧握住姐姐的手，喃喃絮语："我死后，请把我的心脏带回去，我要长眠在祖国的地下。"怀乡爱国是美学，不是经济学。身为男人，去关心别人的妻子，难；身为女人，去爱别人的子女，难；身为游子，去爱别人的父母，难；身为赤子，去爱别人的国家，难！

……

素日里，多亲近善知以养深积厚，多阅读经典以提升气质，多提升心灵以融和他我。只有这样，才能成为一个身心健康的人，一个身心放光的人，一个有尊严的人，一个有灵魂的人，一个散发着贵族气度魅力超拔的人！

匠心对话

——做个教书匠

"匠心",意味着有方向感,有敬业感,有责任感,有精进感,有专业感,有倾心感……能坚持把手头的活儿用心做好。做个这样的"教书匠"有什么不好?

公开课《詹天佑》的议课活动开始了,我指着板书的课题请执教者把"詹"字的第一笔再写一遍以后,问她:"你觉得'詹'字的第一笔写得怎么样?"

"差不多吧!"她下意识地咬了咬嘴唇。

"'大概''差不多'这类说法不应该出自工程人员之口。套用詹天佑的话,'差不多'的字,不应该出自人类灵魂工程师之手!"我直言不讳地指出,"请比对课题,说说'詹'字第一笔是长撇,还是短撇?"

"是长撇,"她有些不好意思,"我两次都写成短撇了。"

"怎么办?"

"我马上改正!"

"课前练写过板书吗?"

"没有。"她很直率,"我从来就没奢望做个人类灵魂的工程师,只想做个'教书匠'。"

"即便做个教书匠，也要独具'匠'心。"我说，"和你分享一个'匠'心的故事好吗？"

她点了点头。

记得旅日学者毛丹青讲过一个真实的故事："我认识一个日本的面点师，其'匠'心很魔幻——抱着面粉睡觉。为什么？他说要用他的体温去温暖面粉。问他跟谁学的，他说是跟面点房里的一个瑞士人学的。他就是要把自己的感情投入到所做的面点当中去。后来，这位日本面点师去世了，我去参加他的葬礼，很震撼的是，有一大袋面粉放在他的牌位前，他要带着它一起去那个彼岸。"

故事完毕，我问执教者："面点师的'匠'心，带给教学板书什么启迪？"

"要像那位日本面点师一样注入自己的感情，一'笔'不苟地写板书！"她笑语，"我曾看过于永正老师公开课上一笔一画板书课题，并让学生拿出小手跟着书空。"

"于老师为什么敢于示范板书？"我问。

"他的板书规范、美观！"

"你知道于老师课上为了板书能够起到美的示范作用，课下所花的功夫吗？记得曾邀请于老师教学《给予是快乐的》，那时他已经满头银发，但还暗自练习板书。我特意留下了他课前练习板书的一张信笺。"我说，"请看我手机留存的于老师练习板书的'真迹'——每个字都不逾矩，不妄作，点画分明，不弃横平竖直循规蹈矩，不以荒诞险怪哗众取宠。没有人要求他必须这样做，但是他几十年如一日反复练字，只要是抬手给学生示范的每个字每一笔，都冲灵和醇、神韵两绝。"

教书匠就是教书匠人。匠活儿是很复杂的，复杂的事情可以简单做，写字，就是写人，工工整整写字，端端正正做人；简单的事情可以重复做，像写字那样挥手即来如此简单的事情于老师坚持练写几十年，把银发都写进了粉笔里；重复的事情可以用心做，像那位面点师每天搂着面粉睡觉把自己的体温与感情融入面粉里。复杂的事情简单做，你就成了专家；简单的事情重复做，你就成了行家；重复的事情用心做，你就成了赢家。做个这样颇具"匠"心的教书匠，有什么不好？

改变对话

——每天改变一点点

怀揣教育的梦每天改变一点点，人人改变一点点，还有怎样曼妙丰赡的教育愿景不能实现？

往灰色地带看教育总觉得朦胧一片，很难改变；向绿色原野看教育总觉得生态一片，正在改变。改天换地，不可能一蹴而就；改变一点点，却可立竿见影。

黑手套，白手套

课始，乐起，蹊跷的是不见执教老师。正纳闷，倏地瞥见钢琴上方，和着节拍，轻盈浮现一只戴着白手套的左手，友好地向每个孩子摆了摆，接着出现一只戴着黑手套的右手，亲切地向每个孩子挥了挥，随之，"黑手套""白手套"轻轻拍了拍，轻轻握了握……

乐终，"黑手套""白手套"消失，蹲在钢琴下方的音乐老师起身，微笑着说："一年级的小朋友上午好！今天我们一起学习一支很好听的歌——《左手和右手》。"

"耶——"孩子们欢呼雀跃。

……

一入课,"黑手套""白手套"就吸引了孩子们的眼球,令其欢呼雀跃。为什么?

原因很简单,老师的教学设计改变了一点点,平常的左手和右手戴上了白手套和黑手套就不平常了。黑白的色彩反差,使得左右手被聚焦,被特写,被放大,被亮化。这时老师相机出示《左手和右手》,自然而然点燃了孩子的激情,令激情满怀的孩子对歌曲的学习充满了美好的期待。

课后,我饶有兴趣地问刚从业两年的执教老师:"何以想到这一创意?"

"早上急匆匆赶着上班一心想着公开课,到了办公室同事一笑我才发现,左手一只白手套,右手一只黑手套。当时,我会心一笑:呵呵!何不'将错就错'。于是,就诞生了这个'创意'!"

"改变一点点,竟是'踏破铁鞋无觅处,得来全不费工夫'!"我笑了。执教老师也笑了。

互相喂食樱桃

上课铃响,一堂五年级的作文课开始了。

"这是早上刚从超市买来的。"执教老师把一捧鲜红的樱桃放在讲台一张洁净的白纸上,说道,"喜欢吃的同学请到讲台来取。"

四位馋嘴的同学争先恐后跑上前,正欲伸手。

"且慢!"老师说,"吃到樱桃要有个前提条件,请把塑料管套在自己的两只胳膊上!"

八只套上长长塑料管的胳膊变得无法弯曲,但露出的手可以拿到樱桃。

"下面的同学只准观察，不准上前帮助！"老师说："请品尝樱桃吧。"

四位同学无论怎样努力，自己始终难以把手中的樱桃放到口中。这时，一位同学突然伸长胳膊把自己手里的樱桃喂给另一个同学吃，顿时，其余的三位也都把手伸向对方的嘴边"喂食"。这样，四个人都品尝到了酸甜可口的樱桃。

课后，我问这位执教了十五年的老师，为什么要这样设计？

他说，我的设计改变了一点点，将本次习作"怎样理解合作"的教学，由以前的空洞说教变为亲身体验，让学生通过体验自悟：不合作，大家都吃不到樱桃；合作，大家都能吃到樱桃。这样，学生对合作的理解就不再是抽象的教条，而是一种融入血液的体认。自然，下笔著文也就真实生动、血肉丰满了。

学生题写校名

我曾随访一所当地新落成不久的小学校。走近学校，校名的字体一下子吸引了我的目光。

"如此稚气，散发着童真童味的字体，出自哪位大家？"我好奇地问校长。

校长朗声大笑，回语："这是我们学校一位一年级的六岁孩子写的。"

作为一位行走校园多年的教育人，我曾看过不少校名，大多由一些有"名望"的人题写。请一个乳臭未干的孩子题写校名，很鲜见。我暗自思忖，如果自己是这所学校的校长，敢冒天下之大不韪吗？心里的"大我"回答，如果认同校园是孩子的家园，孩子在自家门口写字有什么不可？

　　这位工作了二十多年的校长一反找名人题写校名的常态，请孩子题写校名，看似一点点小改变，实则是让教育回归孩子的大改变。

　　毕加索说："我在十几岁的时候就能画得像拉斐尔一样好，而我花了几十年的时间才能画得像孩子一样。""画得像孩子一样"就是追求一种回归于纤尘不染的生命源头的本真艺术。

　　纤尘不染的生命源头的本真教育艺术是什么？不就是通过让"孩子题写校名"，让教育回归孩子，让校园回归孩子生命本初的家园，回归孩子生命自由幸福成长的家园。

　　如果说 1 代表原地踏步，那么一年以后 1 还是那个"1"。

　　如果说 0.01 代表每天改变一点点，那么一年以后，结果远远大于"1"。

　　怀揣教育的梦每天改变一点点，人人改变一点点，还有怎样曼妙丰赡的教育愿景不能实现？

找人对话

——课在哪里，人在哪里

"人是万物的尺度。"（普罗塔戈拉）在理想的课堂里，我们应该能找到"人"：找到"教书育人，立己立人"的人；找到"自主、合作、探究"学习的人；找到精神共生共长共赢的人。

两千多年前，古希腊哲学家第欧根尼在雅典的街市上常常大白天也点着灯走路。人们诧异地问他："你在干什么？"他说："我正在找'人'。"找"人"？我们的课堂里能找到"人"吗？

这是一节识字课，铃响课始。投影生字——品，教师甲首先领读"品、品、品"，学生学舌："品、品、品"；然后不厌其烦："跟我读三遍——品，上下结构，上面一个口，下面两个口……"接着发号施令："集体背一遍！"最后指挥默写，默对的一百分，默错的写十遍。

像这样"铃声一响——赶鸭子，媒体一开——灌鸭子，试卷一出——'烤'鸭子，学生全变板鸭子"的课堂，只能找到"分"，焉能找到"人"。

"教师甲"们的课堂里分明找不到"人"，而人们浑然无觉，为什么？第欧根尼点灯都找不到"人"，而人们迷惑不省，为什么？因为鱼是最后一个看到水的。

我们的课堂里不能找到"人"吗？

同是教学"品"字，教师乙是这样进行的——

师：（投影"品"字）有认识这个字的吗？（一生举手）请你做小老师教教大家好吗？相信你比我有办法！

生（王）：我叫王一品。请大家像老师一样喊一下我的姓名。

生：（郑重地）王一品。

生（王）：不要喊我的姓了，像平时一样喊一下我的名。

生：（亲切、友好地）一品。

生（王）：像妈妈一样喊一下我姓名的最后一个字。

生：（亲昵、爱怜地）品——

生（王）：大家认识"品"了，我们一起到室外玩个拼字游戏吧。请大家躺在地上，一人代表一个笔画，拼成一个"品"字。

（第一批 12 位同学在兴高采烈中分工、合作拼成了一个"品"字。）

师：你们的游戏真好玩！我可以参加吗？

生（王）：欢迎老师！

（老师在"品"前横着一躺，地上顿成"一品"。）

生（王）：我们在"一品"前再拼一个"品"字。

（第二批同学在"一品"前又躺成了一个"品"字。）

师：（躺在地上）大家都来"品一品"，提出问题的同学才有"品"！

生：老师，"品"字，为什么上面是一个口，下面是两个口？

师：（老师从"品一品"中走出来，地上只剩下"品品"）我们一起来品品水的味道。（说着，老师倒了一小杯矿泉水，递给王一品。）

生（王）：凉爽。

师：（老师拿出一块巧克力，递给王一品。）请品品它的味道。

生（王）：香甜，微微有点苦。

师：我们吃的喝的都是从哪里进去的？

生：嘴巴。

师：我们的大小便从哪里出去的？

生：（笑声）噢！（幡然领悟）我们明白了，"品"原来是指人体上面有一个口，下面有两个口。

师：管好这三"口"儿，防止病从"口"入，身体才健康，生活才健康。

……

在教师乙的课堂里，我们找到了"人"：找到了"教书育人，立己立人"的人；找到了自主学习的人——学生自己教自己；找到了合作学习的人——师生共同拼"品"字；找到了探究学习的人——"品为什么上面是一个口，下面是两个口"；找到了快乐学习精神共赢的人——师生在欢快的游戏中共同赢得了精神成长的空间。

找"人"，在第欧根尼看来是一种哲学思想，在教师看来是一种教学思想。但是，"思想不能在词汇中旋转成现实。只有我们的实践才能决定问题的意义"。（B·威廉斯）

肢体对话

——教师的三种高度

人与人之间的交流 7% 通过词语实现，38% 通过声调实现，55% 通过表情和肢体语言实现。教师当以怎样的表情和肢体语言与学生对话，才能更有效地激发孩子情趣，张扬学生个性，唤醒学生智慧？

教师等高学生

一次大型公开课前，我首先唤醒学生鼓励他们邀请几位听课的老师和他们一起上课。受邀的老师在热烈的掌声中坐到了学生中间。教师与学生平起平坐，换位思考，体验过程，才识如今学生的"滋味"，才解当下学生的"风情"。接着，我怂恿学生直呼自己的姓名，一呼"孙建锋"，孩子们说"过瘾"；再呼"建锋"，孩子们说"亲切"；三呼"锋"，孩子们说"亲密"。走下圣坛，融入孩子；放下威严，亲近孩子；人格平等，与孩子对话，岂不是"教师等高学生"的生动写照？

教师高于学生

一节五年级的习作课，要求学生当堂完成"乡村趣事"。学生吴栋咬着笔杆，望着本子发呆，上交时间快到了，他索性把课文《桂花雨》抄上"交差"。郑老师给他的评语是："这篇作文110分：5分是你抄写的辛苦分；5分是你懂得欣赏的分；其余100分是给作者琦君的，因为她是原创。"

看了郑老师的评语，吴栋写道："郑老师：生在城市，长在城市，我'穷'得没有'乡村趣事'。没有'乡村趣事'的我，目光四处'流浪'，发现《桂花雨》好美，于是'偷'走。"

看了吴栋的短文，郑老师回语："此文200分，100分因你的坦言，100分给你的原创。"

据说南海生有一种珍珠贝，吸进沙粒之后，便把壳合起来，沙粒被温柔地包容、接纳，不久，便化成了珍珠。如果郑老师没有足够的心智高度，怎能理解吴栋成长中的缺失并给予包容？如果郑老师没有足够的宽容高度，又怎能有吴栋字字珠玑的"原创"？

教师低于学生

教学《做一片美的叶子》，我摒弃固有的文本解读，先是蹲下身来，倾听学生与文本的个性对话：

"每一片叶子都有自己的位置，家庭、学校、社会的大树上，不都有每个人的位置吗？"

"树上没有两片相同的叶子，地球上有两个相同的脑袋吗？"

"大树上每片叶子都很美，地球上每个人不都很美吗，为什么还有歧视与战争呢？"

接着，把一个孩子高高抱起，仰视并聆听她与文本的哲思对话：

"'绿叶为大树而生，春天的时候，叶子嫩绿；夏天的时候，叶子肥美；秋叶变黄；冬日飘零'。在家祖的大树上，我像春天的叶子嫩绿，爸爸像夏天的叶子肥美，爷爷像秋叶枯黄，老爷爷已经如冬叶飘零了。但是，听爷爷说，叶子在树里，树在叶子里。我在爸爸的身体里，爸爸在我的身体里。"

......

"蹲下去""抱起来"，教师低于学生，学生创造性地与文本对话的智慧之水才有广阔的流域。不是吗？

故事对话

——挥挥衣袖

一名教师，其生活是否精彩，并不在于他留住了多少珍宝，而在于课堂上留住多少"故事"。故事呈现观念，烛照未来。

"有缘千里曾相会"

敬爱的孙老师：

您好！我是民主路小学六（5）班的覃睿，您还记得我吗？3月25日那天您给我们班上了一节公开课。而我就是一名坐在角落的小女孩。您还记得我们吗？

不过不管怎么样，我们仍然记得您：您的才华，您的幽默，您的容貌，您的声音。感谢您，感谢您又给我们一次机会，感谢您给我们上了一节别开生面的公开课。您出口成章，让我们很佩服。您的词汇量真多！

老师，您记得吗？公开课上，我们正在朗读的时候，您悄悄在我的耳旁说了一句话，一句让我一辈子也忘不了的话："你读得真投入！"

听了您的"耳语"，我笑了，心里甜滋滋地笑了。因为我被孙老师您表扬了。老师，您知道吗？以前上公开课的时候，从没有一位老师像您这样赞扬我们，而且是在我们耳边说悄悄话。老师您真是让我太感动了。您的赞扬使我不再紧张。您的话感染了全班，特别是这一句话，尽管您和多少位同学说过，但确实是缓解了当时的气氛。您好像魔法师，让我们面对体育馆里两千多双凝视的目光不再紧张。

我们发言时，您总是蹲着，好像您是小草，我们是大树。当时我不明白您为什么要蹲着？难道您不累吗？现在，我才有点明白，您站着，我们要抬头仰望您；您蹲下，您要抬头仰望我们。您蹲着，我们的胆怯逃跑了，自信回家了。每次和我们交流，您都蹲下来。老师，您累吗？您是不是很辛苦？真是对不起。

老师，感谢您，感谢您给了我们一次机会，感谢您给我们上了一节别开生面的公开课。老师，我不奢望再见，只感恩有缘千里曾相会！

广西南宁民主路小学六（5）班覃睿

2007 年 3 月 27 日

【思绪】读了覃睿同学的信，我一直在想——公开课，是追求谁点头，谁鼓掌？是追求上课的孩子点头、听课的老师鼓掌，还是追求上课的孩子鼓掌、听课的老师点头？

松木久和

生：老师，你读错了一个字！

师：哦?!（赏识他的"举报"）请在黑板上写下我读错的字，并签上你的名字，好吗？

（生书写）

师：松木久和……（看上去，他与中国孩子的长相无异。）

生：（坐在下面的一个男生振臂一呼）他是大日本帝国的！

生：（"大"字呼得又重又长，下面的同学听了哄堂大笑）他是大日本帝国的！他是大日本帝国的！

（闻听此言，松木久和上齿紧咬着下唇，低头瞄着脚尖——十个脚趾紧贴着凉鞋的鞋底，使劲地往里拢着，右手用力捻碎了捏着的粉笔，鼻翼渗出了汗珠……）

师：（扶着松木久和的肩膀）不管他是谁，也不管他来自哪里，只要他上课认真听讲，同时敢在大庭广众之下，第一个站出来指正老师读书中的错误，这种实事求是的学习态度和勇敢的精神就值得肯定！

（握过我的手，在同学们与听课老师的掌声中，松木久和微笑着体面地回归座位。）

……

【思绪】这一代孩子，是地球村的孩子；这一代孩子，是世界公民。

世界公民当秉持怎样的视野与胸襟，处理好人与人之间的关系呢？

这是一个宏大的课题。但是在遭遇具体而微的教学细节时，我身体力行了的"有教无类"，应该说在某种程度上唤醒了学生的国际视野，开阔了学生的宇宙胸襟，这折射在课堂那一刻的"掌声和微笑"里。

我将铭记这一刻——2007年3月31日——我在上海公开教学的时候。

挥挥衣袖

四月一日，贵阳科学会馆。

脸蛋黝黝、眸子幽幽的你，坐在第一排。你和同学们一直凝视着我。

课堂上，我躬身与你对话，话筒递到了你同桌的面前。

你，挥挥衣袖，轻轻地拭去了挂在我额头的汗珠。

那一刻，我，心头一暖，鼻子一酸，泪，盈满眼眶。

记忆中，曾有两位女性帮我擦过汗，一位是母亲，一位是妻子。

今天，又多了一位。

虽然我不知道你的姓名，但我知道你是贵阳一所学校的六年级学生。

姑且，称你为——学生，

不！称你为——挥挥衣袖，好吗？

【思绪】把博客上的这篇文字，打印了交给女儿，我便去炒菜。

女儿在我身后，读着，笑着："'梨花'体！"

笑着，读着……

她，

轻轻地，

挥挥衣袖，

拭去了，

我面颊上滚动的汗水。

……

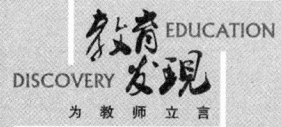

下篇

临课对话

—— 临摹《人生第一课》

有些经典的课，是可以"临摹"的。通过临课，习得好课的流程，揣摩好课的理念，咂摸好课的文化，咀嚼好课的哲理。

笔者曾经推荐《人生第一课》，并引导青年教师临课，他们获益良多。

经典课例：人生第一课

这是一家普通的幼儿园，刚刚入园的孩子被老师带进图书馆，接受他们的人生第一课。

"孩子们，我来给你们讲个故事。"于是，老师从书架上抽下一本书，讲了一个很浅的童话故事。

"孩子们，"老师讲完故事后说，"这个故事就写在这本书中，这本书是一个作家写的。你们长大了，也一样能写这样的书。"

老师停顿了一下，接着问："哪一位小朋友也能来给大家讲一个故事？"一位小朋友立即站起来："我有一个爸爸，还有一个妈妈，还有我……"稚嫩的童声在空中回荡。老师用一张非常好的纸，很认真、很工整地把这个语无伦次的故事记录了下来。

"下面，"老师说，"哪位小朋友来给这个故事配个插图呢？"又一位小朋友站了起来，画一个"爸爸"，画一个"妈妈"，再画一个"我"。当然画得很不像样子，但老师同样认真地把它接过来，附在那一页故事的后面，然后取出一张精美的封皮纸，把它们装订在一起。封面上，写上作者的姓名和插图者的姓名，"出版"的年、月、日。

老师把这本"书"高高地举起来："孩子们，瞧，这是你们写的第一本书。孩子们，写书并不难，你们还小，所以只能写这本小书；但是，等你们长大了，就能写大书，就能成为伟大的人物。"

人生第一课结束了，在不知不觉之中，孩子们受到了某种"灌输"。

临课对话

笔者：秋季很快就要开学了，听说你们带一年级。这新学期的第一课你们打算怎么上？

教师甲：没有想好呢！

教师乙：还是常规教育吧。

笔者：开学第一课，能否打破常规，有所创意呢？

教师甲、乙：请老师指点迷津。

笔者：推荐一篇课例《人生第一课》，请你们悉心阅读，来一次临课，怎样？

教师：（欣然应允）好！

临课经过

开学第一天，甲、乙两位老师合作把刚入学的孩子带到了走廊，并邀请了每位学生家长，大家一起来上"人生第一课"。

干干净净的乳白色瓷砖地面上，老师、孩子、家长席地而坐。老师的身后临时搭建了一个整齐摆放着许多图书的书架。

铃响了，教师甲微笑着说："孩子们，我给你们讲个故事吧。"

孩子们兴奋地叫起来："耶……耶……"

……

"知道这个故事写在哪里吗？"故事讲完了，老师神秘地问孩子。

孩子们摇摇头。

一阵音乐响起，教师甲背后的书架上突然闪亮一串灯。（教师乙相机打开开关。）

孩子们瞬时把目光聚焦到书架上。教师甲转身顺手取下一本书："故事就写在这本《安徒生童话》里。这本书里，还有许许多多好听的故事呢，还想听吗？"

"想听！"

"你们每个人都是一本故事书，能不能讲一个给老师听，给爸爸妈妈听？"教师甲说，"你讲故事，爸爸帮你记录，妈妈帮你画画，好不好？"

……

（教师乙给家长提供纸、笔等文具。）

孩子讲故事，爸爸忙记录，妈妈忙画画……地上，三个一群，五个一堆，忙得不亦乐乎……

这时，有一个孩子落单了（她是一名孤儿）。教师甲帮她记录故事，教师乙帮着画插图。

十分钟过后……

"孩子们，像这样，封皮上写上讲述人、记录人和插图人的姓名，最后写上日期。封皮，故事，插图，按这个顺序我们依次用订书机把它订好。"教师甲边说边把手中的书高高举起，"孩子们，这就是你们人生的第一本书——和爸爸妈妈合作完成的第一本书。你们人生第一本书，可以放在班级的书架上，也可以带回家放在你的书柜里。"

临课感言

孩子们：

——好玩！

——过瘾！

——老师，下节课什么时候上啊？

……

家长们：

——我们上学的时候，怎么没遇到这样的老师呢？

——孩子、爸爸、妈妈，一起上课，一生难忘！

——这样上课，很灵活，很有趣，很开心，孩子很快乐，老师很幸福！

……

执教者：

今天，我执教了《人生第一课》。上完这节课，给我最大的感受是：学生快乐，我也快乐。

这节课学生走出教室，没有桌椅，席地而坐，喜欢怎样坐就怎样坐，再也不用规规矩矩地坐好，老师也不需要用命令式的口吻让学生坐好，学生身心自由。

这节课主要以"老师讲故事——孩子讲故事——爸爸做记录、妈妈画插图——亲子合作一本书"的形式开展，孩子学得轻松、愉快，老师也教得轻松、愉快。

这节课真正关注了孩子的兴趣。兴趣是孩子学习的第一动力。每个孩子都喜欢听故事，不管是在听老师讲故事，还是听同学讲故事的时候，他们都把腰挺得直直的，眼睛睁得大大的，听得兴趣盎然。

这节课真正关注了孩子的爱好。听故事和画画都是学生最喜爱的，在课堂上，他们有的趴在地板上，有的把两腿翘得高高的，自由自在地画画，想怎样画就怎样画，课堂上荡漾着欢声笑语，多么轻松，多么自由啊！此时此刻，我明白了为什么美术老师这么受小孩子的欢迎，他们为什么这么喜欢上美术课。每次孩子见到我校的美术老师喻老师，并不是叫"喻老师"，而是叫"老玉米"，还拉着他的衣角，不停地问："你什么时候给我们上课啊？"孩子对喻老师的喜欢，令我羡慕不已。今天，我也能当一回真正受孩子欢迎的老师，因为我上了一节孩子喜欢的课，我顾及了孩子的感受，了解了孩子的爱好，给他们带来了想象的空间，给他们带来了快乐，也给自己带来了快乐。孩子的童真回来了，我的童年回来了。

这节课真正关注了孩子的需要。上完课，我做了调查问卷，全班孩子中，只有一人不喜欢这样的课堂，其余的都非常喜欢。他们喜欢的原因多数是可以听故事、讲故事、画画和做小书。从以上的事例和数据来看，孩子需要这样的课堂，喜欢这样的课堂。可是，当下的课堂大多只顾成人的感受，而忘却了孩子的存在，难怪我们的孩子很少从课堂上感受到幸福。这一点真的值得我们深思：我们以后应如何改变现在的教学模式？如何从孩子的兴趣入手？如何顾及孩子的需要？

开课对话

——导语贵在灵动

开课对话，要因时、因地、因生、因课制宜，贵在灵动、创意、艺术。

"锋"自彩云之南

八个多月没落雨了。当地人告诉我，这里大旱。

不喝他们的水，水太珍贵了。踏上这块干旱的土地，时任总理温家宝如是说。

不仅不喝他们的水，还要带给他们甘霖。我在心里默念。

应邀到云南上课，课始，我让孩子们呼喊我名字的最后一个字，连呼三遍：锋——锋——锋——

功德无量啊！孩子们，你们呼"锋"必然落雨！

天作之美，五点二十昆明机场暴雨如注……

"锋"自彩云之南，雨落彩云之田……

敲在博客上的这段文字，是 2010 年 3 月 28 日笔者应邀在昆明上课时导入的一个片段。

片段看似即兴发挥、脱口即秀，其背后却蕴涵着一种理念——教学设计要有创意。

创意，意味着原创的作品完全出自自己的真心与灵魂，而非意味着什么"克隆"与"山寨"。

君不见，那些缺席创意的教学设计俨然一口老屋，经久失修、蛛网满布，走进去，光线阴暗、霉腐扑鼻，令人毛骨悚然、精神萎靡；而布施心力的创意教学设计，却宛如一座殿堂，庄严得让人神往，圣洁得让人朝圣，崇高得让人挺拔，其流程的每个环节都充满无穷的魅力与无限的张力，每次对话都激荡人心、感召人心、震撼人心、唤醒人心、诗意人心、营养人心……

有创意的教学设计本身就是一种价值、一种成功。不是吗？

孙建锋＋李雪玉＝？

课始，我让刚刚见过面的学生代表李雪玉带领全班同学直呼我的姓名后，便把这个开放的问题写在黑板上，等待同学们写下多元的答案。

等于"爱情"。

一个六年级的毛头小子在黑板上潇洒地写下这一答案时，台上上课的学生，台下听课的老师一下子都笑翻了。

这一幕定格在 2010 年 4 月 30 日，东莞市南城区阳光第一小学阶梯教室。

口语交际课《伟大的人有两颗心》行将结束。我再次抛出"孙建锋＋李雪玉＝?"的话题。

"等于爱与被爱。"一个女孩子自信满怀道。

"怎么讲?"我问。

"全世界爱全世界,全世界被全世界爱!"写下"爱情"答案的毛头小子再一次出语不凡。

我让他站在凳子上,高高宣讲:"全世界爱全世界,全世界被全世界爱!"

……

这个教学场景一直温柔冲撞我的情怀。

"孙建锋＋李雪玉＝爱情","孙建锋＋李雪玉＝全世界爱全世界,全世界被全世界爱"。

为什么会有这种答案?

难道是孩子的信口开河?难道是孩子的随心所欲?难道是孩子的哗众取宠?难道是孩子的语言游戏?难道是孩子的一时冲动?难道是孩子的有口无心?难道是孩子的"逗你玩儿"?

不,这是孩子纯真坦率的心灵感应。

慧春的故事也许对我们有开示——

慧春是一位日本女禅师,年轻时就出家了。当时日本还没有专门给尼师修行的庵堂,慧春只好和二十余名和尚在一起,共同在一位德高望重的老禅师座下习禅。

慧春非常美丽,剃去头发、穿上素色的法衣非但没有减损她的美,反而使她的姿容更显得清丽脱俗。一起学禅的和尚,有好几位暗恋着她,其中一人还写了情书给她,要求一次私下的约会。慧春收到情书之后,不动声色。

第二天,禅师上堂说法。说完之后,慧春站起来对写信给她的和尚说："如果你真的像信里写的那样爱我，现在就来拥抱我！"

说完，当场就有几个和尚满头大汗地开悟了。

慧春所说的"公开的拥抱"，正是"公开的爱"，也就是"光亮明朗的生活态度"。对于禅者，每一个心念，每一个生活动作，都可以摊开在阳光下检视。

一人一世界。老师是一个世界，学生是一个世界。老师爱学生，学生爱老师。世界爱世界，世界被世界爱。

这也许就是那个毛头小子的"爱情"。

课缘对话

——懂得，是最美的课缘

百转千回，我们在公开课中相遇，相遇对话，为的就是遇到懂得。懂得，是生命中最美的课缘。

教学理念一般可以分为两类：一是纯粹性理念——纯理想状态的梦想（说着玩的，文字游戏）；二是实操性理念——可操作的智慧形态（可以实施，立竿见影）。

观摩过笔者执教的口语交际课《今生与你相遇》，很多老师就文本所体现的实操性教学理念纷纷发表见解。

有的老师认为——

孙老师执教的《今生与你相遇》中的"与董老师相遇"，折射的教学理念有五方面：

第一，大教无痕。小教求术，大教无痕。董老师的对话教学，一如水上写字，了然无痕。

第二，大教养心。小教晃眼，大教养心。董老师的对话教学，随风潜入夜，润心细无声。"不知不觉中，孩子们心里埋下了种子。"

第三，激趣＞技巧。激发兴趣，比单纯传授技巧更重要，因为兴趣可以让人走得更远。

第四，深入浅出。出书蛮难，董老师化难为易；出书蛮繁，董老师化繁为简；出书蛮深，董老师深入浅出。

第五，团队合作。董老师因材施教，让孩子各施所长，讲故事的讲故事，画插图的画插图，而自己用文字记录，师生合作打造了人生第一部书。

有的老师认为——

孙老师执教的《今生与你相遇》中的"与汤普森老师相遇"，折射的教学理念有三种：

一、平等关爱

平等关爱每一个人谈何容易。天下爷娘爱好（小）儿，为人父母者对自己的孩子都有偏爱，就甭说为人师者了，爱成绩好的学生容易，爱特殊的孩子不容易。

二、爱的化育

教育不是万能的。不是所有的教育对所有的孩子都奏效，但是，所有的孩子都需要爱，一如泰迪，愈是特殊的孩子愈需要爱。爱，是最好的化育，能够化腐朽为神奇。

三、成功的教育是相互造就、相互玉成

如果说滔滔河流是两山之间的桥，绵绵细雨是天地之间的桥，那么，浓浓的爱就是教师和学生心灵对话的桥。

"心桥"飞架，对话变通途——心空月朗，凉风习习，地碧天蓝，襟怀若谷；话语涓涓而流，心门徐徐洞开。

教师真诚地把学生看作心灵上的朋友，学生忘情地把教师当作灵魂中的亲人；教师眉开眼笑，学生眉飞色舞；教师欢声笑语，学生莺歌燕舞；教师柔情似水，学生情深似海。汤普森把泰迪当儿子，泰迪视汤普森为妈妈。

还有的老师认为——

孙老师执教的《今生与你相遇》中的"与基廷老师相遇"，折射的教学理念有六点：

第一点：从容优雅。面对乱糟糟的课堂，基廷老师打着口哨前门入，后门出，不愠不火、从容化解。

第二点：与众不同。上课地点在展室，不在教室，与众不同；第一次见面让学生称呼自己"船长"，与众不同；"花开堪折直须折"的惜时解读，与众不同；把学生带入作古校友的照片里，唤醒他们要"超凡脱俗"，如此鲜活的创造性教法，与众不同。

第三点：踢读合一。时空开放，肢体解放，读一句诗，踢一下球，运动把人的思维、想象、激情以及创造推向了卓越。

第四点：站上讲台。俯视、仰视，近观、远眺，必须经常用不同的角度看待事物。当你阅读时，别只想着作者的旨意，还要想想自己的见解。教书也一样，不能只读三本书——教参、教案、练习册，还要经常读读学生这部书，读读生活这部书。

第五点：唤醒助产。春天不到花不开。好的教学就是酝酿春天，催生春暖花开。助产士的职责是助产，不是代产。教学是助产的过程，不是"迫产"或者"剖产"的过程。打造习作场景，创设习作情境，营造习作氛围，让学生的"精神之子"——习作，经历一个"受精、着床、生长、诞生"的完整自然过程。如是顺产的习作，才有可能是健康的，有茁壮生长价值的。

第六点：撕碎"答案"。标准答案，不是圣经，何必奉为圭臬。

要敢越"雷池",打破权威,智慧地唤醒与"怂恿"学生用自己的眼睛去看,用自己的嘴巴去说,用自己的手去做……学会独立思考与判断。切忌把自己的脑袋当成"教材文本""专家解读""习题答案"与"愚脑考试"的跑马场。

感谢懂得这些教学理念的老师,我们在公开课中相遇,因懂得享有了最美的课缘。

心与心的距离很远又很近,可以是万水千山的间隔,亦可以是天涯咫尺的相通,有的时候只是隔着一个懂得的距离。人世间的相遇皆因缘份,感恩世间所有的缘,眼光交汇的那一刻,抵得上人间万千的暖。而懂得便是开在心灵上柔媚的花朵,一段文字,因为有人读懂而有意义;一首歌,因为有人聆听便会共鸣;一节课,因为有人读懂而活到心里。

山懂水的缠绵,云懂风的洒脱,风懂花的妖娆。懂得,是微雨红尘外的那一抹嫣红,是杏花影间的那一份尘缘,是青山绿水旁的那一份等待,是驿外断桥边的那一眼回眸,是高山流水遇知音的心灵相通,是梁祝十八里相送的依依别情,是牛郎织女的隔水相望,是你许我柔情几许、我许你两心不忘的永恒,是能够抵挡时光之厚重的无悔,是人生初识的相看两不厌。你的一眼回眸,我以月光倾城相报,不言不语间,已是彼此心中今生来世的永远。

不是所有的课堂相遇都会相知,不是所有课堂的相知,都能在记忆中永恒。慢慢走过流年的山高水长,总有一处风景,会因为懂得而美丽;总有一个笑脸,会因为懂得而绽放;总有一份遇见,会因为懂得而唯美了整个曾经。

百转千回,我们在公开中课中相遇,相遇对话,为的就是遇到懂得。懂得,是生命中最美的课缘。

赏读对话

——《少年闰土》赏读例谈

"看文学书而不懂鉴赏，恰等于帝皇时代，看守后宫、成日价在女人堆里厮混的偏偏是个太监，虽有机会，却无能力！"（钱锺书）赏读对话的能力，要在不断的赏读中完成。

熟读文本

熟读文本，仔细凝眸，你就会感受到《少年闰土》中的语言文字有色彩（深蓝、金黄、碧绿），有形态（跳鱼有青蛙似的两个脚；紫色的圆脸，头戴一顶小毡帽，颈上套一个明晃晃的银项圈），有神态（怕羞），有静态（深蓝的天空中挂着一轮金黄的圆月，下面是海边的沙地，都种着一望无际的碧绿的西瓜），有动态（挂、捏、刺、一扭、逃走）；悉心谛听，你就会感受到《少年闰土》中的语言文字有声音（啦啦地响了）；温柔触摸，你就会感受到《少年闰上》中的语言文字有手感（它的皮毛是油一般的滑），有温度（冬天捕鸟的冷，夏天捡贝壳的火热，月夜看瓜的清凉）；用心感应，你就会感受到《少年闰土》中的语言文字有情感（可惜正月过去了，闰土须回家里去。我急得大哭，他也躲到厨房里，哭着不肯出门，但终于被他父亲带走了。他后来还托他的父亲带给我一包贝壳和几支很好看的鸟毛．我也曾送他一两次东西，但从此没有再见面）。

每一次"凝眸"、每一次"谛听"、每一次"触摸"、每一次"感应"，语言文字都在读者的眼中"复活"，都在读者的心中"复活"，都在读者的灵魂中"复活"，都在散发着生命的芬芳与活力。

精读文本

精读文本，展开想象，你就会感受到《少年闰土》中的语言文字鲜活如画，映入眼帘：

"他正在厨房里，紫色的圆脸，头戴一顶小毡帽，颈上套一个明晃晃的银项圈……"——少年闰土就在厨房里。

"月亮地下，你听，啦啦地响了，猹在咬瓜了。你便捏了胡叉，轻轻地走去……走到了，看见猹了，你便刺。这畜生很伶俐，倒向你奔来，反从胯下窜了。它的皮毛是油一般的滑……"——少年闰土就在月光下。

"下了雪，我扫出一块空地来，用短棒支起一个大竹匾，撒下秕谷，看鸟雀来吃时，我远远地将缚在棒上的绳子只一拉，那鸟雀就罩在竹匾下了。什么都有：稻鸡，角鸡，鹁鸪，蓝背……"——少年闰土就在雪地里。

"我们日里到海边捡贝壳去，红的绿的都有，鬼见怕也有，观音手也有。"——少年闰土就在大海边。

少年闰土就在读者的心里，栩栩如生、光鲜如初而经久不灭。

赏读文本

　　赏读文本，反复玩味，你就会领悟到《少年闰土》的语言文字里洋溢着一种美：

　　一种天然色彩美——那"深蓝"的天空，"金黄"的圆月，"碧绿"的西瓜，"五色"的贝壳，"各种颜色"的鸟，以及"紫色"的圆脸，"银白"的项圈。色彩明丽，自然天成。

　　一种静动相生美——那深蓝的天空、金黄的圆月、海边沙地上碧绿的西瓜，整个大自然是那么静谧，那么安详。但在这幽静的月夜，却不乏生命的动感："一个十一二岁的少年，项带银圈，手捏一柄钢叉，向一匹猹尽力地刺去。那猹却将身一扭，反从他的胯下逃走了。"静中有动，动中有静，动静相生，和谐自然，令人心旷神怡。

　　一种辽阔鲜活美——那高远的蓝天，一望无垠的大海，广阔的海边沙地，那活泼的少年闰土，那猹、獾猪、刺猬、稻鸡、角鸡、鹁鸪、蓝背，那五彩的贝壳……相比高墙的四角天空，这个世界，可谓广阔而又鲜活。

　　一种两小无"隔"美——"他见人很怕羞，只是不怕我。""我"不把少年闰土视为一个比自己低贱的"穷孩子"，少年闰土也不把少年"我"视为一个比自己高贵的"少爷"。交往无须计较成本，两小无"隔"，生命源头，人性纯美。

　　一种彼此丰富美——少年闰土来到城里，"见了许多没有见过的东西"；我从闰土那里知道了"无穷无尽的稀奇的事"。高墙内的我与海边的闰土，两个纯真、自然的少年无拘无束"对话"，心灵在"对话"中融合，彼此都在这融合中变得丰富了。

能够敏锐感受文本语言文字的美，感受到语言文字的魅力，感受到语言文字的生命活力，汲取其人文情怀，丰赡自我的精神世界，提升自我的生命价值——如此与文本对话，不啻是有效的，而且是高效的、长效的。

美读文本

美读文本，含英咀华，你就会彻悟到《少年闰土》的笔法如诗如画，是诗里画，是画里诗，是轻灵如歌的行板。鲁迅惯用白描，绘景摹人寓情，寥寥几笔，便可出神入化，恰似国画中的写意。譬如开篇，虽不过三句，却淋漓尽显其诗画魅力。深蓝天空，金黄圆月，幽渺海沙，碧绿瓜地，以及月下刺猬少年……整个画面动静相宜，浑然天成，气韵流转，美轮美奂。这种真正的美产生于人和天地间的对话。人在天地间的和谐，诗与画达到的和谐，可以说是一种至美。当然，这种至美，也只有在人非常自由的状态下，才能捕捉到、创造出。

其色是缤纷明丽的。天之深蓝、月之金黄、瓜之碧绿、项圈之银白烁眼，冷暖和谐相生，明暗巧妙映衬，可谓各美其美，却又美美交融。其境是淳美悠远的。苍宇之浩瀚，清月之孤圆；海沙之邈远，瓜绿之无边。这境容纳着天地，蕴藉着自然。而在朗阔安谧的天地之心的，便是刺猬的美少年。他勇敢、机敏、矫健，举手投足间，散溢着自然的灵气，生机勃勃，而又明亮无瑕。他的出现，让整个原本安谧的画境，瞬时鲜活起来，流漾出蓬勃的生命力。咸涩海风的气息，海潮吻岸的轻语，亦如此真切！

美的景，美的人，美的事。这至美之境，是脱化于自然的。它未曾被尘音侵扰，亦未有俗虑喧嚣。它是诗，是画，或者说，是诗里画，是画里诗。有悠长的抒情，有轻灵的小叙，有活泼的迭转，有微起的波澜。它因此又恰似如歌的行板，曼妙的一曲天籁。

是梦中真，是真中梦，是忆时含泪的微笑。鲁迅是斗士，他一生都在以笔为枪，和敌人做不屈不挠的斗争。其文一向老辣犀利，弥漫着浓烈的硝烟气。可难得节选的此篇，却如此清馨。仿佛初发的植物，于皎皎月华里，欢喜地生长。世界似又回到最朴真的状态。单纯，纯净，鲜美，而又丰饶。故乡、童年、友情……那些摇曳在生命源头的意象，多么像梦，模糊而又清晰，遥远而又真切澄明。人穷尽一生所追寻的大梦，不都衍生在那样的源头吗？

仰首，深蓝天心，一轮金黄月圆；俯瞰，浩瀚沙海，一地瓜圆滚玉。儿时的故园是那般辽阔明媚，牵人心魂，更难忘的是那月下刺猹的少年。他所给予的美好情谊，早和童蒙记忆里的故园幻化为了一体。那是多么难忘的童真友情啊！没有等级禁锢，没有贵贱藩篱。两颗纯真无邪的心灵，因着对自然的同种趣味和热望，而展开幻想和想象的翅膀，对话，交流，无拘无束地融合在一切。缱绻净美的情意，像是缤纷的阳光，让彼此的世界生动丰富起来。再不是只看到"高墙上四角的天空"，生活开始显现诸多美妙物事：各色的鸟、海边捡贝壳、雪天捕鸟、管西瓜、看跳鱼儿……流连在自然的心怀里，天性复还，自由自在，一切变得新鲜快意，可待可期。这都是友情的馈赠。

童真的友情，让鲁迅生命本初的记忆，绽放出神异的光芒。这光芒潜存在他心底，永不凋敝。斗转星移，物是人非。斫真噬美，令清者污，让善者恶，令纯者不存，让白者易色。浊世从来都是魔。多年后，当他以笔作武器，在黑暗厚重的社会障壁中，惨烈冲杀，并渴望冲出一条光明血途的时候，蓦然回视，豁朗在眼前的，便是那样的画面吧：蓝天，圆月，瀚海，沙地，瓜田，刺猹少年……甚而每一细节，都历历在目，清晰如昨。

那是梦中的真，是真中的梦，是忆时含泪的微笑。或者，还连同着那样的沉醉和怀想，关于友情、童年、故乡的；连同着那样的感喟和追问，关于自然、本初、天性的；抑或，还连同着那样的追索和守望，关于自由、和谐、幸福的……

是天人合，是物我忘，是赤子原乡的追索。月下少年刺猹的画面，已然成了鲁迅执迷追寻的梦，类似于古人的桃花源。置身其中，俯仰间是天人合一的大美，是物我两忘的至境。世越浊，梦越清；梦越清，其神异的光芒越能荡涤心魂。每个漂泊的游子，都需要精神归属，鲁迅亦是。童年、友情、故园；缤纷的、辽阔的、鲜活的……这些丰美的意象，被纯洁的童真，被赤子的情怀，真切地构建在一起，成了鲁迅借以安顿自己灵魂的原乡地。只是，"世界精神太忙碌于现实，太驰骛于外界，而不遑回到内心，转回自身，以徜徉自怡于自己原有的家园中。"只要赤子之心还在追寻，那么灵魂的原乡地，便永不会陷落。原乡在着，梦就可期！

细节对话

——《怀念母亲》细节打磨

　　细节决定成败。精彩教案依托的不是环节，而是细节，只有把细节打磨到位，才能把课教到位，进而打造育人经典。

　　某教师要参加市教学比赛，请我看看教案。他发来了即将参加赛课的《怀念母亲》的教案——

　　一、谈话导入：1. 谈话（略）；2. 板书课题。二、初读课文：1. 认识生字；2. 初读课文，概括主要内容。三、熟读课文：怎样怀念母亲？四、品读课文：为什么怀念母亲？五、总结收课。

　　我回复：你的教案不缺环节，缺细节。

　　后来，这位教师专门来找我，我与他就《怀念母亲》一课如何打磨细节进行了对话。下面是引领他与《怀念母亲》对话、打磨细节的经过——

创意导入

　　师：（播放歌曲）"多么熟悉的声音，陪我多少年风和雨。从来不需要想起，永远也不会忘记……"

师：熟悉的声音是你喊我乳名的声音；是你给了我生命，是你养育我长大，是你教我说的第一句话。这个人就是——

生：母亲。

（师板书"母亲"。）

师：母亲不在身边时，我们会——

生：想念母亲、思念母亲、怀念母亲。

（师板书"怀念"。）

师：学贵有疑。读了课题，你脑子里有哪些问号？

生：谁怀念母亲？

生：怎样怀念母亲？

生：为什么怀念母亲？

师：答案就在课文的字里行间，让我们用心读书，仔细思考。

文本对话

一、初读文本

1. 练读

师：读书时，我们可能会遇到一些陌生的词语，生词如朋友，多见几次面，自然就熟悉了。我们先认识一下：

真挚（zhì）　寝（qǐn）不安席　频（pín）来入梦　朦（méng）胧（lóng）　凄（qī）凉　可见一斑（bān）　怅（chàng）望

师：读一遍书，要有一遍的收获。请看"读书要求"（投影）：（1）读准字音，读顺课文；（2）初步明白：谁怀念母亲？怎样怀念母亲？（3）

自由练习朗读，时间五分钟。

2. **反馈**

师：书声琅琅让我听出了同学们的专注和投入，相信大家一定能够读得正确、流畅。展示读书成果的机会到了，让我们一起分享你朗朗的读书声。

（每人一节，教师评价、同学互评、自我评价。）

师：经过练习，多数同学能够"读准字音，读顺课文"，掌声鼓励自己！（生鼓掌）

师：课文讲"谁怀念母亲"呢？

生：季羡林。

师：你怎么知道的？

生：课文 22 页下面，写道"作者季羡林"。

师：会读书，看得仔细！一般写"怀念母亲"的文章就只写怀念母亲一个人，而季羡林写"怀念母亲"与众不同在哪里？

生：季羡林写"怀念母亲"，一是怀念生身母亲，二是怀念祖国母亲。

师：季羡林是怎样怀念生身母亲与祖国母亲的呢？让我们从文中去思考和发现吧。

二、熟读文本

师：这是我们第二次读课文的要求（投影）：1. 快速浏览课文，用横线画出怀念生身母亲的词句，用波浪线画出怀念祖国母亲的词句；2. 紧扣重点词句，初步读出对"生身母亲与祖国母亲"的真挚情感。

师：浏览课文，快速画线。时间三分钟。

（生浏览、画线。）

师：交流画线的词句。

（生阅读、交流画线词句。）

师：怀念是写在纸上的，也是读在口上的。"生身母亲"去世了，"我"十分痛苦，读一读有关句段，体会作者的心情——

（采用自由练读、指名读、师范读等形式反复诵读。）

"我六岁离开我的生母，到城里去住。中间曾回故乡两次，都是奔丧，只在母亲身边待了几天，仍然回到城里。在我读大学二年级的时候，母亲弃养，只活了四十多岁。我痛哭了几天，食不下咽，寝不安席。我真想随母亲于地下。我的愿望没能实现，从此我就成了没有母亲的孤儿。一个缺少母爱的孩子，是灵魂不全的人。我怀着不全的灵魂，抱终天之恨。一想到母亲，就泪流不止，数十年如一日。"

师：六岁，正是一个孩子依恋母亲的时期，"我"却离开生母；这一去就是十几年，十几年里，只有两次相见，每次相见，只有几天。我读大学了，就要有出息了，母亲却去了，永远地去了……

生：（读）"我痛哭了几天，食不下咽，寝不安席。我真想随母亲于地下。"

师：这句话中哪些词语引起了你的关注与思考？

生：从"我痛哭了几天"中我体会到作者痛苦的时间长。

生：（读）"我痛哭了几天。"

生：从"食不下咽，寝不安席"中我体会到了作者痛苦的程度深。

生：（读）"食不下咽，寝不安席。"

生：从"我真想随母亲于地下"我体会到了作者痛不欲生。

生：（读）"我真想随母亲于地下。"

师：（《江河水》伴奏）诗人余光中在《母难日》中说道：我最忘情的哭声有两次/一次，在我生命的开始/一次，在你生命的告终/第一次，我不会记得，是听你说的/第二次，你不会晓得，我说也没用。

师：是啊！母亲能陪我们向前走的日子总是有限的，甚至都能数得清天数啊！一个人，无论多大，没有了妈妈，就成了孤儿。如今，母亲的音容不再，笑貌不再——

男生：（读）"一想到母亲，就泪流不止，数十年如一日。"

师：母爱——人间第一爱，缺少母爱的孩子，是灵魂不全的人。此刻，母亲的牵挂不再，叮咛不再，我怎能不抱终天之恨呢——

女生：（读）"一想到母亲，就泪流不止，数十年如一日。"

师：慈母手中线，游子身上衣。临行密密缝，意恐迟迟归。作者自己也说过，世界上无论什么名誉，什么地位，什么幸福，什么尊荣，都比不上待在母亲身边。母亲故去，我赋得永久的痛。

（生再齐读第二节，《江河水》伴奏。）

师：孤身一人漂泊异国他乡，我思乡，念家，想亲人，请（指名）读"我"11月16日的日记，体会那浓浓的乡情——

生："不久外面就黑起来了。我觉得这黄昏的时候最有意思。我不开灯，又沉默地站在窗前，看暗夜渐渐织上天空，织上对面的屋顶。一切都沉在朦胧的薄暗中。我的心往往在沉静到不能再沉静的时候，活动起来。我想到故乡，故乡的老朋友，心里有点酸酸的，有点凄凉。然而这凄凉并不同普通的凄凉一样，是甜蜜的，浓浓的，有说不出的味道，浓浓地糊在心头。"

师：日暮乡关何处是，烟波江上使人愁。黄昏的时候，当夕阳作别西天，周围的一切都安静了下来，心底的思念油然而生——

小组：（读）"我想到故乡，故乡的老朋友，心里有点酸酸的，有点凄凉。然而这凄凉并不同普通的凄凉一样，是甜蜜的，浓浓的，有说不出的味道，浓浓地糊在心头。"

师：独在异乡为异客，每逢佳节倍思亲。夜幕降临，朦胧的薄暗中，周围的一切更加安静，情不自禁地——

（小组再读）

师："暗夜渐渐织上天空，织上对面的屋顶。一切都沉在朦胧的薄暗中。我的心往往在沉静到不能再沉静的时候，活动起来。"

（生齐读）

师：想你时，你在天边；想你时，你在眼前；想你时，你在身边；想你时，你在心田。（出示《传奇》片段。）

离乡去国，游子在外，我思念母亲，我怀念祖国。请欣赏《我的中国心》片段。

这种怀念，纠缠于心，异常强烈，历久不断。

生：（齐读）"我在国内的时候，只怀念，也只有可能怀念一个母亲。到国外以后，在我的怀念中增添了祖国母亲。这种怀念，在初到哥廷根的时候异常强烈。以后也没有断过。对这两位母亲的怀念，一直伴随我度过了在欧洲的十一年。"

增值收课

怀念母亲，怀念生身母亲，没有母亲就没有我的生命；怀念母亲，怀念祖国母亲，没有祖国母亲，就没有我欧洲十一年的公派留学生涯；怀念母亲，不仅仅是一把鼻涕，一把泪；怀念母亲，也不仅仅是朝思暮想，把自己想成灰、想成泥、想成石头，更重要的是经营好自己的生命；怀念母亲，就是懂得感恩；感恩就是知道自己源自母亲，应该回归母亲；感恩就是不辜负母亲的期望；感恩就是懂得反哺，能够反哺。

季羡林做到了：

1945 年，获德国博士后学位，学成回国；精通十二国语言，曾历任北京大学教授、副校长，中国科学院哲学社会科学部委员，中国社科院南亚研究所所长；著作等身，被誉为"文学大师""学界泰斗"。

诚可谓——

生：（齐读）情怀天高地阔，事业惊天动地！

设计对话

——读懂教材文本也是一种教学设计

读懂教材文本是教学设计的前提。设若没有真正读懂教材文本，教学设计一定会偏离本真的轨道。

在笔者看来，读懂教材文本也是一种教学设计，因为它是教学设计不可或缺的重要前提。读懂了教材文本，教学设计就可以做到目标明确、有的放矢。倘若读不懂文本，以师昏昏，焉能使生昭昭。那么怎样才算读懂教材文本呢？

一般而言，可以采取"走进去""跳出来"的方法与文本对话，在文本中走个来回。所谓"走进去"，即读懂文本写什么；所谓"跳出来"，即读懂文本怎么写、为什么这样写。前者旨在明确内容，后者贵在习得写法。下面试以《威尼斯的小艇》为例，谈谈如何读懂教材文本？

写什么

《威尼斯的小艇》写什么呢？

读文时，不妨扣住小艇是什么、什么样、有什么用三个问题，通览全文，逐步明了：小艇是威尼斯主要的交通工具；它有二三十英尺长，有点像独木舟；船头和船艄向上翘起，像挂在天边的新月，行动轻快灵活，仿佛田沟里的水蛇；它在日常生活中用途广泛，可以载着人们做生意、做祷告、去郊游、去看戏等等。明白了小艇是什么、什么样、有什么用之后，就基本上理解了文本的大体内容。

怎样写，为什么这么写

怎样写，是读懂文本的重点；为什么这样写，是读懂文本的难点。怎样抓住重点、突破难点呢？不妨分两个层次进行——

第一个层次：从部分入手读懂文本

例 1

怎样写"小艇是什么"？"威尼斯是世界闻名的水上城市，河道纵横交叉，小艇成了主要的交通工具；等于大街上的汽车。"

为什么这样写？"（因为）威尼斯是世界闻名的水上城市，河道纵横交叉，（所以）小艇成了主要的交通工具，等于大街上的汽车。"

这样与文本对话，便是一种深层次的读懂，因为从中领悟了句与句之间的内在逻辑关系，学生不仅知其然，而且知其所以然地明白了小艇为什么会成为主要交通工具。

例 2

怎样写"小艇什么样"？小艇"有点儿像独木舟"，"像挂在天边的新月"，"仿佛田沟里的水蛇"。运用了比喻，写出了小艇的样子。

为什么这样写？像独木舟、像新月——形象；仿佛田沟里的水蛇——生动。

例 3

怎样写"小艇什么用"？商人做生意、青年妇女去休闲、孩子由保姆带着去郊游、老人做祷告、一大群人去看戏，这些都离不开小艇的输送。

为什么这样写？小艇与人们休戚相关，人们的日常生活离不开小艇，小艇成了人们的代步工具，俨然人们出行的腿脚。

第二个层次：从整体着眼读懂文本

怎样写？纵观全文，文本脉动十分清晰、流畅：

先是"静动"——"威尼斯的小艇有二三十英尺长，又窄又深，有点儿像独木舟。船头和船艄向上翘起，像挂在天边的新月，行动轻快灵活，仿佛田沟里的水蛇。"

再是"慢动"——"我们坐在船舱里，皮垫子软软的像沙发一般。小艇穿过一座座形式不同的石桥。我们打开窗帘，望望耸立在两岸的古建筑，跟来往的船只打招呼，有说不完的情趣。"

然后是"快动"——"船夫的驾驶技术特别好。行船的速度极快，来往船只很多，他操纵自如，毫不手忙脚乱。不管怎么拥挤，他总能左拐右拐地挤过去。遇到极窄的地方，他总能平稳地穿过，而且速度非常快，还能作急转弯。两边的建筑飞一般地往后倒退，我们的眼睛忙极了，不知看哪一处好。"

接着是"流动"——"商人夹了大包的货物，匆匆地走下小艇，沿河做生意。青年妇女在小艇里高声谈笑。许多孩子由保姆伴着，坐着小艇到郊外去呼吸新鲜的空气。庄严的老人带了全家，夹着圣经，坐着小艇上教堂去做祷告。"

随之是"归动"——"半夜，戏院散场了，一大群人拥出来，走上了各自雇定的小艇。簇拥在一起的小艇一会儿就散开了，消失在弯曲的河道中，传来一片哗笑和告别的声音。"

最后是"静动"——"水面上渐渐沉寂，只见月亮的影子在水中摇晃。高大的石头建筑耸立在河边，古老的桥梁横在水上，大大小小的船都停泊在码头上。静寂笼罩着这座水上城市，古老的威尼斯又沉沉地入睡了。"

为什么要这样写呢？小艇静如一幅画、一首诗；动若一曲歌、一支舞。"船头和船艄向上翘起，像挂在天边的新月，行动轻快灵活"，其静亦是动；"穿过一座座形式不同的石桥"，"遇到极窄的地方，他总能平稳地穿过，而且速度非常快，还能作急转弯"，日常生活中，小艇总能按其所需把"商人、妇女、孩子、保姆、老人"及时送达，安全静好，其动亦是静。这样静动相生，动静一体，写出了小艇是主要交通工具，等于汽车，而又不是汽车，甚至胜于汽车。譬如，它绿色环保，没有尾气，没有噪音，予人相利而不相害。

当然，任何文本的解读只是读懂文本这个集合里面的"一个"元素，而非"唯一"元素。《威尼斯的小艇》的解读也不例外。解读教材文本只有相对性，而无绝对性。解读教材文本虽是见仁见智的事情，但丝毫不妨碍我们不断逼近真正读懂的目标。设若没有真正读懂教材文本，教学设计一定会偏离本真的轨道。

四维对话

——备课：从四个维度与文本对话

在经典物理学中，物体的运动状态需要通过参照系来确定。参照系不同，对同一个事物的判断结论亦会不同。在经典物理学中，空间是三维的；在相对论中，空间是四维的；而在量子力学中，空间却是十维的。在现代物理学中，这三大理论体系相互矛盾却又相互补充。每个理论都是参照系，依照不同的参照系，自然会得出不同的结论。

在袁振国先生看来："文科是主观感受的表达，是内心情感的流露，是个人见解和智慧的展现。文科教育的真正价值在于获取这种感受，体验这种情感，理解这种见解，转化这种智慧，最终形成自己的丰富的精神世界。"在我们理解就是：教师引领学生与文本对话，要学生有感受，教师首先要有感受，要学生能体验，教师首先要能体验，要学生动情，教师首先要动情。设若教师"看文学书不懂鉴赏，恰等于帝皇时代看守后宫，成日价在女人堆里厮混的偏偏是个太监，虽有机会，却无能力！"（钱锺书）。那么，教师当以怎样的视野与文本对话，才能把文本的解读变成欣赏的过程，变成体验生命价值的活动，变成展示自由精神的舞台呢？现以《桂花雨》为例，浅谈怎样从四个维度与文本对话。

一维：与作者对话

中国文化讲究"知人论事"。孟子说："颂其诗，读其书，不知其人，可乎？是以论其世也。"概言之，即"知人论事"。

"知人论事"旨在通过了解与作品相关的作家经历、时代背景、创作动机、作品风格、社会影响等，引领学生与文本对话，加深对文本的理解。

说起生于 20 世纪 20 年代的《桂花雨》作者琦君，孩子并不像了解根据其同名小说改编的电视剧《橘子红了》一样耳熟能详。不知其人，何解其文？要引领孩子走进琦君，老师没有理由不先走进琦君。

琦君，原名潘希真，1917 年 7 月 24 日生于浙江永嘉县瞿溪乡。她五岁认字，六岁描红，七岁读《诗经》，八岁读《女诫》，九岁读《论语》，十岁过目能诵、挥笔成文，十二岁随父母迁居杭州。高一那年便在《浙江青年》上发表了处女作《我的好朋友——小黄狗》，后以优秀的成绩直升之江大学，师承"一代词宗"夏承焘，因此诗词造诣极高。1949 年去了台湾。几十年来，她笔耕不辍，出版散文、小说三十余本，有些散文被选入课本，许多作品被译为英、日、朝鲜文，深受海内外读者欢迎，被誉为"台湾文坛上闪亮的恒星"。

琦君的散文充满"诗意""禅意""情意"。

"诗意"是琦君散文的气质。只看标题，就能感受到缠绵的诗情：《往事恍如昨》《一回相见一回老》《三更有梦书当枕》……读来如饮醇茶，淡香满怀，涤荡身心。

"禅意"是琦君散文的风骨。在琦君心中，母亲是最伟大的佛。琦君将母亲和观音菩萨等而论之，因为琦君从小就为母亲的善和温柔所折服，这种善和温柔是植根于千百年来千千万万中华女性的血液中的，也同时植根在琦君的字里行间，这就是琦君散文的"禅意"。

"情意"是琦君散文的灵魂。"任何景语皆情语"在琦君的散文中体现得淋漓尽致，无论以什么为素材，琦君几乎都是无情不下笔。亲情、友情、故乡情、国家情，哪一种都无法舍弃。正如琦君所言，"我常常想，我若能忘掉亲人师友，忘掉童年，忘掉故乡，我若能不再哭，我宁愿搁下笔，此生永不再写，然而，这怎么可能呢？"或许，正因琦君用这种深入灵魂的情意来抒写对亲友、对故土、对逝去的岁月那无可替代的爱，才会这么广泛和永恒地获得了读者的青睐。

教师设若以这样的视界与作者"对话"，便可概要地知其人，识其文。

二维：与原著对话

与原著"对话"，意味着要努力做到三点：一是通读原著，了解其原始风貌；二是比读原著，将教材与原著对比阅读，体味其原生态；三是批读原著，"个性化"地审视增删的内容。（注：下文"（　　）"中的文字是文章选为教材时所做的改动，"〔　　〕"中的文字是批注的内容。）

（删"故乡的"）桂花雨

〔"手"与"妈妈的手"，"桂花雨"与"故乡的桂花雨"，能一样吗？"妈妈的手"有不可抗拒的亲情；"故乡的桂花雨"有割舍不掉的乡情。〕

中秋节前后，正（改"就"为"正"）是故乡（删"的"）桂花盛开的（添"盛开的"）季节。（删"一提到桂花，那股子香味就仿佛闻到

了。"）〔"一……就……"可见作者对"香味"有条件反射似的敏锐、深刻，这是"香"情的开端，也是"乡"情的生长点。〕

小时候，我无论什么花，都不懂得欣赏。（删"尽管"）父亲总是（添"总是"）指指点点地告诉我，这是梅花，那是木兰花……（改"凌霄花，这是叮咚花，这是木碧花"为："梅花，那是木兰花……"）〔这是……这是……这是……一方面可以想见繁花的成簇成片，满目满园；另一方面可以想见父亲的殷殷教导，盈盈爱意。改为"这是……那是……"情味便淡多了。〕但我除了记些名字（改"名称"为"名字"）外，并不喜欢。（添"并不喜欢"）〔"并不喜欢"，极端否定的情感与下文的"最喜欢"矛盾；"尽管……还……"的删去，丧失了句式逻辑结构的严谨。〕我最喜欢的（删"还"）是桂花。桂花树的样子笨笨的，不像梅花那样有姿态。（原文为："笨笨拙拙的，不像梅花那么有姿态。"）不开花时，只见到满树（删"茂密"）的叶子；开花时，仔细地在树丛里寻找，才能看到那些小花。（原文为："开花季节也得仔细地从绿叶丛里找寻，不与繁花斗艳。"）可是桂花的香气，太迷人了。（删"迷人的原因，是它不但可以闻，还可以吃。'吃花'在诗人看来是多么俗气。但我宁可俗，就是爱桂花。桂花，真叫我魂牵梦萦。"）〔作者感受的独特性被删的同时，还剪断了"桂花，真叫我魂牵梦萦"与"一提到桂花，那股子香味就仿佛闻到了"的情感连线。〕

故乡靠海（改"近海县乡"为"靠海"），八月是台风季节。（删"母亲称之为'风水忌'。"）〔"风水忌"为俚语，非"忌"语。〕桂花一开，母亲就开始担心了："可别来台风啊！"（改"可别做风水啊？"为"可别来台风啊！"；删"她担心的是将收成的稻谷，第二就是将收成的桂花。桂花也像桃梅李果，也有收成呢！"）〔"担心的是将收成的稻谷，第二就是将收成的桂花。"才合乎民以食为天、需要次之的民情。〕母亲每天都要在前后院子走一回（改"遭"为"回"），嘴里念着："只要不来台风

（改‘风水’为‘台风’），我就可以收几大箩。送一箩（改‘斗’为‘箩’）给胡家（改‘宅’为‘家’）老爷爷，送一箩（改‘斗’为‘箩’）给毛家（改‘宅’为‘家’）老婆婆（改‘二婶婆’为‘老婆婆’），他们两家糕饼做得多。”（删“原来桂花是糕饼的香料”）［置换称谓，在当地的人读来会怎么想呢？］

桂花盛开的时候，不说香飘十里，至少前后左右十几家邻居，没有不浸在桂花香里的。桂花成熟时，就应当“摇”。摇下来的桂花，朵朵完整、新鲜。如果让（改“任”为“让”）它开过，落在泥土里，尤其是被风吹落，（删“那就湿落落的”）［过水才是香味散失的重要原因啊！］比摇下来的香味就差多了。

摇花对我来说（添“来说”）是件大事。所以，我总是缠着母亲问：“妈，怎么还不摇桂花呢？”母亲说：“还早呢，（删‘没开足’）［‘没开足’是‘还不摇’的重要理由之一，也是‘摇不下来’的重要原因。承上启下。］花开的时间太短，摇不下来的。”可是母亲一看天上布满阴云，（删“云脚长毛”）［当时，没有现在的天气预报，看云识天气就显得很重要了，了解“看云识天气”的谚语，难道不是在掌握防范台风的一种“武器”吗？］就知道要来台风（改“做风水”为“来台风”）了，赶紧叫大家（改“吩咐长工”为“叫大家”）［不回避史实，才是真实。］提前摇桂花。这下，我可乐了，（删“帮着在桂花树下铺蒢簟”）［摇花时，接住落花的工具，是细节描写之一。］帮大人抱着桂花树，使劲地摇。摇呀摇，桂花纷纷落下来，我们满头满身都是桂花，我喊着：“啊！真像下雨，好香的雨啊！”（删“母亲洗净双手，撮一撮桂花放在水晶盘中，送到佛堂供佛，父亲点上檀香，炉烟袅袅，两种香混合在一起，佛堂就像神仙世界。于是父亲诗兴发了，即时口占一绝：‘细细香风淡淡烟，竞收桂子庆丰年。儿童解得摇花乐，花雨缤纷入梦甜。’诗虽不见得高明，但在我心目中，父亲确实是才高八斗，出口成诗呢。”）［设若琦君有机会读到教材，她也许会说："摇花乐"加上了母亲的"供奉乐"、父亲的"吟诗乐"，才是一家人的同乐。]

桂花摇落以后，挑去小枝小叶，晒上几天太阳，收在铁盒子里，可以加在茶叶里泡茶，（删"做桂花卤"）过年时还可以做糕饼。全年，整个村子都浸在桂花的香气里。

我念中学的时候，全家到了杭州。杭州有一处小山，全是桂花树，花开时那才是香飘十里。秋天，我常到那儿去赏桂花。回家时，总要捧一大袋桂花给母亲。可是母亲说："这里的桂花再香，也比不上家乡院子里的桂花。"（教材添加）

于是我又想起了在故乡童年时代的"摇花乐"，还有（改"和"为"还有"）那摇落的阵阵桂花雨。

与原著"对话"的第一要义，不在于做原著的"拥趸"，也不在于对教材文本刻意"寻衅"，而在于唤醒自我，广角阅读——读原著与读根据原著改编了的教材同样有必要，同时也在于历练自我，多维甄别——原著与"被整容"的教材哪个更天然、更绿色、更营养孩子的身心，进而，担起再度打磨教材的圣职。

三维：与教材对话

与教材"对话"，由对话的主体观之，一是指教师与教材对话，二是指学生与教材对话。教师与教材对话的质量愈高，引领学生与教材对话的质量也愈高。反之，亦然。

教师与教材对话的途径很多，方式各异。有的放矢是决定对话质量的关键。

例如，教师与《桂花雨》对话，关键是抓住"写什么"与"怎么写"。

"写什么"，一目了然：花期——花形——花香——摇花——晒花——吃花——吟花（与原著对话后，我们认为课文应增添内容："于是父亲诗兴发了，即时口占一绝：'细细香风淡淡烟，竞收桂子庆丰年。儿童解得摇花乐，花雨缤纷入梦甜。'诗虽不见得高明，但在我心目中，父亲确实是才高八斗，出口成诗呢。"因为它是文章气脉贯通的重要一环，掐断不得）——忆花。当然，理清"花香"与"摇花"的逻辑关系——因"香"而"摇"，因"摇"得"香"，又因"香"得"乐"——是很有必要的。

"怎么写"，清清楚楚：先写其香，再写摇花，接着写吃花。

不过，如何引导学生细致地品读对话，却显得至关重要。

譬如，怎么写"摇花乐"。扣住"摇——落——乐"，读出"摇花"的动作（"抱着""使劲"），读出"落花"的形态（"纷纷""满头满身"），读出摇花的快乐（"啊！真像下雨，好香的雨啊！"），使得平面的文字活化为立体的画面。

再如，怎么写"桂花香"。重点抓住"至少前后十几家邻居，没有不浸在桂花香里的"与"全年，整个村子都浸在桂花的香气里"两个句子。品读"浸"字。"浸"是写桂花的香味由表及里浸透的一种动态过程，它具有弥散性与穿透性。前一个"浸"是说香味弥散与穿透了"十几家邻居"，可见香的范围大，偏重写桂花气味的香，是留在嗅觉里的香；后一个"浸"字是说香味弥散与穿透的时间长，范围更广（"全年，整个村子都浸在桂花的香气里。"），着重写桂花作为香料的香，是吃进体内、融入血液的香。

有了教师与文本对话的胸有成竹，何愁引导学生与文本对话不水到渠成？

四维：与童年对话

人生的源头在童年，童年应该是绿色的。

在绿色的童年里，孩子应该活得像孩子。活得像孩子的孩子，一如琦君的童年一样，应该有"乐"。

故乡给了琦君童年的"摇花乐"，琦君还了《故乡的桂花雨》；故乡给了琦君花香的童年，琦君还了书香的人生。

"应信村茶比酒香"，绿化孩子的童年吧！

非线对话

——与文本对话：从线性思维走向非线性思维

以非线性思维与文本对话才能达至本真意义上的读懂。以相互勾连、相互开启、相互融合的非线性思维与文本对话，不仅可以在文本与文本之间展开，还可以在同一文本内部进行。

非线对话，意味着以非线性思维与文本对话。倘若教师只以线性思维与文本对话，那么对话的不到位、不全面、不深刻，甚至不能从本质上真正读懂文本，便会纷至沓来。

何谓线性思维？

线性思维，是一种直线的、单向的、单维的、缺乏变化的思维方式。其特点有三：一是思维只按逻辑规则和既定秩序进行；二是思维结果唯一；三是思维方向单一。它属于静态思维。

以线性思维与文本对话，往往只满足于关注文本"有几个生字、词语，有几个难以理解的句子，有几种修辞方法，有哪些写作特点，主要内容与中心思想是什么"等关乎知识点与考点层面的信息。而这些被关注的信息，一方面来自神圣权威——教参，另一方面来自指挥魔棒——考纲。以纲为纲、以本为本与文本对话，行走的是"字、词、句、篇"的"直线"，看到的是教参标准答案的"单向度"，听到的是考纲刚性要求的"单维声"。如此这般教书三十年，只不过是把第一年的备课重复了三十遍而已。

一如小猫转着圈儿咬自己的尾巴，以线性思维与文本对话，永远接近不了具有本真意义的读懂文本。

教师应该怎样与文本对话，才能真正读懂文本呢？笔者想到了非线性思维。

先来了解一下什么是非线性，举个例子来讲，如问：两个眼睛的视敏度是一个眼睛的几倍？我们很容易想到两倍，可正确答案是 6－10 倍！这就是非线性。

非线性思维的存在状态呈现为相互连接、非平面、立体化、无中心、无边缘的网状结构，类似人的大脑神经和血管组织。通常在人的潜意识里完成的非线性思维属于右脑思维，它有助于拓展思路，看到事物的普遍联系，更真实地接近事物本体。所以，以非线性思维与文本对话才能达至本真意义上的读懂。

《风筝》是一篇三年级的课文，笔者听过不少教学，教者大多仅就"做"风筝、"放"风筝的快乐与"找"风筝的失落来引领学生与文本对话，终难跳出线性思维的窠臼。以至于有一次，一个学生当堂质问老师："风筝找不到了，孩子们为什么垂头丧气地坐在田埂上……?"老师一时语塞。另一次，一个孩子当堂发问："风筝为什么不见了?"老师挂在了黑板上。

设若运用非线性思维与文本对话，真正读懂了《风筝》，问题可能就会迎刃而解，教师也不至于如此窘迫了。

譬如，我们不妨先在自己的"心空"中，多放飞几只"风筝"。

首先，我们可以放飞鲁迅的《风筝》。与鲁迅的《风筝》对话，抓住第四节的一句话"游戏是儿童最正当的行为，玩具是儿童的天使"。放风筝的孩子快活地"一边奔跑，一边喊叫……"风筝断线了，飞跑了，找不到了，"天使"消失了，他们能不伤心吗，以至于垂头丧气地坐在田埂上……

其次，我们可以放飞林晓燕《挂在墙上的童年》的"风筝"。与林晓燕的《挂在墙上的童年》对话，"风筝为什么不见了"的答案便清晰地浮出了水面——原来，风筝被一只只厌恶孩子玩耍的手撕掉了，或者挂在了墙上。

再者，我们可以放飞周国平《童年价值》的"风筝"。

"在人的一生中，童年似乎是最不起眼的。大人们都在做正经事，孩子们却只是在玩耍，在梦想，仿佛在无所事事中挥霍着宝贵的光阴。可是，这似乎最不起眼的童年其实是人生中最重要的季节。粗心的大人看不见，在每一个看似懵懂的孩子身上，都有一个灵魂在朝着某种形态生成。

"对聪明的大人说的话：倘若你珍惜你的童年，你一定也要尊重你的孩子的童年。当孩子无忧无虑地玩耍时，不要用你眼中的正经事去打扰他。当孩子编织美丽的梦想时，不要用你眼中的现实去纠正他。如果你执意把孩子引上成人的轨道，当你这样做的时候，你正是在粗暴地夺走他的童年。"

鲁迅、林晓燕、周国平的"风筝"，与文本的"风筝"，在我们的心空放飞、对话，我们读到的《风筝》，还仅仅只是风筝吗？

不！风筝是儿童玩具的隐喻。换句话说，放飞风筝，便放飞了孩子的童年；没收了风筝，便没收了孩子的童年；撕毁了风筝，便撕毁了孩子的童年！

以相互勾连、相互开启、相互融合的非线性思维与文本对话，不仅可以在文本与文本之间展开，还可以在同一文本内部进行。

譬如，若干次听老师教学梁晓声的《慈母情深》，遗憾的是千课一面，均落脚在"情"怎样"深"上。而"情"为什么"深"，便鲜有人读懂了。究其因，乃"线性思维与文本对话"为之。设若以非线性思维与文本对话，我们就会重新发现"母亲"！

第一个层级的发现：母亲是个"苦"母。她工作环境噪音大："七八十台缝纫机发出的噪声震耳欲聋"；温度高："周围几只灯泡烤着我的脸"；经年累月工作在这样的环境下，母亲脊背弯曲了，手指龟裂了："掏出一卷揉得皱皱的毛票，用龟裂的手指数着"……工作着实辛苦啊！其实，每个家庭每个母亲都很辛苦啊！有人说，天底下有一条苦不尽的河流叫母亲。

第二个层级的发现：母亲是个"慈"母。无怨无悔供养孩子吃穿，这就是慈母。如此慈母，天下不计其数，但单靠"劳其筋骨，饿其体肤"能解放自己、解放孩子吗？

第三个层级的发现：母亲是个圣母。

"爱孩子连母鸡都会"，更高质量的爱是发现孩子的兴趣，尊重孩子的兴趣，激发孩子的兴趣，点燃孩子的兴趣："母亲却已将钱塞在我手心里了，大声对那个女人说：'我挺高兴他爱看书的！'"

书中自有"生产力"。读书，让孩子读书，就是为了解放生产力，解放千千万万个像母亲一样从事技术含量很低的工作，流血流汗很多，经济收入很少的劳动者的生产力！

母亲可能不识字，但是，她懂教育；母亲不是作家，但她成了作家的母亲。这样的母亲，难道不是圣母？

有了圣母，便有了圣子。

不是吗？圣母给了圣子一本《青年近卫军》，圣子便还圣母《浮城》《死神》《父亲》《人间烟火》《白桦树皮灯罩》《一个红卫兵的自白》《今夜有暴风雪》《这是一片神奇的土地》《天若有情》等一部部鸿篇巨制。

以非线性思维与文本对话，我们不仅读出了"苦母、慈母、圣母"的情深似海，同时还读出了"学子、孝子、圣子"的情满人间。慈母情深，不仅"深"在母亲单向度地朝儿子注射母爱，而且"深"在儿子理解母爱并"报得三春晖"。不是吗？

师生对话

——冲决"《天鹅湖》现象"与"雪盲症"

设若"师皇"金口玉言、说一不二，就没有学生的第二种声音。独白教学，只能导致"不同即敌对"的狭隘虚弱的思维模式。只有秉持"我誓死捍卫你说话的权利"的襟怀与自信，鼓励价值多元，表达多元，以包容的心态对待"异质思维"，才有精彩的生成、睿智的对话。

从审美疲劳谈起

《天鹅湖》现象

《天鹅湖》是柴可夫斯基 1876 年创作的芭蕾舞剧。故事梗概：公主奥杰塔在天鹅湖畔被恶魔变成了白天鹅，王子齐格费里德游天鹅湖，深深爱恋奥杰塔。王子挑选新娘之夜，恶魔让他的女儿黑天鹅伪装成奥杰塔以欺骗王子。王子差一点受骗，最终及时发现，扑杀恶魔。白天鹅恢复公主原形，与王子喜结连理。

1895 年，编导大师彼季帕和伊凡若夫重新编导了《天鹅湖》，他们充分理解和运用了柴可夫斯基杰出的音乐语言，演出大获成功。

著名的意大利芭蕾舞演员莱娜尼扮演了剧中两个角色——奥杰塔和奥吉莉雅。她以细腻的感觉、轻盈的舞姿、坚忍的耐力和完备的技巧在第三幕奥吉莉雅的独舞变奏中，一口气做了三十二个"挥鞭转"。从此，《天鹅湖》再也没有离开过世界芭蕾舞台，成了人见人爱的精品。

即便如此美轮美奂的经典芭蕾舞剧《天鹅湖》，看多了会怎样呢？

有位在苏联任职了十年的美国外交官，任职期间要经常陪同来宾观看芭蕾舞剧《天鹅湖》，前后看了不下三百遍。看到后来的感觉是，等他拿到调令离开莫斯科时，如释重负地说终于可以不看《天鹅湖》了！

这就是"《天鹅湖》现象"，它所隐喻的是一种审美疲劳。

再美的菜肴，也架不住天天吃。

一个教师几年，十几年，甚至几十年面对老生常谈的教材或一成不变的教法，岂能不审美疲劳？

一个学生经年累月只能在"老灵魂灌装青春身体"的备考环境中学习，岂能不审美疲劳？

审美疲劳的结果是：教师厌教，学生厌学。

雪盲症

行走在空旷无垠的皑皑雪野里，是一件非常危险的事情，它极容易使行者患上雪盲症，看不见路线以至迷失行进的方向。

引发雪盲症的主因在哪里？美国的一个权威部门研究指出，雪地里空无一物是其诱因。科学实验表明，人的眼睛总在不知疲倦地探索周围的世界，从一个落点到另一个落点，要是太长时间连续搜索而找不到任何一个落点，它就会因为紧张而失明。

对付雪盲症的办法之一，就是提前在行走的路线上插上颜色较深的旗帜。这样，一望无垠的白雪中，便出现了一个个醒目的标志，人搜索的目光就有了落点，就不会因为长时间的空白引起视神经紧张，而导致失明了。

从教学心理来讲，"审美疲劳"就是横亘在教师心里的茫然无际涯的雪域，如果长时间找不到醒目的标识（教学理念、实践操持），就会患上教学"雪盲症"，以冻僵雪域而终了。

师生对话冲决"《天鹅湖》现象"与"雪盲症"

师生对话，意味着以"宇宙为室、天地为本、万物为师"进行研习。

人生天地间，对话琼瑶里。语言造就了人，人是一个在天地间对话的存在者。存在即对话。对话，是一切优秀教学的本质性标识。

阅读教学，就是教师引领学生与文本对话的过程。在对话教学过程中，文本不是 N 个，而是 N＋1 个；教法不是 N 个，而是 N＋1 个；生成不是 N＋1 个，而是 N＋1 的 N＋1 次幂个。

以情激情、以智启智、以心印心的对话教学，机锋万变，曼妙生成，岂会产生"审美疲劳"？上次对话的落点，即下次对话的起点，焉能出现"雪盲症"？

案例一：与《不用背了》对话，聆听挑战的声音

师：李戴，请背诵《开国大典》第七段。

生：老师，我爸说不用背！

师：你爸是——

生：李刚。

（大笑）

生：我爸说，他读过一篇文章，让我推荐给您看。

1961 年，小学五年级学生李亢美，放学回家后按老师的要求，

背诵语文课本的第一篇。父亲李普听见了，问女儿："背什么文章呢？"她说："《开国大典》，老师让背的。"李普笑了，说："这是我写的。"女儿很惊讶，问："真的吗？"李普说："我那时是新华社特派记者。"女儿又问："那我还用背吗？"李普说："不用了。"

四十多年以后，年过半百的李亢美写文章提到这件事。这时李普已经 90 岁。他说，这篇文章被看得太重，其实从来没觉得有什么了不起，只是一个机遇、一段历史记录，就他个人而言，不值一提。然而，别人提到李普，还是把这篇报道视为他的代表作。李普在世的时候，感到很无奈。(《南方周末》2011－2－24)

师：好！课后让你爸给我电话……

【思绪】"死记硬背的教育浪费甚至摧毁了许多人的能力，"留美学者薛涌说，"互动对话才会把人的潜能最大限度地发挥出来。"聆听家长与学生挑战死记硬背的声音，难道不是最好的互动对话？

案例二：与《鼓掌》对话，领悟鼓掌文化

《鼓掌》一文的教学进行到"小练笔"阶段，老师让学生结合现实生活写感想。

一个同学写到——

生活中要有掌声，鼓励的掌声、感谢的掌声、加油的掌声、欢迎的掌声……掌声给人鼓舞，给人温暖，给人力量，给人自信。

但生活中有的掌声是人云亦云的，"掌"不由衷的。譬如，领导讲话，看别人鼓掌，自己也跟着鼓掌。再如，领导说，没意见，鼓掌通过，接着就是集体鼓掌。至于该不该鼓掌，为什么要鼓掌，可能自己都觉得莫名其妙。

前不久看到一个视频：奥巴马发表国情咨文，在七十分钟的演

说中，听众掌声不断起立致敬，却有一群永不鼓掌不起立的人：美国参谋长联席会议成员——军人不干政；正中位置坐着的一群老头儿老太太——美国最高法院的大法官，不会对演说中的任何内容鼓掌，因为他们代表国家权力的另一端——司法公正。

看来，鼓掌也有讲究，也有学问，也有文化啊！

周一升旗仪式后，该同学主动要求面向全校师生朗读自己的习作，迎来了如潮的掌声。

掌声中，那位同学面若桃花。

【思绪】认可了这位同学的习作，才有周一的当众朗读。这难道不是师生最深度的心灵对话？同学们如潮的掌声，难道不是最默契的对话？掌声中，这位同学一定会走得更久、更远……

案例三：学习《己亥杂诗》，欣赏精彩的生成、睿智的对话

师：（板书"万马齐暗究可哀"的解释后，学生齐读标准答案）好像一万匹马一起哑了一样，死气沉沉的，这样的局面多么可悲啊！

（生齐读）

生：（插话）老师，万马齐"嘶"，更可哀！

师：哦？

生：万马齐"嘶"，哪怕声音再响，也只是一种声音。凡事只有一种声音，等于没有声音。

师：哦！

生：万马齐暗与万马齐'嘶'的结果，是使听的人变成聋子。

师：请举例说明！

生：我爸是一家公司的老总，爸爸说："开会时，中层要么万马齐暗——集体沉默、一言不发；要么万马齐'嘶'——一律说我喜欢听的话。我在万马齐暗与万马齐'嘶'中失聪，变成了'聋子'，听不到员工

的真正声音了。"

师：谱就一部震撼人心的宏大交响乐，需要木管、铜管、打击乐、弦乐各美其美、各鸣佳音，成就一家好公司、一个好社会不也同样需要不同声音的人知无不言、言无不尽地进言献策吗？

……

【思绪】上文教例中，设若"师皇"金口玉言、说一不二，就没有学生的第二种声音。独白教学，只能导致"不同即敌对"的狭隘虚弱的思维模式。只有秉持"我誓死捍卫你说话的权利"的襟怀与自信，鼓励价值多元、表达多元，以包容的心态对待"异质思维"，才有精彩的生成、睿智的对话。

案例四：与《灰姑娘》对话，切入点要与时俱进

学习《灰姑娘》时，要超越教材文本，与现代版的"灰姑娘"对话。

伦敦当地时间 4 月 29 日上午 11 时，威廉王子和凯特在伦敦的威斯敏斯特大教堂，在牧师的主持和现场 1900 余名来自全世界王室和各界的宾客以及 20 亿电视及网络观众的瞩目下，彼此承诺并交换了戒指，正式结为夫妻。

"我，威廉·亚瑟·菲利普·路易斯，愿意接受凯特·米德尔顿为我的妻子，无论贫穷还是富足，无论健康还是疾病，都愿意娶其为妻，我在此做出承诺。"威廉王子说。

"我，凯特·米德尔顿，愿意接受威廉·亚瑟·菲利普·路易斯为我的丈夫，无论贫穷还是富足，无论顺境抑或逆境，无论健康还是疾病，都愿意认你为丈夫，在圣父、圣子和圣灵的见证下，我在此做出承诺。"凯特·米德尔顿说。

从"灰姑娘童话"终成现实中，审视老牌帝国的"软实力"：

凯特将成为英国王室中第一个受过大学教育的王妃，威廉和凯特也是王室历史中未婚同居的第一对。普通人看来并不新奇的大学教育与同居，在英国王室那里就成为"与时俱进"的事物。

英国王室早就褪去了帝王的光环，他们需要仰仗民主制度来存活，王室和民众之间形成了一种新的关系，王室需要体面，民众需要魔法。王室的仪式能给人们带来存在感，如萧伯纳所说，"人们对有关王室的一切从来不会感到无聊，这是一个精心制作的集体幻觉。"

王子和王妃发誓一生忠贞不渝，一如这个国家的价值观。这是一个老王国的软实力的集中展现：一种传承，一种变幻万千中的刻意保守。古罗马之后又一个培育出自己精英阶层的帝国，人人避讳谈起又处处存在着阶级意识，如王尔德所说，王室的存在不关乎法理而关乎情感，他们的存在就是为了被感知。

【思绪】与"从《灰姑娘》到'灰姑娘童话'终成现实"对话，也许有些内容学生一下子读不懂。多与"读不懂"的文本对话，很重要。我们的课堂，要求课本的每个字都要懂，然后还要用考试来考查学生到底有没有懂。离开学校以后呢？我们已经习惯了一种阅读的方式，就是每本书都要读得懂，这其实是一种不自觉的傲慢。当人们看到一本读不懂的书的时候，不会想"这个作者好厉害，为什么我读不懂他的书"，而是会想"这人写我看不懂的书干吗"。久而久之，人们只看看得懂的书，永远围绕自己熟悉的东西在打转，积累的都是重复的东西，也失去了对不了解的东西的天真与好奇、对生活的谦卑心态。这才是真正的低效阅读！

案例五：与《扁鹊治病》对话，聆听孩子的声音

生1：我认为《扁鹊治病》的"治"，用得不恰当。治，意为治疗，通常是指干预或改变特定健康状态的过程。然而，从课文内容来看，扁鹊只是在说，始终没行动："大王，据我看来，您皮肤上有点小病。要是不治，恐怕会向体内发展。""您的病已经发展到皮肉之间了，要不治还

会加深。""您的病已经发展到肠胃里，再不治会更加严重。""皮肤病用热水敷烫就能够治好；发展到皮肉之间，用扎针的方法可以治好；即使发展到肠胃里，服几剂汤药也还能治好；一旦深入骨髓，只能等死，医生再也无能为力了。现在大王的病已经深入骨髓，所以我不再请求给他医治！"所以，我认为，题目改成《扁鹊"看"病》或者《扁鹊"说"病》更合适。

生2：我认为扁鹊有愧于名医。作为医生，相对于染疾的蔡桓公而言，他知其然，也知其所以然："皮肤病用热水敷烫就能够治好；发展到皮肉之间，用扎针的方法可以治好；即使发展到肠胃里，服几剂汤药也还能治好"；更知其必然："一旦深入骨髓，只能等死，医生再也无能为力了。现在大王的病已经深入骨髓，所以我不再请求给他医治！"但他，只是看看、说说、劝劝，见于事无补，便开溜了。最终演变成了真正意义上的见死不救。一个见死不救的医生，能称得上名医？

生3：蔡桓公是文能治国、武能安邦的一代枭雄，但他也有短板，听不得别人的意见和建议，即便是自身的疾病别人好心指出，他也只是当作儿戏，最终戏弄的是自己的身家性命。

生4：人吃五谷杂粮，生病很正常。但小病不治，酿成大病则无治。

生5：不仅人会生病，学校也会生病，家庭也会生病，社会也会生病。考试排名，是不是病？闹离婚，是不是病？瘦肉精，是不是病？高房价，是不是病？……这些病，该由谁指出来呢？又该由谁治疗呢？大人们又会不会像蔡桓公一样讳疾忌医呢？

【思绪】老师不需要急着让自己的经验介入，要清空自己，让自己归零。聆听孩子们与文本对话的声音，这样就可以谛听到天籁的童言，谛视到美丽的童真。

深度对话

——向文本更深处漫溯

在浅阅读时代，与文本对话要做"深呼吸"，向文本更深处漫溯。由于文本的感性特征，在阅读中，读者会有一望而知的感觉，但这感性特征常常是表层结构，其深层密码并不是一望而知的，而是一望无知，甚至再望仍然无知，因而需要深度解读。要把潜在的密码由隐性变为显性，化为有序的话语，是需要微观的原创性的，这恰恰是文本解读的核心。

有人认为，小学教材文本浅显易见，一望见底，与之对话，不费心力。有人却认为，小学教材文本甫读简单，越读越深，特别是一些"优秀作品，无论你怎样探测它，都是探不到底的"（歌德）。如果是这样，我们与文本对话，就不应该浅尝辄止，而应当向文本更深处漫溯。

绘图式

与文本对话，向文本更深处漫溯，重要的一条是，要学会给文字造像，绘制图式。图式形象直观，一图胜百言。

试以柳宗元的千古绝唱《江雪》为例，谈谈怎样绘制图式，层层剥笋，读出味道，读出深意。

第一层级：平面读

平面读，仅仅是把文字还原成了声音。诗句是孤立的，景象是并列的，意境是割裂的。

千山鸟飞　绝万径人踪　灭孤舟蓑　笠翁独钓寒江雪

第二层级：递减读

递减读，先读极目的广角立体高远大景，再读俯察的平面中景，然后读近景，最后读定格的特写。

千山鸟飞绝　万径人踪灭　孤舟蓑笠翁　独钓寒江雪

第三层级：向心读

宛如地球内部圈层结构，诗的内部结构由外到内，依次为"地壳"——千山鸟飞绝；"地幔"——万径人踪灭；"外核"——孤舟蓑笠翁；"内核"——独钓寒江雪。核心点是"钓"。

"地壳""地幔""外核""内核",从外到内递减,一如向中心逐渐缩小的漩涡,有着透视的美。

"地壳"和"地幔",写"千山""万径"杳无鸟迹人踪。阔远的视野下一片空寂,茫茫大江之上一切生命的痕迹均被大雪淹没,只剩下一片空旷而寂静的空间。

诗写到如此空灵,便是一种极致。因为空灵的背后伫立着孤独。

"外核"与"内核"不正描绘了"孤舟"和"独钓"的小点吗?(人)"孤"(舟)"独",以极其细微的"有"反衬了大面积的"空"。"真空必定妙有,妙有毕竟真空。""真空"是有生机的"空",这种"空"就是"有","有"就是"孤""独"。"孤""独"的孤独才是人的本真状态、终极状态。孤独是美的,是快乐的,是自由的,是强大的。孤独是一种力,着力点在"钓"。

在默渊无声里,"钓"的下面,难道不是"鸢飞鱼跃"?

扣文题

文题,乃文章之领,提领"扣问",易于向文本更深处漫溯。

譬如,与《自己的花是让别人看的》对话,首先以题发问:为什么

"自己的花是让别人看的"? 一般都晓得：花很美。

然后追问：花美在哪里？美在千姿百态、姹紫嫣红、芬芳馥郁。这仅仅只是表象的美。

接着追问：花真正的美在哪里？花，无论什么样的花，从冒出土的一刹那，都朝着某一个方向生长，好像它有一种不可动摇的意志力，趋向实现完全绽开直至充分展现其自身的欲求。于是，从凝成一个苞到尽情绽放，无论有着怎样柔弱的外表，它都会选择自己的弧度、自己的曲线、自己的色彩、自己的芳香，按照自己的节奏向着自己向往的无限的纯净空间不可遏制地开放，任何外力都无法阻止、改变它形成自己的标志。在天地之间，花的形状如此特殊，它总是弯身向着自己的内在，又总是以一种呈现的姿态向着外在。血肉包含在绽放中，精神包含在姿影里。这便是花真正的美。

最后追问：真正的美，为什么是让别人看的？真正的美属于存在，而不属于占有。德国人爱美，家家户户养花，德国人更懂得美，户户家家又都把花养在阳台上——各美其美；自己的花给别人看，别人看自己的花——美美与共。美属于存在，可以共享，不能占有，所以，"自己的花是让别人看的"。

再如，与《月光曲》对话，不妨直接发问：为什么是"月光曲"？

"月光照进窗子，茅屋里的一切好像披上了银纱，显得格外清幽。贝多芬望了望站在他身旁的兄妹俩，借着清幽的月光，按起了琴键。""他飞奔回客店，花了一夜工夫，把刚才弹的曲子——《月光曲》记录了下来。"如果这样照本宣科地理解"月光曲"的来龙，似乎没有什么不妥。但仔细玩味，总觉得如此对话太过牵强与肤浅，没有阐释清楚月光与人（或曲子）的逻辑关系。既然没有说清楚其逻辑关系，也就没有汲取与文本对话的营养与智慧。那么究竟怎样才能说清楚其逻辑关系呢？

第一，世界分为两个，一个是阳光底下的世界，一个是月光底下的世界。阳光底下的世界是把世界万物分开——柴、米、油、盐，衣、食、住、行，富人、穷人……这是一个硬世界。月光底下的世界是把万物汇聚——在朦胧中走向融和。这是一个软世界。

第二，音乐，属于月光底下的世界。不能否认，阳光底下的世界，茅屋里面，有位贫穷的盲姑娘。但她酷爱钢琴，渴望"要是能听一听贝多芬自己是怎样弹的，那有多好啊！"贝多芬善于把阳光底下的世界的严酷与灼热，转化成音乐，转化成月光底下的世界的柔美与清凉，转化成梦乡。

第三，月光底下的世界美妙醉人。

月光浸漫，清明澄澈，了无滞痕。人的精神自由达到极致：突破了时间与空间的界限，直接与无际的宇宙相拥，与苍茫的时空对话；彼此抵消了一切障碍与阻隔，身心消融了所有的等级与差别，生命返本还源，原态解悟，走向无边的开放。

"皮鞋匠静静地听着。他好像面对着大海，月亮正从水天相接的地方升起来。微波粼粼的海面上，霎时间洒满了银光。月亮越升越高，穿过一缕一缕轻纱似的微云。忽然，海面上刮起了大风，卷起了巨浪。被月光照得雪亮的浪花，一个连一个朝着岸边涌过来……皮鞋匠看看妹妹，月光正照在她那恬静的脸上，照着她睁得大大的眼睛。她仿佛也看到了，看到了她从来没有看到过的景象，月光照耀下的波涛汹涌的大海。"

"月光曲"中和、缓解了穷兄妹俩在阳光底下世界的不幸与困苦、矛盾与冲突，重建了他们内心的平衡与宁静，给了他们通向精神世界的津渡，让他们的精神生命有了崭新的躁动与飞升，以至于他们觉得月光底下的世界是那么美好，贝多芬的琴声是那么美免，以至于"兄妹俩被美妙的琴声陶醉了"。

其实，贝多芬也是人，在阳光底下的世界也一样有自己的烦恼与忧伤，也需要到月光底下的世界去寻找清凉、安宁与解脱。

古希腊有位雕刻家叫匹格马林，他十分热爱自己所创作的美女雕像，以至于最后同他的作品发生了恋情。这就是"匹格马林现象"。

贝多芬也有着"匹格马林现象"心理，觉得自己即兴创作的月光曲是那样美妙，以至于自己都不愿意再回到阳光底下的世界。所以才"飞奔回客店，花了一夜工夫，把刚才弹的曲子——《月光曲》记录了下来。"

抓隐点

"白鹭立雪，愚人看鹭，聪者观雪，智者见白。"文本中的隐点，就是那"白"，要透过文字表象，才能见"白"。

譬如，《少年闰土》一文中有这样三个句段：

> 深蓝的天空中挂着一轮金黄的圆月，下面是海边的沙地，都种着一望无际的碧绿的西瓜。其间有一个十一二岁的少年，项带银圈，手捏一柄钢叉，向一匹猹尽力地刺去。那猹却将身一扭，反从他的胯下逃走了。

> 紫色的圆脸，头戴一顶小毡帽，颈上套一个明晃晃的银项圈……

> 下了雪，我扫出一块空地来，用短棒支起一个大竹匾，撒下秕谷，看鸟雀来吃时，我远远地将缚在棒上的绳子只一拉，那鸟雀就罩在竹匾下了。

这三个句段"看似寻常最奇崛"，其中有着怎样的隐点？如何层层发掘呢？

第一层级：读出"是什么"，对文本进行本真判断

本真判断，意味着对文本的本质予以认识与挖掘。

初读：读出"是什么"，对文本进行本真判断。读出景物——"深蓝的天空中挂着一轮金黄的圆月，下面是海边的沙地，都种着一望无际的碧绿的西瓜。"读出人物——"其间有一个十一二岁的少年，项带银圈，手捏一柄钢叉，向一匹猹尽力地刺去。那猹却将身一扭，反从他的胯下逃走了。""紫色的圆脸，头戴一顶小毡帽，颈上套一个明晃晃的银项圈。"读出事情——"下了雪，我扫出一块空地来，用短棒支起一个大竹匾，撒下秕谷，看鸟雀来吃时，我远远地将缚在棒上的绳子只一拉，那鸟雀就罩在竹匾下了。"

再读：是什么景物、人物、事情？是月、地、瓜；是闰土；是捕鸟。

细读：是什么样的月，什么样的瓜，什么样的闰土，什么样的捕鸟工具？是"圆月、西瓜、银圈、圆脸、竹匾……"

深读："圆月、西瓜、银圈、圆脸、竹匾……"的背后隐藏着一个什么样的符号？圆。

本真判断是认知文本的起点和基础。只有实现了本真判断，才会有明确的情感、态度、价值观，才有进一步的价值判断。

第二层级：读出"怎么样"，对文本进行价值判断

价值判断，意味着对事物属性与人的需要之间的关系做出判断。

"圆月、西瓜、银圈、圆脸、竹匾……"这些词语的背后隐藏着一个共同的符号——圆。怎么会隐藏一个"圆"呢？

首先，从哲学层面看——

宏观宇宙是圆的：时空广袤的宇宙所包括的太阳系、银河系、河外星系等无数亿个星系，每个星系所包含的千亿、万亿颗恒星及大小行星

都是圆形体，都是按照椭圆的公转和圆的自转轨迹运行的。

中观万物是圆的：一草一木，一鱼一虫，究其形体无一不是由圆点状的基本物质构成的。沧桑之变，万汇之颐，暑往寒来，春夏秋冬，吐故纳新，新陈代谢，无不相抱成圆而无一不圆。大千世界，林林总总，万事万物都是圆的。

微观世界是圆的：所有物质，无论固态、液态、气态都由肉眼看不见的原子组成。原子由带正电荷的原子核和绕核运动着的带负电荷的电子组成，原子核又由质子和中子构成，而这些一般呈圆点状态。

人体结构是圆的：母亲的卵子是圆的，人的大脑是圆的，人的眼睛也是圆的；地球绕太阳公转一周为 365 天，人体"正穴" 365 个，月球绕地球公转 12 圈为 12 个月，人恰有大骨节 12 个；人体的八大循环系统也都符合自然界圆的规律。

人生轨迹是圆的：无论是达官显贵，还是普通公民，无论经历怎样的曲折、传奇，无论业绩怎样辉煌，都在做着从宇宙中来、又回到宇宙中去的从点到圆、从圆到点归根复命的旅行。

人的思维是圆的："人的认识不是直线（也就是说，不是沿着直线进行的），而是无限近似于一串圆圈、近似于螺旋的曲线。"（列宁）

总之，万物皆以圆统之。整个世界宛如湖面上一张青盘滚珠的大荷叶，叶上洒水，散为露珠，大者如豆，小者如粟，细者如尘，无不"浑然圆成"！

设若不从哲学的背景与文本对话，就难以理解"圆月、西瓜、银圈、圆脸、竹匾……"的形态之圆。

其次，从美学层面看——

圆是一大美学定理。古希腊毕达哥拉斯派就曾提出："一切立体图形中最美的是球形，一切平面图形中最美的是圆形。"

在一切形式中，圆是最和谐、最完美的形式，圆常常给人以满足、快乐和幸福的感受。圆美的本质是它的流转变化，事物因流转变化才变得绚丽多姿，气象万千。

圆是完美的极致，有着无以复加的美。设若，从美学的层面与文本对话，就不难发现"月圆、瓜圆、圈圆、脸圆、匾圆……"的大美。

再者，从心理层面看——

圆，是人类的心灵图腾，是人类的精神寄托与慰藉。以圆为美是人的一种心理特征，是一大审美法则。有关"圆"的同构是无意识的，并且是集体无意识的。"圆"之原型，在"所有人身上都是相同的，因此它组成了一种超个性的心理基础，并且普遍地存在于我们每一个人身上"，它以"无声的命令"决定、支配着人的基本行为，使我们都以与祖先同样的方式把握世界和做出反应："以圆为美"。

圆是中国文化中的一个重要精神原型与心理期待。人们渴望生活"圆满"、精神"圆成"。然而，人生总是有欠缺的，不圆满的。缺什么，爱什么，所以，人们爱圆，圆对人性是一种安慰，是一种心理补偿。

阔别三十载，再回原乡。与其说是在视觉上回忆"圆月、西瓜、银圈、圆脸、竹匾……"的形态圆，不如说是在这种"圆"里回归童心（因为只有一个人达到人生智慧和真趣的极致，才能"复归于婴孩"与其精神状态一致，有一颗纯真朴素的童心），寻回那份单纯、质朴、率真、爱与神圣，享受一份心理的安宁与抚慰。

自然，回原乡，咀原点，也是为加深今天的体验，进而展望明天。作家的使命之一就是回归人生的原点，带着读者领悟原点，眷恋原点。文学有义务、有责任达到其所在历史时期的最高认识，并将其提升到哲学洞照的层面。

第三层级：读出"怎么办"，对文本进行策略选择

策略选择，意味着在与文本对话"过程"中进行思考或行动选择。

　　我们要学会追求圆满，追求"人性的圆满"，追求"天地人合一"的圆满，追求在变中圆、在圆中变的圆满。同时，我们还要善于从作者那里习得用笔的"神圆"。古人曾云："笔圆下乘，意圆中乘，神圆上乘。"笔圆是形式的完美体现，意圆是情感通过形式恰当的表现，神圆则是浑化无迹、微妙玄深的圆融至境。何以达至？文以气为主，气昌则辞达，气通则神圆。这里的气主要指精气、才气、灵气、神气。它是圆点之气，圆融之气，圆明之气。气，要养，要根据自己的个性特点通过主观努力以静养气，以心养气，以志率气。气韵充盈，蕴思含毫，放言落笔，文章自然神圆天成。

精度对话

——不断逼近文本的本真价值

精度，在物理学意义上，意味着观测结果、测量值与真值之间的接近程度；在人文学意义上，则意味着阅读理解程度与文本真实价值的接近程度。这种"精致的解读能力"，是衡量一个语文老师造诣高低的重要标尺。

物理精度，可用国际公认的标准计量。文本精度，何以衡量？

文本是有价值取向的，"真善美"是人类文明共同的追求。这是衡量的法物与公器。具体到每个文本，要具体内容具体赏析。

譬如，《自己的花是让别人看的》，其价值取向不难从文本中获知："每一家都是这样，在屋子里的时候，自己的花是让别人看的；走在街上的时候，自己又看别人的花。人人为我，我为人人。"

"人人为我，我为人人。"具有普世情怀，无疑是文本所提倡的人文价值取向。

但是，读到了"人人为我，我为人人"，未必读懂了；读懂了，未必读会了；读会了，未必去做了。这个过程就是追求"精度"的过程。这个过程的原点，还是读懂。

"每一家都是这样，在屋子里的时候，自己的花是让别人看的；走在街上的时候，自己又看别人的花。"这是叙述"看花"的现象，并非看花的本质。

花，究竟有什么值得人怜爱？

有人说，花的美。固然没错，人所共知花很美。

花美在哪里？恐怕不是每个人都能说得清楚了。

花，每一朵花都会向着天道的方向，以柔美的弧度，以曼舞的速度，以天然的色度，以不可遏止的力度，绽放……花，有向外的张力；花也有向内的"敛"力，即让心情平静的力量。从美丽的花朵获得心情平静的力量，可以让人们有机会去思考、感受更多的美好。

花的美是最好的教科书。

读懂，是一个不断接近懂得的过程。不断接近读懂花的美，就能不断接近读懂"自己的花是让别人看的；走在街上的时候，自己又看别人的花"这种"人人为我，我为人人"的各美其美、美美与共的大美。

从这个角度与文本对话，难道不是一种精度对话？

与文本精度对话，意味着能够精致地解读文本，读出文本中不易被发现的深奥的美好与神奇之处。当然，这需要有精致的想象力。英国哲学家大卫·休谟在《鉴赏的标准》一文中说："许多人缺乏对于美的正当感受，一个最显著的原因，是他们的想象力不够精致，而这正是了解那些比较微妙的情绪所必不可少的。"

广度对话

——与文本进行广度对话

"人的知识就好比一个圆圈，圆圈里面是已知的，圆圈外面是未知的。你知道的越多，圆圈也就越大，你不知道的也就越多。"（芝诺）广度对话，消弭对话的"圆圈禁区与界标"，尽可能地将文本置于一个开放的空间，围绕文本多角度、多途径、多层次，甚至跨学科全方位与文本"立体对话"。

我们可以将"篇"置于"类"中，进行广度对话。下面试以《全神贯注》一课例谈。

课题"全神贯注"，即是文眼。文眼表现在第二节。

教师与文本对话时，对第二节"媚眼飞飞"：先是观赏罗丹的动作——"一会儿上前，一会儿后退……把地板踩得吱吱响，手不停地挥动……"；再是聆听他的语言——"嘴里叽里咕噜的……好像跟谁在说悄悄话；……"然后是凝视他的神情——"忽然眼睛闪着异样的光……情绪更加激动了……像喝醉了酒一样，整个世界对他来讲好像已经消失了……对着女像痴痴地微笑……"最后是理解他全神贯注的工作状态。

如此，抓住重点段，扣关键词语与文本对话，固然扎实。但是，若能抓住牵一发而动全身的最后一句"我知道人类的一切工作，如果值得去做，而且要做得好，就应该全神贯注"。将"篇"置于"类"中（不光是同类，还可以是异类），从"广度"出发，多角度、多途径、多层次、跨学科地与"全神贯注"进行全方位的"立体对话"，营养会更全面，效果会更突出。因为这样不仅知道了怎样"全神贯注"，还明白了为什么要"全神贯注"。

我们不妨将视角扩大到其他领域——

有人曾采访过一个优秀的棒球打击手："投手的球速都在时速一百公里以上，如何能打中那么快速的球呢？"

"棒球的速度虽然在一百公里以上，但是打击手如果进入真正的专注状态，投过来的球，就会像电影的慢动作一样。一旦进入那最精确的状态，小小的球也像放大了好几倍，打中并不是难事。"

"这简直是超能力！"

"这不是超能力，而是突破了某种极限，极限的突破来自一点点的天资和绝大部分的苦练。"

不只是体育，智育也会有如此神奇的境界。科学家从原子、质子、中子、夸克……直至看到那更细小的结构，细小在他们眼中是巨大。生命科学家从细胞组织到基因排列，揭开生命的许多谜题。

画家能分辨出一百种以上的色彩，绿中有绿，红中有红，是平常人做不到的。

音乐家能听到花开的声音、阳光的声音、天堂的声音，声外有声，音外有音，所有的声音都融合为天籁。

人人都有超能力，超能力来自全神贯注。

纵使烈火焚身，哥白尼依然全神贯注，才诞生了"日新说"；

纵使风高浪汹，哥伦布依然全神贯注，才发现了"新大陆"；

纵使双耳失聪，贝多芬依然全神贯注，才创作了"交响曲"；

纵使双目失明，弥尔顿依然全神贯注，才著就了《失乐园》。

……

全神贯注就像一滴水，我们看不出它的力量，压扁了，利如钻刀，能切割最坚硬的大理石；凝固了，硬如钢石，能裂开最顽固的石块；汽化了，迅如奔马，能冲开滚动，创造最强的能源。全神贯注的心灵不就是"一滴水"？

"提领而顿，百毛皆顺"——"全神贯注"，是做好一切事情的不二法门。

复活对话

——还原文本之魂

复活就是还魂，还原文本之魂。传统阅读理论认为作者是价值创造者，编者将固定内容编排成定本，读者只有被动阅读的选择。巴特认为作品完成之际，作者就已经死亡，接下来文本的创生，就是读者的权利了。唯有作者死亡，读者才能诞生，所有阅读活动，都是读者心灵与一个写定的"文本"的对话，这就是复活对话。文本价值就在这个过程中被创造出来。

字词"故错"

公开教学《白鹭》时，我抓住"钓"字引领学生与"在清水田里时有一只两只站着钓鱼，整个的田便成了一幅嵌在琉璃框里的画面"对话：

师：听老师朗读——

"在清水田里时有一只两只站着捉鱼，整个的田便成了一幅嵌在玻璃框里的画面。田的大小好像是有心人为白鹭设计出的镜匣。"

生：老师朗读得很好，遗憾的是读错了一个字。

师：哦？

生：课文中写的是"钓"鱼，不是"捉"鱼！

师：请在黑板上写下你的名字！

生：兴高采烈地书写。

师：我很欣赏你，听得认真，还能勇敢地指正我朗读的错误。现在，我立即改正——

"在清水田里时有一只两只站着钓鱼，整个的田便成了一幅嵌在玻璃框里的画面。田的大小好像是有心人为白鹭设计出的镜匣。"

师：这里用"捉"鱼和"钓"鱼不一样吗？

生：用"捉"不如用"钓"，"钓"是等待鱼过来，而"捉"是主动去抓鱼。

生："钓"是等待鱼上钩，是被动的，而"捉"是主动出击，是主动的。

生："钓"鱼，是悠闲的；"捉"鱼，是手忙脚乱的。

生：白鹭是一种高雅的鸟，长得很漂亮，"钓"体现它的优雅、从容，"捉"反倒显得忙乱、粗鲁。

师：还有不同的看法吗？

生："白鹭钓鱼"，是拟人的写法，休闲、娱乐。

生："白鹭钓鱼"，很悠然，很恬静，很田园。（鼓掌）

……

师：一"钓"出百味，"钓味"就是白鹭的韵味：那瓦蓝瓦蓝的天，那碧绿碧绿的水，那雪白雪白的鹭，那自然和谐的色彩，那一尘不染的明澈，那悠然自得的垂钓……俨然一幅浑然天成的图画，嵌在我们的心里，融入我们的血里。

即兴表演

下面是于永正老师教学《小稻秧脱险记》的表演对话——

师：这几位同学都懂了，没有懂的同学请看我们表演。我当小稻秧，你们几个当杂草，杂草把小稻秧团团围住，你们应该怎么站？

（学生从四面把老师围住，笑声一片。）

师："你们要干什么？"

生："快把营养交出来！"（声音低）

师：你们没有读懂。要凶，声音要大，掐起腰来。

生：（掐腰，大声，凶恶地）"快把营养交出来！"

师："我刚搬到大田来，正需要营养，怎么可以交给你们呢？"

（学生不知所措。）

师：（问全体同学）他们应干什么？

生：他们应上前抢营养。

师：对，要抢。营养在地里，快！

（"杂草们"一拥而上，抢起了营养。稻秧没精打采地垂下了头，下面的学生哈哈大笑。）

师：杂草厉害不厉害？凶不凶？

生：厉害，凶。

师：这就是"气势汹汹"。

师：杂草野蛮不野蛮？

生：野蛮。

师：讲理不讲理？

生：不讲理。

师：这就叫"蛮不讲理"。

师：杂草让小稻秧发言吗？

生：不让。

还原情感

《凄美的放手》中，莫莉丝亚为救坠崖的丈夫放手，董方宝的妻子在洪流中为救丈夫放手。放手，是痛苦的，但是只有痛苦的痛苦是最大的痛苦。怎样让孩子还原情感，复活对话？下面是我公开教学的一个片段——

师：两个女人，在各自该放手的地方放手了，给我们留下了荡气回肠、哀婉凄美的故事。读了这两个故事，大家肯定想说说心里话，想跟谁说，就跟谁说。

生1：我不禁想对莫莉丝亚说——问世间情为何物，直教人生死相许！

生2：我想对莫莉亚丝说，你原本该和丈夫厮守一生的……可，你放手了，毅然决然地放手了。一放手，不再永生！千古一放，万古相思！

生3：我想对两个女人说，你们不是走向死亡，而是走向爱的天堂。

生4：我想对两个女人说，爱是你们最好的归宿。愿你们在天化作比翼鸟，在地化作连理枝。

生5：我想对董方保的妻子说，你救的不仅仅是你的丈夫，更是他身后的那许多孩子。

生6：我想对自己说，死亡怕什么，为了自己所爱的人和他所爱的事情，虽死犹生！（掌声）

师：铿锵有力、掷地有声！

生7：两个女人都死了，莫莉亚丝的死，是为了跟丈夫去爱的天堂；董妻的死是为了丈夫未竟的事业，为了救更多的孩子。结局一样，动机不一样。

生8：莫莉亚丝的死，是为了跟丈夫共同走完匆遽的后半生；董妻的死是为了丈夫完成梦想，为了千百个孩子完成学业。死，也是一种完成。

师：在这个世界上，人与人最远的距离，不是生与死的距离，而是我站在你的面前，你却不知道我爱你……

师：这就叫言人人殊。各位"杂草"请回去。（笑声）

进入意境

进入意境，复活对话，是曼妙的境界。但入境不容易，譬如，进入"空寒"的意境。

庄子在《逍遥游》中营造了"空寒"的神奇想象，也深深影响了中国后来的诗歌与绘画，打开了一个"乌托邦"的所在："藐姑射之山，有神人居焉，肌肤若冰雪，淖约若处子。不食五谷，吸风饮露。乘云气，御飞龙，而游乎四海之外。其神凝，使物不疵疠而年谷熟。""空寒"之为意境，是中国传统山水画之最高境界，这尤其体现在水墨山水画的《雪景图》与《寒林图》上，空寒的山水画含蓄传达了"澡雪精神"所打开的乌托邦。这个荒寒寂寂、高古空灵的意境，也是中国文化生命心性的隐秘宗教，也是诗人苏轼所言的"四时常见雪肌肤"。这是心身之"净化"的潜在仪式。

进入空寒的意境去与《江雪》对话就不难理解开头两句强调的生命的"绝"和"灭"。一个孤独的渔翁在寒冷、冰封的江上，是"钓雪"，而不是钓鱼，不要说"其境过清"，就连寒冷的感觉都没有，孤独本身就是一种享受。

物理现象是自然科学的对象，它是静态呈现的，是"作为一个对象"呈现的，它可以成为一个外在的观察对象。相比之下，心理现象的性质要丰富得多，活跃得多。心理现象所具有的"意向的"功能，即事物以内在对象的方式呈现在心中，实际上是一个心灵构造对象的过程，是一个使意义显现的过程，是一个心灵解读存在的过程，是一个进入意境、复活对话的创造过程。

气听对话

——气听《白鹭》教学片段

　　流动生成的生生对话，教师是"听之以心"，还是"听之以气"？"听之以气"，就会体验到每一次生生对话仿佛都是一次有意义的胎动，倾听课堂腹腔里孕育着的一个个生命的心音，宛如谛听天籁之音，有着浑融无界的美；就会体验到美感开显、生命释放、心灵感应、心音会通；就会体验到自己一如太空，能容天、地、人，能与万物共鸣。

　　现结合 2008 年 4 月 27 日在太原执教《白鹭》的生生对话教学片段，谈谈自己的思考。

教学片段

　　……

　　师：白鹭精巧如诗——

　　生："那雪白的蓑毛，那全身的流线型结构，那铁色的长喙，那青色的脚，增之一分则嫌长，减之一分则嫌短，素之一忽则嫌白，黛之一忽则嫌黑。"

师：白鹭钓鱼如画——

生："在清水田里时有一只两只站着钓鱼，整个的田便成了一幅嵌在玻璃框里的画面。"

师：白鹭瞭望如歌——

生："晴天的清晨每每看见它孤独地站立在小树的绝顶，看来像是不安稳，而它却很悠然……"

师：白鹭低飞如舞——

生："黄昏的空中偶见白鹭的低飞，更是乡居生活中的一种恩惠。"

师：落霞与"白鹭"齐飞，秋水共长天一色。乡间的小路上，忙完了一天的功课，放学回家的孩子，看到了一群白鹭低低地飞过。他们会想——

生1：抓一只烤了吃，多好啊！（第一个提出要吃白鹭的同学）

（生笑）

师：请你到前台来，在黑板上写下自己的名字。为什么这样想呢？

生：现在有点饿。

师：你很诚实，实话实说。同学们怎么看？

生：不应该把白鹭烤了吃！白鹭是属于大自然的，人类没有权力任意宰杀它们。

生：世界上，有很多动物都灭绝了。我们应该爱护动物，保护动物！

生2：（突然插话）我想，白鹭长得那么漂亮，肉一定很香、很香！打掉一只解解馋！（第二个提出要吃白鹭的同学）

师：请你也到台上来，在黑板上写下自己的名字。请跟这位同学交流看法。

生：咱们都有父母，平时生个病，父母都很担心。如果白鹭被捕杀了，被人吃了，他们的父母会很伤心的！

生2：那白鹭的父母可以多生几个！

（生笑）

生2：有些动物饿了，还吃自己的孩子呢！

生：那是有些，是有时候，是有条件的。咱们现在说的是白鹭，很可爱的白鹭呀！

生：白鹭那么精致，那么美。看到他们捉鱼、瞭望、飞翔，那么自由自在，那么悠然自得，心里特别舒服，都舍不得碰他们一下，何况是吃呢？

生：我问你俩（生1、生2），如果你们是白鹭，要把你们烤了吃，你们愿意吗？

（生笑）

生：我看，既可以烤了吃，也不可以烤了吃。

师：呵，两面派啊！

（生笑）

生：说可以烤了吃，是因为饿了；说不可以烤了吃，是出于保护大自然。

生3：（突然插话）可以满门抄"吃"，把他们统统给吃了！（第三个提出要吃白鹭的同学）

师：请到黑板上写下自己的名字。最后，在座的同学每人跟台上的三位同学说一句话，好吗？

生：我们都想有自由，为什么不给白鹭自由呢？

生：不要太贪吃了。要爱护动物，保护动物，动物是人类的朋友！

生：考虑一下白鹭的感受吧！他们愿意吗？

师：请你们仨自由言论。

生1：适当去吃，不要多吃。

生 2：可以吃老死的白鹭嘛！

生 3：书上不是说白鹭常见嘛，吃一两只也没关系吧？

生：人人都这样想，人人都吃一两只，白鹭还会"常见"吗？

师：真理愈辩愈明。虽然你不同意我，我不同意你，但我们都有表达的权利与机会。课堂永远没有句号，它只有逗号，或者省略号。课后，我们还可以延伸自己的兴趣，继续辩论。在孙老师看来，白鹭也是一种生命，它有存在的价值与意义，它是我们的朋友。如果我们不爱自己的朋友，无限膨胀自己的欲望，大开杀戒……一个个物种灭绝了，那么人类的末日，也就为期不远了……

教学思考

一日，有四个新学比丘，在一起讨论"世间以何最快乐"。

甲说："春情美景，百花争艳，身游其间，最为快乐。"

乙说："宗亲宴会，大吃豪饮，最为快乐。"

丙说："富甲天下，权倾朝野，最为快乐。"

丁说："妻妾满堂，家丁兴旺，最为快乐。"

四人各执己见，争论不休。恰巧，一位住持走过，训诫道："春景刚至，秋来摧残，有何快乐？盛会不常，盛筵易散，有何快乐？钱财得来辛苦，散去心疼，有何快乐？妻妾满堂，难免生离死别，有何快乐？真正快乐，唯在解脱烦恼，证入涅槃。"

"世间以何最快乐"原本是一个开放性的问题，答案因人而异。住持为什么要全盘否定比丘的答案，而最终定于一尊？因为他心里有一个可以裁判一切的标准答案。这就是"听之于心"。

"听之于心"，设若用在生生对话中，教师就会像故事中的住持一样，任凭学生怎么说，最后总要一锤定音。"听之于心"，心中预设了标准答案，故听不进第二种声音，容不得丁点儿"杂音"。譬如，上文教例中的三个学生在大庭广众之下，冒天下之大不韪，放言要吃白鹭。如果一开始就"听之于心"，往往会把"另类"送上法庭，接受"焚琴煮鹤"令人扫兴、吃保护动物法理难容等诸如此类的道德拷问，以期过滤并消除"杂音"。倘若如此，原生态的生生对话就会消匿，甚至夭折。

在我看来，引领生生对话，与其"听之于心"，莫如"听之于气"。"听之于气"，就是"听之以无心"——听而不闻，心无所动；就是"听之以虚心"——虚怀若谷，虚纳万物。

"听之以无心"，无心插柳柳成荫，"阴阴夏木啭黄鹂"，对话鸟语花香，绿意生机盎然。

"听之以虚心"，"虚而待物"，故纳万物。执着的"标准答案"被消弭，学生得以观照，每个人都能敞开心扉，自由表达，对话没有阻隔，没有滞碍，没有疏离，没有冷漠，没有绝缘，有的只是你融入我、我融入你、你我同行的浑然一体、通体一气。

气，在对话的生命大场里游通——每个学生在对话互动中，一边听同伴的发言，一边反思自己的理解。听取他人的发言，是与他人协商，是一种接受外源信息的"外对话"；反思自己的理解，是与自己协商，是一种回归自身的"内对话"。对话互动提供了一个开放性、丰富性的学习环境。多种观点的聚集和碰撞、消解和转化、深化和提升，提升了教学过程的自组织性能。

"听之以气"，就会体验到每一次生生对话仿佛都是一次有意义的胎动，倾听课堂腹腔里孕育着的一个个生命的心音，宛如谛听天籁之音，有着浑融无界的美；就会体验到美感开显、生命释放、心灵感应、心音会通；就会体验到自己一如太空，能容天、地、人，能与万物共鸣。

情爱对话

——何须"旁人"再说媒

学生与文本对话，就是与文本谈恋爱、说情话的过程。学生与文本附耳低语、两情相悦的时候，教师这位媒人，要及时"撤"！

遗憾的是，不少课堂往往视学生为"牛郎"，文本为"织女"，教师喜欢当"王母"，滔滔不绝地讲解分析，成为阻隔学生与文本对话的一道"天河"。于是乎，学生与文本的对话，"盈盈一水间，脉脉不得语""日日思君不见君"，望眼欲穿"鹊桥"会。

"对话"似鹊桥，一桥飞架，"天河"变通途。"牛郎""织女"喜相会，何须"旁人"再说媒，彼此自会谈"情爱"。

听，笔者执教《做一片美的叶子》，学生与文本的"甜言"——

"春天的时候，叶子嫩绿；夏天的时候，叶子肥美；秋叶变黄；冬日飘零——回归大树的根。"由此，我想到了人生也有"四季"：我就像春天的叶子，嫩嫩的；爸爸就像夏天的叶子，肥肥的；爷爷就像秋天的叶子，黄黄的；爷爷的爸爸就像冬天的叶子一样飘落了……

再听，笔者执教《只拣儿童多处行》，学生与文本的"蜜语"——

冰心奶奶说我们是天使，是太阳，是花朵，是春天。我们感谢她的比喻，感谢她的提醒。是天使，我们要释放可爱；是太阳，我们要释放光明；是花朵，我们要释放美丽；是春天，我们要释放明媚！

复听，笔者执教《桂花雨》，学生与文本的"恋曲"——

"桂花盛开的时候，不说香飘十里，至少前后十几家邻居，没有不浸在桂花香里的。"与"桂花摇落以后，挑去小枝小叶，晒上几天太阳，收在铁盒子里，可以加在茶叶里泡茶，过年时还可以做糕饼。全年，整个村子都浸在桂花的香气里。"两处都用"浸"字，"浸"的意思是"浸泡"。

"不仅仅有'浸泡'的意思！"另一个学生补充，"还有'浸透'的意思！因为桂花盛开的时候，调皮的香气跑到每家每户的院子里，屋子里，甚至钻进主人的被窝里……花香无孔不入，里里外外都被浸透了。这是闻到的香味，是一种浸透鼻孔的香味。当桂花被当茶饮、当饼吃的时候，香味就浸透到胃里、肚里。这是吃出的香味，是一种浸透血液的香味。如果说透鼻香是暂时的，那么融入血液的香则是永久的；透鼻香飘飞一个季节，融入血液的香则弥漫人生的整个季节；所以，无论走到天涯海角，永远月是故乡圆，水是故乡甜，花是故乡香！"

学生与文本的"情爱"，甜美、羞涩，一如朱自清笔下"打着朵儿的荷花"；又如张丽钧的妙喻："你见过那种最叫人惊心动魄的羞涩吗？那不是一个少女被人窥破心迹的羞涩，也不是一对深深相爱的人儿初吻的羞涩，那是一个刚刚做了母亲的女人把乳房奉献给一个新生命的伟大的羞涩！"

作家对话

——有一棵树走进了课堂

我执教的公开课《做一片美的叶子》是著名儿童作家金波的名作，公开教学后，我与这位作家进行了对话。

【笔者】金波老师，我与学生都喜欢读您的大作《做一片美的叶子》，因为它文质兼美，朗朗上口。我公开教学此课的实录您看到了吧？

【金波】是的。常常听到人们赞扬，教学是一门艺术。我想说，教学是艺术，不仅仅是因为教学讲究方法，还在于被感动。你的课之所以让我动情，最重要的原因是我"平躺"在纸面上的那棵树和它的树叶，被你引领到了教室里，让四年级的学生们和它们共度了一段快乐时光，一段动情时光。我似乎感到有一棵树走进了课堂。

我得承认，这篇最初发表在一家杂志上的"刊首语"，渐渐地被我淡忘了。后来得知它被两三版教材选作课文，我还常常猜度教师该如何讲授它。

【笔者】我的课是您理想中的课吗？

【金波】你的课，首先给我一种新鲜感，语文课不但可以这样讲，而且可以讲得这样轻松、活泼、深入。

闲话娓娓，情与境会。我很欣赏这堂课引入正题的方法，老师是从业余爱好说起的，有的同学喜欢打乒乓球，有的喜欢钓鱼，有的喜欢画画。孙老师正是从这一发现入手，引出所学的课文。当同学们画出他们各自感兴趣的东西时，他们就不仅仅是在画一片树叶，而是在画兴趣，画爱好，画想象，画勇敢，画自信，画个性……

当发现同学画了树叶时，老师做出肯定："叶子画得很美，让我们做一片美的叶子，好不好？"然后师生共书课题——《做一片美的叶子》。这里没有刻意设计，在娓娓闲谈中水到渠成。

这是一个成功的开端，它不仅把学生导入了课文，更导入了情境。同时也给这堂课设定了一种鲜明的气氛：师生以对话的方式，开始了这一课的讲授。培根曾说过："谈话使人敏捷。"是的，对小学生来说，面授交谈优于独自阅读。

活跃思维，学会探究。开始讲解课文时你说："读书时，要字字入眼，句句入心，边读边想。"当学生提出"飘零"一词时，你并没有急于把答案讲出来，而是先调动起学生学习的乐趣，让他们比较"飘落"与"飘零"的区别。当一个学生说："我觉得飘零是说树叶慢悠悠地从空中飘下来，像蝴蝶飞一样；而飘落是直直地垂下来。"我也为这个学生的艺术感到惊喜。老师就是在学生活跃的思维中，从他们集体的探究中，提炼出了被大家认可的讲解，而且铭记不忘。

通过对一个词语的探究理解，我认为学生的自信心加强了。试想当学生对探究充满了兴趣，当他们的心智受到老师的赞许时，他们会多么备受鼓舞，意气欣欣！这是老师善于启发、善于总结的结果。如果说学习的兴趣是一种热情，那么学生的自信心就是一种自我的肯定。你将学生的状态从感兴趣提升到自信，这是你熏陶与教化的成果。

因势利导，明敏多思。师生共同读了六遍以后，已经进入读通精熟的地步。我认为对于诗歌或散文诗这种体裁，阅读是一个很重要的教学手段。阅读，是从感受到领悟的过渡。你显然把这一部分作为了教学的重点。这是深入理解的阶段。此时，课堂的气氛仍很活跃。你巧妙地抓住一个"美"字，把学生分为男生、女生两个组让他们各自阐述，把大树的美和树叶的美明确地指出来。这里已显示出老师启思的技巧，也显示出学生探究的乐趣。

你说读课文要"细细地品，一字一句地品，只有这样才能品出语言背后的味道，这叫往深层次念一点"，这是教授阅读方法，更是启思。

在同学开始阅读时，你又指着字里行间空白的地方说："我觉得这是黄金地段，值得你去开发利用。"这不仅是思考，更是让学生把握住思考的成果。

学生的思考越深入，想象就越丰富，于是，有学生说："我就像春天的叶子一样，嫩嫩的；爸爸就像夏天的叶子一样肥肥的；爷爷就像秋天的叶子一样，黄黄的；爷爷的爸爸就像冬天的叶子一样飘落了，回归大树的根。"读到这里，我鼻酸眼热，学生不但读懂了课文，还读出了感情啊！

课堂上充盈着浓浓的情，这情源于课文，但美源于老师对学生的引领，把他们引领到一种情境，引入到一种境界。感情升华了，老师说："思念不老，一片美的叶子上有我们共同的思念。愿我们的思念常绿！"还说："如果每一片叶子都很美，大树就很美，如果每一棵大树都很美，我们中华民族之林就很美，就会坚强地屹立于世界民族之林。让我们做一片美的叶子吧！"

孙老师，看得出你是一位很有诗的气质和诗的激情的人，你善于借物兴感，驰骋想象；善于在讲授中，把握繁简丰约，添彩增华；善于极大地调动学生学习的积极性、主动性。在师生的互动中，我感觉你和学生，常常互为师生。学生在其乐融融中，呈现着自我教育的状态；老师在轻快自如中，帮助学生进德益智；而我，作为这篇课文的作者，像一棵树走进了课堂，获得了比创作更多的营养和快慰。

【笔者】谢谢您！您的认可与褒扬可以悬为我教学艺术追求的高标的！散文和音乐一样，能给人一种情绪上的感染。不感染，不成功；小感染，小成功；大感染，大成功；永恒的感染，永恒的成功。《做一片美的叶子》给予我的是一种永恒的感染。其实，每个教师都是一棵树，一棵走进课堂的树。在我看来，不啻春风拂树，每一棵树也会舞动春风，带来全部的春天。

沙龙对话

——虽是萤光，胜似月光

一个周末，一场沙龙，几杯香茗，几位教师，几本教材，几段对话。

有个天天向前走的孩子

《雨点儿》课后"我会读"中，有三个句子："雨点儿从云彩里飘落下来。""小松鼠从树上跳下来。""亮亮从屋里跑出去。"

教学时，我先让孩子们给"雨点儿""松鼠""亮亮"换个"位子"，然后再读。

"亮亮从云彩里飘落下来。"孩子们读了哈哈大笑。

"好玩吧?"我笑道，"亮亮要么是坐直升机或者降落伞下来的，要么这就是个梦话或者神话。"

"雨点儿从树上跳下来。"一个孩子道，"这是个童话!"

"雨点儿从屋里跑出去。这就是个动漫啊!"孩子像发现了新大陆似的从座位上跳起来。

……

"你为什么要给'雨点儿''松鼠''亮亮'换个'位子'呢?"同事对她这个创新的教学环节很感兴趣。

"我很喜欢惠特曼的《有个天天向前走的孩子》,'他只要观看某一个东西,他就变成了那个东西,在当天或当天某个时候那个对象就成为他的一部分,或者继续许多年或几个世纪连绵不已……'"她一边煽情,一边煽智,"每个教室,不都坐着无数个天天向前走的孩子?"

圆

与《少年闰土》对话时,透过文中"圆月、圆脸、西瓜、竹匾……"等语言描述,我发现文本背后隐藏着一个美丽的图形——圆。

"圆是什么?"我暗自思忖。

用数学语言解读:圆是最简单的闭合曲线,该曲线上无数的点与已知点的距离相等。

用文学语言解读:圆点,不就是故乡吗?曲线上无数的点,不就是游子吗?游子思乡的感情半径,普世恒等。这不就构成了圆圆的乡情吗?

用哲学语言解读:母亲的卵子是圆的,生命的源头是圆的。人具有圆的情结,始终追求圆满。

为什么怀念母亲

与《怀念母亲》对话时,要晓得人为什么怀念母亲,就必须先弄明白什么是"自己"?

己,是个象形字,弯弯曲曲像一段肠子,实质上是指脐带。在母腹中，胎儿靠脐带呼吸，己，乃先天呼吸之道。脐连着母亲的胎儿称赤子，赤子与母亲连为一体。

胎儿一朝娩出母体，便靠鼻子呼吸。古汉语中的"自"，即鼻子，鼻子乃后天呼吸之道。胎儿娩出母体，虽成游子，但游子与母亲连心。

自己，就是先天呼吸与后天呼吸之道的联系。吸进来，是一次重生；呼出去，是一次涅槃。人，无论长多大，无论走多远，无论位多高，无论钱多少，只要还有呼吸，岂能忘记生身母亲啊？

……

"月光亮丽，萤光星微。虽是萤光，胜似月光。因为那悠然传来的星点绿光，是萤火虫自己发射出来的，月光仅仅是太阳光的反射。"你们创造性地与文本对话，聆听后我有了新的感悟，"教师与文本对话的'思想之光'，如果仅仅是假借教参反射的，哪怕一如月光'辉映天下'，也不比萤火虫自身的灵光一闪，来得有元气，来得有生命，来得有诗情，来得有画意。"

懂得对话

——妈妈，我懂您

心与心的距离很远又很近，可以是万水千山的间隔，亦可以是天涯咫尺的相通，有的时候只是隔着一个懂得的距离。懂得是开在心灵上柔媚的花朵，一篇作文，因为有人读懂而有意义；一首歌，因为有人聆听便会共鸣；一个人，如若有人懂得，便拥有幸福。

"本次教研活动，批注学生作文。"开门见山做了交代，教研组长便将一篇题为《"四"陪》的六年级学生习作发到了每位教师手中。

"四"陪

蒙太奇一：陪吃

在麦当劳餐厅的一隅，我正在贪婪地吃着汉堡包，啃着鸡大腿。我聚精会神旁若无人。爸爸和妈妈在一旁默默地坐着，四只眼睛目不转睛地看着我，面带疲惫的幸福，沉浸在我快快长大的梦想之中。尽管他们的口水早已在嘴中翻江倒海，但他们的角色却经常只是个陪客。在这儿我把这种现象称为："陪吃。"

蒙太奇二：陪行

在每天的早晨、中午和傍晚，在每一所学校门前，每天都上演着像当年八路军进出城时的热烈相送和相迎的盛大场面。无论是寒风肆虐的冬天还是酷暑难当的夏天，这一出出戏长演不衰。爸爸、妈妈和其他家长一样都在做着同一件事情，那就是护送和相迎我们这些小祖宗们光荣而去胜利归来。就这件事本身来说，我姑且把它叫作"陪行"吧。

蒙太奇三：陪读

夜晚，窗门紧闭。台灯下，我伏在写字台前"奋笔疾书"。爸爸妈妈不论一天工作下来多累，都在一旁坐着，有时他们举头望明月（监视），有时低头思故乡（瞌睡）。他们兢兢业业地扮演着"陪读"的角色。

蒙太奇四：陪练

周末，是人们放松身心的法定时段，是人类留给自己生命的难得的自然喘息。西方人把周末视为神圣而不可侵犯的个人时间。

然而每个周末，爸爸或妈妈都陪同我奔赴"提琴班"的战场。教室里，我继续着精神和身体的双重劳作，本应放松的精神在被逼无奈的劳作中消失；而爸爸或妈妈却在学校门口吮吸污浊空气的同时，幻想着从我的琴声中飘出维瓦尔第式的悠扬与激情。这叫作："陪练"。

十五分钟后，参加教研活动的九位老师，读罢《"四"陪》，写下了各自的批注：

（1）语句通顺，层次分明，结构严谨，中心突出。

（2）删去"蒙太奇"，留下陪吃、陪行、陪读、陪练就行了，因为这样好懂。

（3）可怜天下父母心。本文写出了爸爸妈妈培养孩子的辛苦。

（4）"四"陪具有普遍性，它充分体现了家长对孩子无私的爱。小作者善于观察生活。

（5）孩子就是父母心中的小太阳。爸爸妈妈向"太阳"，每天围着"太阳"转。

（6）你这样写，是理解父母呢，还是责怪父母呢？

（7）也许，在父母的眼里，溺爱是最无私的爱；但在懂事的孩子眼里，溺爱不是最好的爱！

（8）文章内容真实，"四"陪，是当代父母教育孩子的写照；语言诙谐幽默，如"尽管他们的口水早已在嘴中翻江倒海"，又如"有时他们举头望明月（监视），有时低头思故乡（瞌睡）"；构思新颖，如"陪吃、陪行、陪读、陪练"的小标题很独特、巧妙。

（9）我亲爱的孩子，读了你这篇我不能够写出的文章，我想对正在长大的你说——我能给予你生命，但不能替你生活；我能教你许多东西，但不能强迫你学习；我能告诉你怎样分辨是非，但不能替你做出选择；我能告诉你必须为人生确定崇高的目标，但不能替你实现这些目标；我能告诉你如何生活得更有意义，但不能给你永恒的生命；我能肯定我将尽自己最大的努力给予你最美好的东西，但不能给予你前程和事业；我能为你奉献浓浓的爱心，但不能强迫你照单全收。……孩子，我能为你做很多很多，因为我爱你！但我今天只能陪你走一程，明天，一切将由你自己做出正确的决定！——你亲爱的妈妈

随后，教研组长又让《"四"陪》的作者仔细阅读老师的"批注"，并在自己最感兴趣的"批注"下面写批注。

　　只见，小作者在第九个批注下写道："妈妈，我懂您！"

　　懂得是灵犀，是付出，是彼此心灵的相通，是心与心的相依取暖，是灵魂与灵魂的对望生香，是一颗心对另一颗心的欣赏，是一段情对另一段情的欢愉。它源于爱，始于情，散发出淡淡的芬芳。一声我懂你，胜过千言万语，润了心，润了情，润了眼，让我们久久恋着那份暖，有的时候，懂比爱更重要。

说理对话

——美不可占有

说理是一只摊开的手掌，而不是一个攥紧的拳头。说理是欢迎别人加入对话，既不是企图限制他们有自己的看法，更不是威胁他们不准有自己的看法。哈贝马斯说："在每次对话中，一个个私密性的个体会合并成一个公共团体，一部分公共领域便由此产生。"教学民主意味着要培养学生说理的意愿和能力。

下面是笔者引领学生说理对话的一个教学片段。

师："爱美大概也算是人的天性吧。"你的理解是——

生：爱美之心，人皆有之。

师：美的事物很多，譬如花。德国人是怎么爱花之美的？

生：每家每户，都把花养在窗外。

师：为什么？

生：这样既把自家的花给别人看，同时又能看到别人家更多的花。

师：可是，有人却把花养在屋子里，这种人通常的心态是想把花——

生：占为己有。

师：美，能占为己有吗？

生：表面上能，其实不能。例如，把美丽的花养在屋子里，表面上好像把花的美丽圈住了，实际上，花的美始终在我们之外。

师：美，不可占有。但美可以——

生：欣赏。

师：课文中对花之美的欣赏，表现在——

生："走过任何一条街，抬头向上看，家家户户的窗子前都是花团锦簇、姹紫嫣红。许多窗子连接在一起，汇成了一个花的海洋，让我们看的人如入山阴道上，应接不暇。每一家都是这样，在屋子里的时候，自己的花是让别人看的；走在街上的时候，自己又看别人的花。"

师："在屋子里的时候，自己的花是让别人看的；走在街上的时候，自己又看别人的花。"在赏花中，季羡林先生想到了人与人的关系——

生：人人为我，我为人人。

师：周国平先生说："我们把女人关在屋子里，便以为占有了她的美……无论我们和一个女人多么亲近，她的美始终在我们之外。不是在占有中，而是在男人的欣赏和倾倒中，女人的美便有了意义。我想起了海涅，他终生没有娶到一个美女，但他把许多女人的美变成了他的诗，因而也变成了他和人类的财富。"

生：花如女人。花之美，亦不可占有。一切美的事物，都不可占有，只能共赏。

师：王阳明说："你未看此花时，此花与汝心同归于寂；你来看此花时，则此花颜色一时明白起来。"

......

　　说理对话并不是普通的说话表意，更不是辩术，而是一种有教养的文明交流和对话形式。彼此陌生的人因说理而结成一个平等的、相互尊重的话语共同体，共同遵守说理规则。我们的课堂是一个特别适宜学习说理对话的场合，因为它有一个交谈和对话的环境。

批注对话

——学生与文本对话的最佳路径

批注对话，把教学的中心放在"学"上，放在学生对教科书的自主阅读和思考上，这的确抓住了教学的根本，对减轻负担、提高质量具有重要作用。

迪斯尼乐园路径设计开示

世界建筑大师格罗培斯设计的迪斯尼乐园，经过3年的精心施工，马上就要对外开放了，然而各景点之间的道路该怎样设计还没有具体的方案。施工部打电报给正在法国参加庆典的格罗培斯大师，请他赶快定稿。

格罗培斯从事建筑研究40多年，攻克过无数个建筑方面的难题，然而建筑学中最微不足道的一点——路径设计却让他大伤脑筋。对迪斯尼乐园各景点之间的道路安排，他已修改了50多次，没有一次是让他满意的。接到催促电报，他心里更加焦躁……

汽车在法国南部的乡间公路上奔驰……一路上他看到许多园主把摘下来的葡萄提到路边，向过往的车辆和行人吆喝，但却很少有停下来的。

当他们的车子拐入一个小山谷时，发现那儿停着许多车辆。原来这儿是一个无人看管的葡萄园，你只要在路旁的箱子里投入 5 法郎就可以摘一篮葡萄上路。据说这是一位老太太的葡萄园，她因年迈无力料理而想出这个办法。起初她还担心这种办法是否能卖出葡萄，谁知在这绵延上百里的葡萄产区，总是她的葡萄最先卖完。她这种给人自由，任其选择的做法使大师深受启发，他下车摘了一篮葡萄，就让司机调转车头，立即返回了巴黎。

回到住地，他马上给施工部拍了封电报：撒下草种，提前开放。

施工部按要求在乐园撒下草种。没多久，小草长出来了，整个乐园的空地被绿草覆盖。在迪斯尼乐园提前开放的半年里，草地被踩出许多小道，这些踩出的小道有宽有窄，优雅自然。第二年，格罗培斯让人按这些踩出的痕迹铺设了人行道。

1971 年，迪斯尼乐园的路径设计被评为世界最佳设计。

这个故事开示我们：教材文本好比迪斯尼乐园，"批注"，不就是在文本的草地上自由行走？那一行行批注，不就是孩子们与文本对话留下的思维足迹？那足迹不就是孩子们自主学习的最佳路径？

批注什么

批注的原则是：批注文本，但不囿于仅仅批注文本。

批注的意义是：教材文本对学生的学习和教学质量的提高具有基础性和工具性的作用，传统教学忽视了学生自身对教科书的研读对话，从而既导致教科书重要功能的丧失，又导致学生阅读能力、自学能力的丧失。批注对话，把教学的中心放在"学"上，放在学生对教科书的自主阅读和思考上，这的确抓住了教学的根本，对减轻负担、提高质量具有重要作用。

但是，在新课程背景下，我们的教学不能局限于教材，而应以课程资源为教学对象。课程资源是本次课程改革提出的一个新概念，从教材到课程资源体现了教学范式的根本转变。教材无疑是重要的最基本的课程资源，但课程资源绝不仅是教材，也绝不仅限于学校内部。对于教师来说，教学过程也不再是一个照本宣科的过程，而变成了不光是使用教材，同时也是开发和利用课程资源的过程。

怎么批注

老师要做批注的"红媒"——牵线搭桥，做学生与文本对话的"媒人"。学生要学会与文本谈恋爱——初恋、热恋、婚恋，不同的恋爱阶段，批注对话有着不同的甜言蜜语。

一般而言，从理解层级批注，批注"是什么"；从探究角度批注，批注"为什么"；从实践角度批注，批注"做什么"。

《跨越百年的美丽》批注约举

一、文本批注

（一）从理解的层面出发，批注"是什么"

是什么，是知识层面的东西。譬如，扣住题目，批注"是什么"。

人生不满百，百年之后，那"跨越百年的美丽"是什么？

1. 教师引领：居里夫人的美名，从她发现镭那一刻起就流传于世，迄今已经百年。（居里夫人＝镭；美丽的镭恒在，居里夫人的美名恒在。）

2. 教师放手：她从一个漂亮的小姑娘，一个端庄坚毅的女学者，变成科学教科书里的新名词"放射线"，变成物理学的一个新的计量单位"居里"，变成一条条科学定律，变成科学史上一块永远的里程碑。（"放射线""居里"是同一个名字，这个名字叫美丽！）

（二）从探究角度出发，批注"为什么"

为什么，是因不明白或不理解某件事而发出的疑问。

容颜易逝，青春难留，居里夫人依然有"跨越百年的美丽"，为什么？

1. 教师引领批注

她"寻藤""问根"的精神永远美丽：居里夫人却对此提出了新的思考：其他物质有没有放射性？就像是在海滩上捡到一个贝壳，别人也许仅仅是把玩一下而已，可居里夫人却要研究一下这贝壳是怎样生、怎样长、怎样冲到海滩上来的。别人摸瓜她寻藤，别人摘叶她问根。（凡事喜欢"寻根问底"的探究欲望与探索精神，难道不美丽吗？）

2. 半扶半放批注

"（   ）""（   ）"的精神永远美丽——

"首创""原创"的精神永远美丽："是她提出了放射性这个词。""她发现了钋，接着发现了镭。"

3. 独立自主批注

（1）"坚持""实验"的精神永远美丽——

为了提炼纯净的镭，居里夫妇搞到一吨可能含镭的工业废渣。他们在院子里支起了一口大锅，一锅一锅地进行冶炼，然后再送到化验室溶解、沉淀、分析。化验室只是一个废弃的破棚子，玛丽终日在烟熏火燎中搅拌着锅里的矿渣。她衣裙上，双手上，留下了酸碱的点点烧痕。一天，疲劳之极的玛丽揉着酸痛的后腰，隔着满桌的试管、量杯问皮埃尔："你说这镭会是什么样子?"皮埃尔说："我只是希望它有美丽的颜色。"经过三年又九个月，他们终于在成吨的矿渣中提炼出了 0.1 克镭。它真的有极美丽的颜色，在幽暗的破木棚里发出略带蓝色的荧光。(如果没有一次次的实验，没有三年又九个月的坚持，岂能有镭的诞生?)

(2)"可贵性格"永远美丽——

玛丽的性格里天生有一种可贵的东西，她坚定、刚毅、顽强，有远大、执着的追求。(相反，性格的缺陷，就是人生的缺憾!)

(3)"舍身忘我"的精神永远美丽——

镭射线也在无声地侵蚀着她的肌体。她美丽健康的容貌在悄悄地隐退，逐渐变得眼花耳鸣，浑身乏力。皮埃尔不幸早逝，社会对女性的歧视，更加重了她生活和思想上的负担。但她什么也不管，只是默默地工作。(美丽往往与风险、困难、阻力、障碍、挫折等结伴而行。)

(4)"视名利如粪土"的精神永远美丽——

她一生共得了 10 项奖金、16 种奖章、107 个名誉头衔，特别是获得了两次诺贝尔奖。她本来可以躺在任何一项大奖或任何一个荣誉上尽情地享受，但是，她视名利如粪土，她将奖金捐赠给科研事业和战争中的法国，而将那些奖章送给 6 岁的小女儿当玩具。(如果美丽不属于视名利为粪土的天使，还会属于谁呢?)

解读居里夫人"跨越百年的美丽"，一定还有 N 个"是什么"与"为什么?"仅就文本批注，当然不够，还要跳出文本批注。实践表明:"教科书＋教辅书"的批注阅读使人产生一种错觉，似乎学生只要认真看看和查找就可径直地获得知识;把学生在独立思考中所必然要碰到和解决的各种疑问、障碍和困难隐蔽起来，这样的教学就失去了针对性，找不到着力点。学生在课堂的展示也因此带有"泡沫"和"虚假"成分。

有效的批注对话，一定要建立在学生真实的认知起点上，同样的道理，只有基于学生自我独立思考和个性化见解的展示和互动，才能让课堂真正充满活力并具有智慧的高度。

二、超文本批注

（一）居里夫人"跨越百年的美丽"，是什么？

1. 她是个"因材施教"的教育家——

她发觉：大女儿伊雷娜性情镇定、质朴、专注和天然，入迷于物理和化学；小女儿艾芙思维跳跃、情绪多变……居里夫人在笔记本上写道："伊雷娜在数学上聪颖，艾芙在音乐上早熟。"

正是通过这种发掘孩子天赋的家教，居里夫人最后使大女儿伊雷娜·居里因"新放射性元素的合成"荣获诺贝尔化学奖，也使小女儿艾芙·居里变成一位优秀的音乐教育家和人物传记作家。

2. 她是个"顶天立地"的母亲——

1906 年 4 月 19 日，皮埃尔·居里遇车祸英年早逝，此时他们的大女儿伊雷娜刚九岁，小女儿艾芙才两岁。居里夫人忍住悲痛，坚强地承担起丈夫的未竟事业和教育孩子的重担。居里夫人感慨道："我承认，这的确不容易。"然而，居里夫人不但完成了这项不容易的任务，而且完成得非常出色！在丈夫去世五年后（1911 年），居里夫人第二次获得诺贝尔奖。1935 年，大女儿伊雷娜及其丈夫获得诺贝尔化学奖。小女儿艾芙最终成为一名优秀的钢琴家和记者，于 1937 年出版了《居里夫人传》，畅销全世界。

3. 她是个真正懂得育人的母亲——

居里夫人认为学校的各种读写训练太多，科学课程则普遍缺乏实践练习，于是和朋友们一起共同教育孩子，每人负责一门课程，给所有的孩子上课。他们把文理两方面的知识很好地结合起来，同时重视艺术修养的培养。孩子们兴趣很大，教育取得了明显的效果。

居里夫人尤其重视孩子的户外活动，时常鼓励她们进行散步、游泳、体操、爬山、长途步行或骑自行车等户外运动。她常常陪她们散步，为她们讲解自然知识，每个假期，她都带孩子们远足度假，让孩子亲近大自然，接触陌生人，同时培养她们良好的性格。

4. 她是个至死不渝的科学工作者——

临终之际，她没有叫她的大女儿，没有叫艾芙，也没有叫她的近亲。在她那非凡的头脑里，只浮动着关于她的工作的种种大小挂虑……

她的病症是：一种发展很快的发烧的再生障碍性恶性贫血，骨髓不起反应，大半因为长期辐射积蓄而有了改变。

5. 她是一本《放射学》——

1934 年 7 月 6 日星期五下午，居里夫人谦卑地到了死人的住所：没有演说，没有仪仗，没有一个政治家或官员在场。爱她的近亲、朋友和合作者，看着她被葬在梭镇墓地里。她的棺木放在皮埃尔·居里的棺木上面，布罗妮雅和约瑟夫·斯可罗多夫斯基向墓穴洒下一把从波兰带来的泥土。墓碑上加了一行新记载：玛丽·斯可罗多夫斯基·居里，1867—1934 年。

一年之后，玛丽去世前写成的一本书出版，这是她给年轻的"物理学爱好者"的最后启示。灰色的封面上印着著作者的名字："皮埃尔·居里夫人，索尔本教授。"书名只是一个庄严灿烂的名词——《放射学》。

（二）这个女性如此美丽，为什么？

问世间"镭"为何物，直教居里夫人一生相许？

"镭盐"与硫化锌混合后，可制成永久发光材料，制作夜光表。镭，及其衰变产物发射 Y 射线，能破坏人体的恶性组织，因此镭针可以治疗癌症。

"判天地之美，析万物之理，察古人之全。"——最高的美学原则。

天——大宇宙；地——中宇宙；人——小宇宙。发现美，认识美，运用美，是人类生存的需求。一流的科学家，无不在求真、求美。无疑，居里夫人是一流的科学家。所以，她舍身忘我、兀兀穷年、孜孜以求"镭"的真与美。

爱因斯坦在悼念居里夫人时还说："第一流人物对于时代和历史进程的意义，在道德品质方面，也许比单纯的才智成就方面还要大，即使是后者，它们仍取决于品格的程度，也远超过通常所认为的那样。"他说，"她在任何时候都意识到自己是社会的公仆……"

居里夫人的镭的提纯方法，毫无保留地公布了，没有申请专利。她说："美国赠给我的这一克镭，应该永远属于科学；只要我活着，不用说，我将只把它用于科学研究。但是假如就这样规定，那么在我死后，这一克镭就成为私人财产，成为我的女儿们的产业。这是不行的。我希望把它赠予我的实验室。""没有人应该因镭致富，它是属于全人类的。"

但是，还是有商人因镭而致富了，一克镭在 1920 年的价格是 10 万美元，当时是一笔巨款，1924 年一辆福特牌汽车才 265 美元。但是居里夫人对自己的决定始终无怨无悔，她说，人类也"需要醉心于事业的大公无私"。

爱因斯坦还说："居里夫人的品德力量和热忱，哪怕只有一小部分存在于欧洲的知识分子中间，欧洲就会面临一个比较光明的未来……在我认识的所有著名人物里面，居里夫人是唯一不为盛名宠坏的人。"

让我们穿越时空垂听居里夫人那美丽的天籁之声……

编者对话

——怎样与编者和文本对话

教师先期与"编者"和"文本"对话，自建园丁意识，旨在引领学生与文本对话时，能够在学生藏识中种下真善美的种子，供以充沛的阳光、雨露，使之破土、萌发。

"阅读教学是学生、教师、教科书编者、文本之间对话的过程。"这一对话过程的旨归是将学生的心、教师的心、编者的心、文本的心四心合一。欲达四心合一，需先三心合一，即教师的心、编者的心、文本的心合一。换句话说，就是教师引领学生与编者和文本对话前，自己要先期学会与编者和文本对话。

教师怎样与编者和文本对话呢？

一般而言，教师与编者和文本对话，就是根据编者的向导，先走进文本，再跳出文本。所谓"走进文本"，即意味着教师与文本对话，重点抓两条：一是写什么，二是怎么写；所谓"跳出文本"，即意味着教师与编者对话，重点抓住为什么。

下面以《詹天佑》为例，谈谈"写什么""怎么写"和"为什么"的对话实操——

写什么

从题目看,《詹天佑》是属于写人物的文章。

1. 特殊情况下,写人的文章怎样概括?如果文章有中心句,就可以抓中心句概括:"詹天佑是我国杰出的爱国工程师。"

2. 一般情况下,写人的文章怎样概括?可以概括为:"什么人怎么样"或者"什么人是什么"。

【解读】设若,教学时如是引领学生与文本对话,既给学生"兔子",又给学生"猎枪",才真正达到了"教是为了不教"。

怎么写

"詹天佑是我国杰出的爱国工程师",关键词是什么?"杰出""爱国"。

【解读】通过抓关键词,准确定位詹天佑是怎样的一位工程师。

一、"杰出"体现在哪三个方面?(概括成四字词语)

1. 勘测线路;2. 开凿隧道;3. 设计线路。

【解读】有助于训练学生洗练的概括能力。

二、品读上述三个方面的每句话,以精炼的文字批注他的"杰出"有哪些内涵?

譬如,批注文本的"勘测线路"一段:

1. "詹天佑不怕困难,也不怕嘲笑,毅然接受了任务,马上开始勘测线路。"——意志顽强、雷厉风行。

2. "哪里要开山,哪里要架桥,哪里要把陡坡铲平,哪里要把弯度改小,都要经过勘测,进行周密计算。"——实事求是、科学严谨。

3. "我们的工作首先要精密,不能有一点儿马虎。'大概''差不多'这类说法不应该出自工程人员之口。"——严格要求、一丝不苟。

4. "他亲自带着学生和工人，扛着标杆，背着经纬仪，在峭壁上定点、测绘。塞外常常狂风怒号，黄沙满天，一不小心还有坠入深谷的危险。不管条件怎样恶劣，詹天佑始终坚持在野外工作。白天，他攀山越岭，勘测线路；晚上，他就在油灯下绘图、计算。"——身先士卒、吃苦耐劳。

5. "为了寻找一条合适的线路，他常常请教当地的农民。"——虚心讨教、集思广益。

又如，批注文本的"开凿隧道"一段：

1. 居庸关隧道，"从两端同时向中间凿进的办法"——巧干。

2. 八达岭隧道，"采用中部凿井法"——巧干。

3. "工地上没有抽水机，詹天佑就带头挑着水桶去排水。他常常跟工人们同吃同住，不离开工地。"——实干。

再如，批注文本的"设计线路"一段：

"詹天佑顺着山势，设计了一种'人'字形线路。北上的列车到了南口就用两个火车头，一个在前边拉，一个在后边推。过青龙桥，列车向东北前进，过了'人'字形线路的岔道口就倒过来，原先推的火车头拉，原先拉的火车头推，使列车折向西北前进。这样一来，火车上山就容易多了。"——首创精神。

【解读】人无法表述语言范围以外的事物。批注，就是人所理解、所把握的存在。它是与文本对话的最佳有效方式之一。

三、詹天佑的爱国表现在哪里？

爱国的背景是——

1. "清政府如果用本国的工程师来修筑铁路，他们就不再过问。"——要挟。

2. "帝国主义者却认为这是个笑话。"——嘲笑。

3. "有一家外国报纸轻蔑地说：'能在南口以北修筑铁路的中国工程

师还没有出世呢。'"——蔑视。

爱国的誓言是——

"这是中国人自己修筑的第一条铁路，一定要把它修好；否则，不但惹那些外国人要讥笑，还会使中国的工程师失掉信心。"

为什么

1. "开凿隧道""设计线路"，足见詹天佑的确有杰出的专业才能，为什么还要浓墨重彩写他"勘测线路"？（引导学生讨论。）

讨论方向——

首先，要明确詹天佑的"杰出"才能表现在智慧开凿八达岭隧道和巧妙设计人字形线路上。其次，要明确詹天佑的"杰出"才能还表现在他充满人文情怀的软实力上：意志顽强、雷厉风行；科学严谨、一丝不苟；吃苦在前、身先士卒；虚心讨教、集思广益；巧干实干，同甘共苦。

【解读】我们不能否认在同一时期没有第二位和詹天佑一样具有卓越才能的工程师，但我们同时也不能否认詹天佑除了专业才能以外，还有别人难以企及的软实力。这就是他的精神强度，藏于内心，不显露，但在合适的时间、合适的地点，就会闪现出非常动人的光芒。

2. 詹天佑爱国，国爱詹天佑吗？为什么？（提示：查阅詹天佑相关资料。）

1872 年 7 月 8 日年仅 12 岁的詹天佑作为中国第一批官办留美学生留学美国。——国爱詹天佑。

1881 年，以优异成绩毕业于耶鲁大学，并于同年回国。——詹天佑爱国。

3. 有人说，"杰出"的人，未必个个都爱国，但不杰出的人，爱国只能是一句口号。这样说有道理吗，为什么？

【解读】詹天佑精神的花园里，开着一朵又一朵功利社会里难寻的花，如果你进得去，就会看得到。这难道不是编者的大心？

在佛经看来，识，包括藏识和意识。

所有我们做过、经历过或者看过的事情都作为种子埋藏在藏识中。藏识是花园，而意识则是园丁。

教师先期与编者和文本对话，自建园丁意识，旨在引领学生与文本对话时，能够在学生藏识中撒下真善美的种子，供以充沛的阳光、雨露，使之破土、萌发。

审美对话

——读出文本的美

审美，意味着能够读出文本的美。美是一种潜在的东西，它始终存在着。文本的美，往往以深度潜水的姿态隐居于语言文字之中。怎样与文本对话，才能读出其美呢？叶燮云："凡物之美者，盈天地间皆是也，然必待人之神明才慧而见。"所谓"神明才慧"，说得诗意点不就是善于发现美的慧眼？

品味数字，读出文本的意境美

"意境"是文本精神的高级状态、心灵的最高维度，它是判断文本价值的重要指标。怎样读出文本的意境美？理念见仁见智，方法因"文"而异。譬如，与杜甫的"两个黄鹂鸣翠柳，一行白鹭上青天。窗含西岭千秋雪，门泊东吴万里船"对话，可以通过品味数字，寻味诗文的意境美。

古希腊有句名言："哪里有数，哪里就有美。""两、一、千、万"，《绝句》中有数，一定有美。

"诗"有大美而不言。我们只有通过品味诗中的抽象数字，阐释意境生成的内在，才能做一次精神的旅"美"。

"两个（黄鹂）——两个点"，"一行（白鹭）——一条线"，"两点""一线"，"点动成线"，尽现生命的流变生美——两只黄鹂和鸣的节奏，一行白鹭逸升的姿态，方位自下而上，速度由慢到快，物态由实到虚，意境生机流荡、气韵流畅、美象出脱。诗中的"千"和"万"虽然都是虚指，但"千秋"与"万里"，一下子把时间拉得那么久远，把空间放得那么广远，时空邈远，美感顿生。

"两个（黄鹂鸣翠柳），一行（白鹭上青天）。（窗含）西岭千秋雪，（门泊）东吴万里船"，景象由点到线，由线到面，由面到体，不断流变，景物渐行渐远，由实变虚，变得空灵、淡远与遥深。这就是诗的意境。读着读着，自己的灵魂也在"瞬间的永恒"中跟随着主体生命元气运动的轨迹自由地翱翔在"空灵、淡远与遥深"的意境里，五脏得以疏沦，精神得以澡雪。这难道不是一种美的享受？

解会金句，读出文本的哲思美

有时候与文本对话，倏地读到某一句话，它就能够照亮我一天的心情，或者给我一种思路上的改换与开示。在我看来，文本中这样熠熠生辉的句子便是金句。

譬如，《孔子游春》中，就闪耀着这样的金句——"水奔流不息，是哺育一切生灵的乳汁，它好像有德行。水没有一定的形状，或方或长，流必向下，和顺温柔，它好像有情义。水穿山岩，凿石壁，从无惧色，它好像有志向。万物入水，必能荡涤污垢，它好像善施教化……由此看来，水是真君子啊！"

水是真君子。人的肉体 70% 是水。如按这一逻辑推断，人有 70% 的概率可以成为真君子。现实为什么不是这样呢？

因为创造生命之源的水也是有生命的，是可塑的。日本医学家江本胜在冷室中通过高速摄影拍摄水结晶。若给水看"天使"等一类的优美画面，给水听莫扎特等世界优美名曲，水结晶且呈现整齐而美丽的排列；若给水看"恶魔"等一类丑陋的场景，给水听一些噪音，水便无法结晶。由此可见，水能听，水能看，水能感应，水能呈现出生命的结晶。人体70％由水构成，因此水所记忆的信息，自然而然也就形成了人格。想成为一个真君子，须用意识管理我们体内的水，净化我们体内的水，让美丽的水结晶充满体内的每一个细胞才好。

再如《只拣儿童多处行》，文题就是个光亮夺目的金句。

在冰心看来是"游人不知春何在，只拣儿童多处行"；在我读来，便是"成人不知真何在，只拣儿童多处行"。

"成人欲知真何在"，不妨"只拣儿童多处行"，向儿童精神世界回归。唯有童心，才能发现世界的真实并真实地表现这个世界。童心作为天地大美的存在渗透到一切领域，它和年龄无关，只和宇宙间一切真善美的存在有关。当人类整体失去童心的那一天到来的时候，地球将会走在宇宙的崩塌之前，掉入万劫不复的黑洞。

"只拣儿童多处行"，回归了童心，回到了儿童的精神世界，成人就可以寻回爱、天真、单纯和神圣。

"只拣儿童多处行"，回归了童心，回到了儿童的精神世界，成人就会像华兹华斯在《彩虹》中所言："儿童是成人之父，我希望在我的一生里，每天都怀着对儿童天然的虔敬。"

"只拣儿童多处行"，回归了童心，回到了儿童的精神世界，儿童也回归了天使，社会便成了真正意义上儿童的伊甸园。

解构寓意，读出文本的科学美

卢梭认为，寓言会把纯朴的小孩教得复杂了，失去了天真，所以要不得。钱锺书说，寓言要不得，因为它把淳朴的小孩教得愈简单，愈幼稚了。寓言把孩子教得简单也好，复杂也罢，关键在于怎样理解其寓意。"寓意的任务就在于把人和自然界某些普遍的抽象的情况或者性质……加以人格化……一切明确的个性都消失了。所以，人们对寓意的批评很正确……从创造的角度来看，它只是理解力的运用而不是想象力的具体观照和深刻体会。"如果真如黑格尔所言，我们必须解构寓意，才能真正读出其真、善、美。

譬如，对话《杞人忧天》，其庸人自扰、自寻烦恼的寓意从天文学的角度看来，就值得解构。

纵观地球四五十亿年的地质史，"杞人忧天"是有根有据的——

2008 年 6 月的《大西洋月刊》中有篇文章详细介绍了历史上多次重大"宇宙交通事故"：巨大的小行星撞击地球。

6500 万年前，一颗小行星（直径 15 千米，约 1 亿兆吨）撞击地球后，造成恐龙灭绝。

约 13000 年前，一个直径约数千米的天体撞击了加拿大，结果造成了猛犸象、剑齿虎等北美大型动物的灭绝。

1908 年 6 月 30 日清晨 7 时 17 分，一颗直径 60 米的小行星与地球相撞，在俄国西伯利亚通古斯上空 8 千米处爆炸，导致 25 千米内生灵涂炭。

1972 年 8 月 10 日白昼，一颗直径约 10 米、质量几千吨的小行星飞越美国加州和加拿大西部上空后离开了地球，堪称"擦着地球鼻尖掠过"。

2004 年预测：小行星 Apophis 将在 2029 年距离地球 35786 千米（比月球近）。

今天人们观测到，近地小行星（NEOs），即地球轨道附近的小行星，已发现的有 8000 多颗。据了解，较大的小行星撞击地球可以造成规模巨大的破坏，直径每增加 10 倍，其爆炸威力就会增加 1000 倍以上。比如，直径超过 1 千米的小行星撞击地球就会造成全球灾难，而直径超过 140 米的小行星撞击地球就会造成地球区域性灾难。

2011 年 2 月 8 日人民网发布：俄天文学家宣称一颗代号"阿波菲斯"的小行星，即将在 2036 年 4 月 13 日与地球相撞。天文学家发现，这颗身材硕大的小行星直径超过 270 米。他们预计，这位太空"不速之客"未来将数次与地球擦身而过，一旦其在运行途中受到外力影响，就有可能偏离轨道和地球相撞。

这就是 21 世纪的"杞人忧天"。

我们能通过"外力"，即"高能冲击"，如核爆炸、高速撞击等改变其运行方向，从而将这颗小行星与地球发生直接碰撞的概率降为零吗？

2005 年 7 月 4 日，美国的"深度撞击"飞船曾主动与一颗彗星发生正面碰撞，并取得了圆满成功。未来，美国还可能采取类似的技术来"拯救地球"。

除了小行星撞击地球的潜在"忧虑"，"世界的忧虑"还在于：地球经过银河系螺旋手臂时，有可能会遭遇星球爆炸，过多的宇宙射线轰击地球，使地球冰天雪地，大量物种灭绝。

所以，21 世纪的"杞人忧天"还包括过多的宇宙射线轰击地球。——这是担心"天塌下来"的另一层含义。

解构"杞人忧天"寓意，从科学审美的角度建构寓意，无疑会使我们忘却鄙近，自致远大，并造就我们"穷乎天地之际，察乎阴阳之妙，远求乎千载之上，广索乎四海之内"的浩大胸次，释放智慧美的科学伟力，拯救地球，拯救人类，敬天爱人。

类比对话

——是要创造工程上的"奇迹"，还是要丰富民族的灵魂

设若把古今中外的文本资源类比对话，通过对话，倾听不同声音的交响，调适自己的经验世界、调整自我"在场"的姿态，就会重建自我对外部世界的感觉。

德国的接受理论先驱汉斯·罗伯特·姚斯指出："一部文学作品，并不是一个自身独立、向每一时代的每一读者均提供同样观点的客体。它不是一尊纪念碑，形而上地展示其超时代的本质。它更多地像一部管弦乐谱，在演奏中不断获得读者新的反响，使文本从词的物质形态中解放出来，成为一种当代的存在。"设若把古今中外的文本资源类比对话，通过对话，倾听不同声音的交响，调适自己的经验世界、调整自我"在场"的姿态，就会重建自我对外部世界的感觉。

譬如，与《秦兵马俑》的一段文字对话——

"兵马俑规模宏大。已发掘的三个俑坑，总面积近 20000 平方米，差不多有五十个篮球场那么大，坑内有兵马俑近八千个。在三个俑坑中，一号坑最大，东西长 230 米，南北宽 62 米，总面积 14260 平方米；坑里的兵马俑也最多，有六千多个。一号坑上面，现在已经盖起了一座巨大的拱形大厅。走进大厅，站在高处鸟瞰，坑里的兵马俑一行行、一列列，

十分整齐,排成了一个巨大的长方形军阵,真像是秦始皇当年统率的一支南征北战、所向披靡的大军。"

浅表的对话不外乎先找中心句——"兵马俑规模宏大",再找关键词——"规模宏大",然后画出表现"规模宏大"的数字——"总面积近20000平方米""一号坑最大,东西长230米,南北宽62米,总面积14260平方米;坑里的兵马俑也最多,有六千多个。"接着读出"规模宏大",最后来个两百字的迁移仿写"规模宏大……"

这种以纲为纲、以本为本的"宁开一条沟,不凿一眼井"的空泛对话,看起来很草根,很家常,很实惠,但是永远浮在文本的表层。这样与文本对话,增值在哪里?如果想增值、增智,必须逐步沉潜、层层深入,由内而外,由表及里,才能谛视到文本的内核,才能垂听到文本的心音。

建议一:我们可以读读"巴顿墓碑"的文本

巴顿长眠于卢森堡美国公墓园区,墓园中整齐地排列着六千个洁白的大理石碑,二战中牺牲在欧洲战场的六千名美军长眠于此。每一块墓碑上都极简洁地刻着一个军人的名字和他的生卒年月,巴顿的墓碑也是如此,他不因为自己是五星上将就制造什么特殊。生前与大家生死与共,死后与大家相伴相随,他始终生活在普通战士之中。如果说他所指挥的第三集团军是一片足以淹死一切强敌的浩瀚大海,那么,他情愿认定自己就是一朵最普通的浪花。

反差如此强烈的两个文本一经对话,任何有思想的人都会怦然心动,生发自己的感触。这是不言而喻的。

也许有人会说,巴顿只不过是一位将军,而秦始皇是一代帝王。帝王与将相怎能相提并论。

那么——

建议二：我们还可以读读"戴高乐的墓葬"

有不少人以为，法兰西第五共和国的首任总统——戴高乐将军的墓地应该建在巴黎等繁华的大城市。然而，这位功勋卓著的老人安息在远离巴黎的科隆贝小镇。

科隆贝小镇距巴黎有数百公里之遥，那里离最近的火车站还有十多公里远，没有直达的公共汽车。同巴黎著名的拉雪兹等大的公墓相比，科隆贝双教堂的墓地显得平凡朴素。在墓群里，人们往往需要经过一番搜寻，才能在角落处找到戴高乐将军的墓。

戴高乐墓高出地面不到半尺。墓由白灰色的石头砌成，石面上刻着：夏尔·戴高乐，1890－1970。这种砌墓用的石头，是最普通的，常用来镶马路边。来参观的人大多发出这样的感叹："这种简朴平凡的方式把一位伟人的品德表现得淋漓尽致！"

时光倒回 1970 年 11 月 9 日，离八十大寿不到两个星期时，戴高乐将军溘然长逝。早前，戴高乐将军就留下遗言："不必大操大办，只在科隆贝双教堂的墓地里举行一个朴素的私人仪式。"按照戴高乐将军的遗愿，他的葬礼办得简朴而又平静，既没有乐队演奏哀乐，也没有人在教堂的弥撒上致辞。将军的棺木由一辆军车运抵教堂，然后由他的几位老乡（一名肉店伙计、一名奶酪铺掌柜和一名农场工人）抬进墓地，安葬在爱女安娜的墓旁。据说，戴高乐将军的棺木当时仅花了 72 美元。

有了"比色卡"，与文本的对话就会产生一定的深度，就会跳出单纯为应试而设计扎扎实实的考什么教什么的"经院式训练"的窠臼，重新审视墓葬的含义：

——同为修墓，秦始皇是怎么想的，巴顿和戴高乐又是怎么想的？

——如果说兵马俑展览的是等级，那么巴顿和戴高乐墓碑展览的则是无等级。

　　——"秦兵马俑"，规模宏大，私欲膨胀；"巴顿和戴高乐墓碑"，形式简陋，人格伟岸。

　　——可能会有不少人记住秦兵马俑，记住它昨天的故事和今天的"创收"；也可能会有更多的人像我一样记住巴顿，记住戴高乐，记住他们生前的才华经天纬地，业绩惊天动地，记住他们死后那平凡之极的墓碑留给后人的思考与警醒。

　　——巴顿与戴高乐无级别的墓碑折射的人格，是大写的人格，这种人格无国别。如若秦始皇地下有知，他会做何感想？

　　——我们认同兵马俑的文化与艺术价值，但同时也要审视其负价值，因为眼睛向下总是在古墓坑里打转的时候，别人已经眼睛向上，建造了宇宙空间站，正准备登上火星。

　　——死是生的一部分，死的平等，墓葬的平等，才是真正的平等。平等，不仅仅是一句口号，还是一种行动。谁做到了，谁死得伟大！

　　……

　　——兵马俑，是秦陵的一部分。如果说"兵马俑规模宏大"，是一种美学，那也只是一种暴力美学。不论是中国的皇陵，还是埃及的金字塔，无疑都是暴力美学的代表作。这种暴力美学，只关心一个人或几个人的灵魂。这种暴力美学一方面是崇尚"不死"，让某个人把自己的权势和荣华由生前延续到死后，由地上带到地下；另一方面是"正统"，正统的，排斥贬黜旁出的。因此，中国帝陵都有庙号，埃及金字塔都有称号。"不死"关心的是自己生命的延续，灵魂不朽；"正统"关心的是王朝生命的延续，一代，两代，以至万代。

　　"秦始皇留下了长城，隋炀帝留下了运河，文景繁荣了文学，贞观培育了诗歌。暴政能创造工程上的奇迹，仁君则丰富一个民族的灵魂，从未经历暴政的民族很难宏伟，但不能结束暴政的民族不能久远。"吴稼祥先生的话意味隽永啊！

深度，是相对的深度，每次与文本对话都有新的思维，触及更文明的境界，一如潜行深海或极地破冰，触及感情与情感的临界点。只有这样追求深度对话，才会走出遮蔽，才会敞亮视界，才会超越知识，走向智慧。

层级对话

——体味《全神贯注》的"心流"

与文本对话一般要历经"初读、熟读、活读"的层级，从理解文本内容，到评鉴作者用意，进而捕捉文本延伸意义，体味文本蕴含的曼妙心流。

在美国心理学家米哈里齐克森·米哈里看来，心流是一种将个人精力完全投注在某种活动上的感觉，心流产生时会有高度的兴奋及充实感。

作为一种美妙的心理状态，心流在教材文本《全神贯注》所描写的罗丹身上体现得淋漓尽致。怎样与文本层级对话，才能逐步体味出蕴涵其中的曼妙心流？

对话的第一层级：初读文本，理解作者说了什么

文本大意：法国大雕塑家罗丹邀请奥地利作家斯蒂芬·茨威格到他家里做客。饭后，罗丹带着这位挚友参观他的工作室。走到一座刚刚完成的塑像前，罗丹拿起抹刀，修改起来。一个小时之后，罗丹才停下来，对着女像痴痴地微笑，然后轻轻地吁了口气，重新把湿布披在塑像上。工作完了，罗丹径自走出门去，随手拉上门准备上锁。茨威格说，我还在屋子里呢！罗丹抱歉地说："哎哟！你看我，简直把你忘记了。对不

起，请不要见怪。"

理解了文本的主要内容，明白作者说了什么，这是与文本对话的第一层级，也是迈向"对话第二层级"的基础层级。

对话的第二层级：熟读文本，评鉴作者用意是什么

对话的第二层级，关键在于抓住文本的重点句段，品析鉴赏，明确作者的写作用意。

譬如，与教材文本的第二自然段对话，品读作者对罗丹的外在描写，即动作（"一会儿上前，一会儿后退""把地板踩得吱吱响，手不停地挥动……"）、语言（"嘴里叽里咕噜的，好像跟谁在说悄悄话"）、神情（"眼睛闪着异样的光""像喝醉了酒一样，整个世界对他来讲好像已经消失了""对着女像痴痴地微笑"）的描写，不难揣摩作者如此描写的本义在于体现罗丹的精神专注、倾情投入。就连文本中的对话描写——茨威格莫名其妙，赶忙叫住罗丹："喂！亲爱的朋友，你怎么啦？我还在屋子里呢！"罗丹这才猛然想起他的客人来，他推开门，很抱歉地对茨威格说："哎哟！你看我，简直把你忘记了。对不起，请不要见怪。"也无不反衬出罗丹工作时忘记了朋友乃至周围一切存在的心醉神迷。

评鉴作者用意的对话第二层级，是走向对话第三层级的桥梁。

对话的第三层级：活读文本，捕捉文本的延伸意义

文本的延伸意义，不是别人告诉的，而是通过活读教材文本创造产生的。

"茨威格对这件事有很深的感触。他后来回忆说：'那一天下午，我在罗丹工作室里学到的，比我多年在学校里学到的还要多。因为从那时起，我知道人类的一切工作，如果值得去做，而且要做得好，就应该全神贯注。'"

全神贯注，适用于"人类值得去做，而且要做得好的一切工作。"这就是普适性，就是教材文本的普世价值，就是教材文本的人文价值。

这种全神贯注，已经不再单纯是一个只适合考试记忆或者默写的四字成语，而是一种专注地融入某件自己喜欢做的事，全力以赴、尽情发挥，完全忘记其他所有不相关事物存在的心流。

只有沉浸在心流中的生命个体，才能在各种意义上最大限度地摆脱过去与未来，具有最强烈的此时此地之感；才能最接近全在的人；才能把自己解放出来；才能使自身处于最佳状态；才能使自己成为第一推动者，自己决定着自己的一切；也才能比任何时候都具有更大的自发性、独特性与创造性。

心流是对个人所理解的"天国"的一次造访，造访之后又回到人间。

诊疗对话

——《祖父的园子》伪对话诊疗

假问题，往往意味着老师有问题，学生无问题，势必带来伪对话。

有些一问一答的对话，往往是假问题，伪对话。怎样判别和诊疗伪对话呢？试以《祖父的园子》第一段的教学为例，诊疗伪对话。

背景文字

我家有一个大花园，这花园里蜜蜂、蝴蝶、蜻蜓、蚂蚱，样样都有。蝴蝶有白蝴蝶、黄蝴蝶。这种蝴蝶小，不太好看。好看的是大红蝴蝶，满身带着金粉。蜻蜓是金的，蚂蚱是绿的。蜜蜂则嗡嗡地飞着，满身绒毛，落到一朵花上，胖乎乎，圆滚滚，就像一个小毛球，停在上面一动不动了。

对话：
师：（指名读第一节）花园里有什么？
生："花园里蜜蜂、蝴蝶、蜻蜓、蚂蚱，样样都有。"
师：蝴蝶是什么颜色的？

生："蝴蝶有白蝴蝶、黄蝴蝶。"

师：对。什么蝴蝶最好看？

生："好看的是大红蝴蝶，满身带着金粉。"

师：大红蝴蝶为什么好看？

生："满身带着金粉。"

师：蜻蜓是什么颜色的？蚂蚱呢？

生："蜻蜓是金的，蚂蚱是绿的。"

师：蜜蜂怎样飞的？

生："蜜蜂则嗡嗡地飞着。"

师：蜜蜂像什么？

生："胖乎乎，圆滚滚，就像一个小毛球。"

诊断：假问题，伪对话

假问题，往往意味着老师有问题，学生无问题。文本仅仅五句话，老师却喋喋不休地问了八个问题，遗憾的是学生没有产生一个问题。

老师所谓的问题只是把文本上的陈述句改为问句而已，这种"连珠炮式"的问题就是一种假问题。假问题势必带来伪对话。上文对话一问一答，只不过是文本内容的平移，不需要过脑与思考，没有情趣的激发与思维的碰撞，也没有潜能的开发与智慧的开启，更没有生命的增值与情怀的积淀。

"假问题，伪对话"大行其道，阅读教学能高效吗？

诊疗：自主阅读，生成问题；小组合作，探究问题

师：同学们，默读完《祖父的园子》第一节，有问题吗？

生1："我家有一个大花园"，按常规思维接下去应该写花园里有什么花，花的色香味怎么样。然而，课文却不直接写有哪些花，反而写蜜

蜂、蝴蝶、蜻蜓、蚂蚱，这是为什么呢？

师：问题有思考价值！建议你上网查资料，了解蜜蜂、蝴蝶与花之间的关系。

生1：花与蜜蜂、蝴蝶之间密切相关，互相依赖。花为蜂蝶提供食物，蜜蜂为花授粉。植物如果长期进行自然授粉，所产生的后代生命力弱，对不良环境和病虫害抵抗力差，有灭种的危险。蜂蝶在采花过程中可以为植物进行异花授粉，异花授粉的植物所产生的后代具有强壮的生命力，对于植物种族后代的延续起到积极的作用。

师：谢谢你！你的答案使我们了解了花和蜜蜂、蝴蝶之间密切相关。同时也让我们明白了，为什么写"蜜蜂、蝴蝶、蜻蜓、蚂蚱"这些昆虫。

生2：现在的花园里还有蜜蜂吗？

师：共同关心这一问题的，请举手！

生：十个人。

师：建议你们十人组成小组，带着问题，同时也带着相机，到花园实地观察一下。明天交流。

（次日）

生3：时值仲春，鲜花盛开，我们小组连续观察了公园的二十余种花草。（展示拍摄的各种鲜花的图片）只见花儿孤芳开，不见蜜蜂留恋采。

师：蜜蜂减少或许是个案吧？

生4：我上网查过资料，人们最先在美国发现蜜蜂失踪的现象，一些养蜂者报告说，他们的蜜蜂失踪数量高达95％。如今，美国西海岸的养蜂企业已经损失大约60％的蜜蜂，而东海岸则有70％的蜜蜂消失。蜜蜂消失现象同样也存在于德国、瑞士、西班牙、葡萄牙、意大利和希腊。

师：蜜蜂减少有哪些原因？

生：造成全世界蜜蜂减少的原因很多，其中固然有自然灾害、天敌捕食、病害肆虐等自然因素，但蜂群一般尚能承受，保持总数平衡；但人为因素的加入，如滥施农药、人造转基因作物、电磁波干扰甚至战争等，使蜜蜂不堪忍受，数量大减。譬如，手机和其他高科技装置发出的辐射可能是导致蜜蜂突然消失的原因，因为手机发出的辐射干扰了蜜蜂的导航系统，令它们无法找到回蜂巢的路。

师：蜜蜂失踪与人类有何关系？

生5：据说，与人类生活密切相关的1330种作物中，有1000多种需要蜜蜂授粉。如果蜜蜂太少了，人们将告别多少粮棉、油料、瓜果！爱因斯坦曾预言："如果蜜蜂从世界上消失了，人类也将仅仅剩下四年的光阴！"……

养 生

学生放学回到家，家长问的第一句话几乎都一样："今天的作业做完了吗？"家长关心的是学校交给的任务完成了吗。

犹太人却不一样。

孩子回到家，家长问的第一句话："你今天在学校里向老师提出问题了吗？"

如果孩子得意地说："我今天向老师提出一个问题，老师没回答出来！"

家长听了便会很得意。

自问对话

——停下来，想一想

"文明就是停下来，想一想。"这是在中国农村长期支教的德国人卢安克说过的一句朴素又闪光的话。如果说教育是一种文明，它是不是也该"停下来，想一想"，停下来，问一问？

课堂上是否有"技能腐败"

日子在一天天滑落，作为一名语文教师，不妨质问："听、说、读、写"的基本技能，是"苟日新，日日新，又日新"了呢，还是日趋"颓败、衰竭、腐烂"了呢？

质问"听"——

课堂上，真的能听见儿童的声音？儿童的声音何以听？"上学以神听，中学以心听，下学以耳听。"（《文子·道德》）用神听，意味着在阅尽人间春色之后返璞归真，复归于那未受污染、嚼然泥而不滓的童心，去谛听儿童那"最初一念之本心"。

质问"说"——

课堂上，真的能在第一时间坦诚而巧慧地与孩子心灵对话？每次对话真的都能使孩子更上层楼，俯瞰现实生活？都能够提供一台起重机，使孩子能够移动他们的生活？

"现在人们变得如此复杂，以至于只要他们想说话、发表意见和据之行动时，他们便必然会不诚实。"（尼采）这是课堂上与孩子对话的大忌！

质问"读"——

课堂上，真的能够给学生字正腔圆、声情并茂地示范朗读课文？真的还读过教参、教案、试题集以外的书才走进教材文本？真的不做极端应试的"卫星"与"黑手党"，绑架、劫杀儿童的思维？真的能够把文本创造性解读得如空气一样透明，让孩子看清真善美有着天体般亘古不变的崇高气象？

当下，那种令人不得喘息你追我赶的匆忙，那种不等成熟便采摘一切果实的急躁，使静心读书的优雅丧失殆尽，使得教书不读书成为见怪不怪的现象。

质问"写"——

课堂上，真的能够写出规范漂亮的板书示范于学生？真的能够跳出光说不练的怪圈写出有自由强健灵魂的范文，让学生只要看它一眼，就长出了一条腿或一双翅膀？

每一天，每节课，如是质问"听、说、读、写"，真的能做到位吗？如果忽视这些技能，每天行走于课堂，既不能给学生良好的示范，又不能给学生播下美的种子，岂不是一种"技能腐败"？

课堂上是否有"语言腐败"

一、不允许有"第二种"声音

【课上】某老师教学《普罗米修斯》盗火的片段——

师：在作者笔下《普罗米修斯》是一出悲剧。请把答案记在书上。

（乖学生们在记录，而另类的学生甲咬着笔杆，按兵不动。）

师：为什么不动笔？

生甲：说《普罗米修斯》是一出悲剧，为什么？

师：不要问为什么，考试只要记住"是什么"。

（学生甲右手转动笔杆，看着老师，依然没有记录。）

师：成心作对是吧，不记就站到后面去！

生甲：我可以说说自己的想法吗？

师：哪有时间！不要打岔！我还要接着讲呢！

……

【课后】我约学生甲聊天。

"对《普罗米修斯》是一出悲剧有异议？"

"嗯，是的。"

"能否听听你的见解？"

"在希腊神话中，人类是普罗米修斯创造的。他充当了人类的老师，凡是对人有用的，能够使人类满意和幸福的，他都教给人类。但最高的天神宙斯却要求人类敬奉自己，让人类必须拿出最好的东西献给自己。普罗米修斯作为人类的辩护师触犯了宙斯。

"作为对他的惩罚，宙斯拒绝给予人类完成文明所需要的最后的物品——火。但普罗米修斯却想到了个办法，用一根长长的茴香枝，在烈焰熊熊的太阳车经过时，偷火种并带给人类。

"宙斯把普罗米修斯绑在陡峭的悬崖上，笔直地吊在那里，永远不能入睡，疲惫的双膝也不能弯曲，因为他的双手、胳膊、肩膀和两条腿都被铁链牢牢地缚住，起伏的胸脯上还钉着一颗金刚石的钉子。他忍受着饥渴、炎热、寒冷以及风吹雨淋，除此之外，宙斯还派他的神鹰每天去啄食被缚者的肝脏。但被吃掉的肝脏随即又会长出来。就这样，日复一日，年复一年，普罗米修斯为了人类的幸福，长期地忍受着难以描述的痛苦和折磨。"

"这难道不是悲剧？"

"基辛格说过：'我相信一个人的悲剧是他花费了巨大的努力仍未得到他想要的。然而，我相信更大的悲剧是他最终获得了他要的却发现他并不想要它。'普罗米修斯如愿以偿把火种送给了人类，怎能说是悲剧？"

【反思】动辄施以考试为恫吓手段的淫威，强植"标准答案"于学生头脑，消弭第二种声音，课堂上的这种语言腐败使得新课标所倡导的"珍视学生独特的感受、体验和理解，不应以教师的分析来代替学生的阅读实践"成为天方夜谭。

二、控制思想的表达

案例 1

2003 年《中国教育报》刊登了一篇短文——

"我"回农村老家时，特地去看望年迈的启蒙老师，在老师的桌上，不经意翻到一篇小学三年级学生的作文：

阿爹还没有走的时候，他对我说：你要好好学习，天天向上，长大做个科学家。阿妈却要我长大后做个公安，说这样就啥都不怕了。我不想当科学家，也不想当公安。我的理想是变成一只狗，天天夜里守在家门口。因为阿妈胆小，怕鬼，我也怕；但阿妈说狗不怕鬼，所以我要做一只狗。这样，阿妈和我就什么都不怕了。

"我"看到，老师在上面打了一个大大的红叉。

案例2

一位日本的小学校长在一个新年联谊会上问孩子们："新年都梦想了什么？"

有个男孩子说："将来当宇航员。"

校长说："好，别放弃梦想。"

接下来，有个女孩子说："将来当明星。"

校长说："好，别放弃梦想。"

这时，有个男孩子站出来说："我将来要变成一只猫。"

校长说："好，别放弃梦想。"

无论回答有多么奇异，这位校长当场都以坚定的眼神与语气予以肯定和鼓励！

案例3

这是一位美国孩子的《人生理想》——图文并茂：

【思绪】"我要做一只狗。这样，阿妈和我就什么都不怕了。""我将来要变成一只猫。""我要做个普通人：上学，工作，挣钱，娶妻，生子，退休，死亡……"

时空不同，孩子不同，梦也不同，但其"童言、童真、童趣"相同。这不正是新课标所倡导的让"学生说真话、实话、心里话，不说假话、空话、套话"？

一些怀揣专制思维的教学，总是试图控制孩子的思想，极力控制孩子自由表达。语言因此被消毒，被驯化。一些词被妖魔化，另一些词被扎上蝴蝶结，一些词被灌入硫酸，另一些词则被喷上了香水。多年的教育之后，一提起"我的理想"，就想到"作家、画家、科学家"；一说到"卖火柴的小女孩"，就想到"黑暗的丹麦"；一说到"资本主义"，就想到"人吃人"……以条件反射代替思考，使每一个词语在展开其内容之前散发出某种"气味"，正是一种语言腐败。

结　语

西谚云：没有一滴雨会认为自己造成了洪灾。当恶行的链条足够漫长，长到处在这个链条每一个环节的人都看不到这个链条的全貌时，这个链条上的每一个人似乎都有理由觉得自己无辜。如果是这样，不更需要"停下来，想一想"，停下来，问一问吗？

创感对话

——《给予树》创感教学设计

创感是以培养人的创造性为首任的一种教育理念，它要求教学设计具有首创性。

理　念

读懂课文《给予树》是教学设计的关键。

读懂的标志之一：厘清"给予"的价值取向。给予具有分享意义的价值取向。分享是世界公民的标志，具有普世价值。给予教育是具有普世价值的分享教育，有别于"有奶就是娘""无奶就骂娘"的感恩教育。

读懂的标志之二：从文本中悟道。人的心田从小就藏有给予的善种，给予的善种怎样唤醒与萌生？

读懂的标志之三：是否懂得放在宗教背景看给予？

从佛教而言，给予就是布施。布施在佛教里的意思是给予、施舍、喜舍。布施有三种：财施、法施、无畏施。一、财布施：分内财布施、外财布施。譬如布施你的体力，帮别人劳动就是内财布施；布施掉你的钱财去帮助别人，就是外财布施。二、法布施：凡是别人想知道的、想学习的，只要我会、我能，就热心地去教导他。三、无畏布施：就是让众生不再感到畏惧。

布施细分：第一，和颜施：对于别人，给予和颜悦色的布施；第二，言施：向人说好话的布施，存好心、做好事、做好人、说好话，并勉励人身体力行；第三，心施：为对方设想的心、体贴众生的心的布施；第四，眼施：用和气的眼神看人；第五，身施：身体力行，帮助别人。

设　计

第一环节　依题入课

设计理念：依课眼"给予"入课。抓"给予"，落实其"音、形、意"的语言训练。

操作建议：

1. 写——

师：继续学习《给予树》，请看老师写"给予"，拿出小手跟着书空。

（旨意：字形写规范。）

2. 读——

师：齐读课题，注意读音。

（旨意：字音读准确。）

3. 释——

师：什么是"给予"？

（旨意：字义说明白。）

第二环节　扣题质疑

设计理念：新课程理念下的教学，应该是"以问题为纽带的教学"，而不是"去问题的教学"。没有提问，就没有对话；没有提问，就没有真正的思考。提问，不是教师的专利，而是学生的权利。提问既要具有穿透文本的整合力，又要具有思维的张力。本课，怎样引导学生提问？

操作建议：教师紧扣"给予"，引导学生提出问题：谁给予？怎样给予？为什么给予？

第三环节　对话释疑

师：默读文本，先从文本中画出有关语句，然后变成自己的语言回答以上三个问题。

（激励手段有：画出有关语句获得两颗星；用自己的语言回答问题获得三颗星；等等。）

通过师生对话，问题的答案逐渐明晰：

· 金吉娅给予了小女孩一份圣诞礼物——一个穿着裙子的洋娃娃。

· 金吉娅在购买圣诞礼物的商场里，看到了一棵援助中心的"给予树"。树上有许多卡片，其中一张是一个小女孩写的。小女孩一直盼望圣诞老人送给她一个穿着裙子的洋娃娃。于是，她取下卡片，买了洋娃娃，把它和卡片一起送到了援助中心的礼品区。

· 金吉娅看到那个一无所有的小女孩，十分渴望得到一份圣诞礼物，心地善良的她就给小女孩买了一个洋娃娃。

第四环节　对话挑战

师：金吉娅"给予"小女孩礼物，不是凭空发生的，它是需要外部条件与内部条件的。

（1）"外部条件"就写在课文中——

"我只攒了一百美元，却要由五个孩子来分享。"可见，外部条件之一是：母亲给予金吉娅美元。

"圣诞节前夕，我给了每个孩子二十美元，提醒每人至少准备四份礼物。接着，我把他们带到一个商场，分头去采购，约定两小时后一起回家。"可见，外部条件之二是：母亲给予金吉娅_____

"我紧紧地拥抱着金吉娅。"可见，外部条件之三是：母亲给予金吉娅_____

师：（小结）这是"给予"的一条暗线，也是"给予"得以着床、生长的子宫。

（2）"内部条件"同样也写在课文中——

师："给予"的关键在于金吉娅有一颗心。从文本中找出这是一颗怎样的心？

生："善良、仁爱、同情和体贴"的心。

（3）有人说，"内部条件"比"外部条件"重要。你怎么看？

第五环节 对话延展

师：我们究竟该怎么看"给予"呢？

（1）从文中一句话——

师："希望送出最诚挚的祝福，收到最甜蜜的笑容"，可见"给予"是"送出"，也是——

（生答略）

师：给予是舍也是得。

（2）从一段小故事——

师：二战期间，一次雨后英国首相丘吉尔从演讲完的台子上走下去不慎滑倒，摔了跟头。士兵们没见过首相出丑便忍不住哈哈大笑起来，陪同人员惊慌失措，而丘吉尔甩掉身上的泥水，朝士兵们微微一笑，对陪同人员说："这样我刚才的演讲可能会更有效果。"果然，士兵们见首相如此风趣幽默，个个士气大振。

生：可见丘吉尔给予的是自己的风趣幽默，收获的是士兵的士气。

（3）从一段微视频（播放微视频）——

师：可见伦敦奥运会开幕式给予憨豆一次表演的机会，憨豆给予全世界——

（生答略）

师：全世界给予憨豆——

（生答略）

第六环节　结语收课

人人都能够给予——

给予，是一种送出，也是一种获得；

给予，是一种分享；也是一种共享；

给予，是一种快乐，也是一种幸福；

给予，是一种信念，也是一种价值。

享受对话

——享受语文对话教学

享受对话，意味着享受一种鱼水亲和的对话氛围；享受对话，意味着享受一种人格平等的对话精神；享受对话，意味着享受一种流动生成的对话品位；享受对话，意味着享受一种平淡有味的对话艺术。

人类生活在一个众声喧哗的世界里，语言与话语几乎是人类生活的一切，它联结、沟通，并维系着整个人类的社会生活。生活的本质是对话。

诗人说，人的真实生活是对话的相遇；

哲人说，每个人的思维都是一些碎片，唯有进行人与人之间的对话，才能使这些多元的思维碎片形成整体性思维；

教育家说，所有的教学，都进行着最广义的"对话"，不管哪一种教学方式占支配地位，这种相互作用的对话都是优秀教学的一种本质性的标识。

我想，语文对话教学是教师自觉追求与学生人格平等、精神相遇的心灵对话的过程。这一过程有一种相互影响、相互造就、相互提升的气象万千的大美。

语文对话教学，有大美而不言。何以享受？

享受一种鱼水亲和的对话氛围

在我看来，一种经由教师和学生倾情打造的对话氛围，应该是很美、很美的，一如山之光、水之声、月之色、花之香，有着无可名状的美：对话中，教师真诚地把学生看作心灵上的朋友，学生忘情地把教师当作灵魂中的亲人；教师眉开眼笑，学生眉飞色舞；教师欢声笑语，学生莺歌燕舞；教师柔情似水，学生情深似海。

如果说滔滔河流是两山之间的桥，绵绵细雨是天地之间的桥，那么，浓浓情感就是教师和学生心灵对话的桥。"心桥"飞架，对话变通途——心空月朗，凉风习习，地碧天蓝，襟怀若谷；话语涓涓而流，心门徐徐洞开。

如果说"艺花可以邀蝶，累石可以邀云，栽松可以邀风，贮水可以邀萍，筑台可以邀月，种蕉可以邀雨，植柳可以邀蝉"，那么，造境可以邀"心"。身置此境，话，谈清了；理，摆透了；情，交融了；心，贴紧了。情至理顺，精神漫游，哪有心声不能聆听，哪有心灵不能理喻，哪有心室不能点亮，哪有心花不能怒放……

享受一种人格平等的对话精神

当一元的、凝固的、排他的独白教学，极力标榜自己最正确、最权威，不同别人对话，不承认第二种声音、不容纳第二种意见的时候，一种多元的、相对的、争辩的对话教学，在承认不同意见、聆听不同声音的同时，已经针锋相对地与独白教学进行"较量"了。请走进《白鹭》一课的对话教学片段——

生甲：白鹭"那雪白的蓑毛，那全身的流线型结构，那铁色的长喙，那青色的脚，增之一分则嫌长，减之一分则嫌短，素之一忽则嫌白，黛之一忽则嫌黑。"此"鹭"只应天上有，人间哪得几回"见"。白鹭长得太美了！我多么想看一眼真的白鹭呀！

师：白鹭长得美，作者写得美，你评得美。

生乙：老师，我发现这段话似曾相识，好像在哪儿读过！

师：是吗？在哪儿读过呢？

生丙：（恍然大悟）前些日子，您推荐我们读战国时代楚国辞赋家宋玉的《登徒子好色赋》，其中有描写美人的句子："增之一分则太长，减之一分则太短，著粉则太白，施朱则太赤。"郭沫若先生描写白鹭青色的脚的语句可能是从这儿转化来的。

师：你爱联想，善思考，活读书，读书活，不仅知其然，而且知其所以然。课文中，郭老巧于用古，化旧为新，值得学习！

生乙：老师，我不同意"巧于用古，化旧为新"的看法，袁枚说过，诗有三偷——偷句、偷意、偷势。我认为，郭沫若先生描写白鹭脚的语句有"偷势"之嫌。（同学们先是面面相觑，接着哄堂、喧哗。）

师：我想谈一下"偷势"的个人见解。"疏影横斜水清浅，暗香浮动月黄昏。"当我们吟诵宋代诗人林逋的这两句诗时，有谁会想到其源自五代南唐江为的"竹影横斜水清浅，桂香浮动月黄昏"？当我们拜读莎翁名剧《奥赛罗》时，又有谁会想到那是出自意大利钦蒂欧的《夫与妻之不忠实》？艺术不是无源之水，任何一个民族、时代的文学都是在前人的基础上发展起来的，其中有继承、有创新，成功的化用应该是在原句基础上的别出心裁，得其神韵而自有境界。

生乙：老师，听您一席谈，我佩服江为胜过林逋，佩服钦蒂欧胜过莎士比亚，佩服宋玉胜过郭沫若，因为前者是首创，后者是革新。(学生热烈鼓掌。)

师:(走过去,真诚地拥抱与自己意见相左的学生乙)我佩服你,因为你有思想,有个性!让咱们以启蒙思想家伏尔泰的名言共勉吧——"我不同意你的意见,但我誓死捍卫你发表意见的权利。"(掌声雷动)

生:我想来一次"偷势"!

师:祝你成功!

生:同学们都说妈妈为我织的毛衣合体,增一点儿则嫌长,减一点儿则嫌短,宽一点儿则嫌肥,窄一点儿则嫌瘦。

师:妈妈心灵手巧,女儿心灵"口"巧!

······

分享上文教例的对话,其真义在于享受人格平等、精神对话的特质——

在平等的对话中,师生之间那种认知与被认知、灌输与被灌输、征服与被征服的关系被解构,一种民主的、平等的、互动的、共享的双赢乃至多赢的格局在建构。教师不再是金口玉言的"师皇",而是平等对话的首席;不再是绝对真理的代言人,而是平等对话的精神领袖。

在平等的对话中,话语如涓涓细水,潺潺而流;心门似春之柴扉,轻轻洞开。师生相互尊重、相互倾听,彼此敞开心扉,真诚肯定对方、赏识对方、悦纳对方,彼此共享知识、共享经验、共享智慧、共享丰富多彩的生活意义与曼妙丰盈的人生价值。几十颗心,以心印心,心心相印,沉浸在思想交锋、情感相融、心灵交会的大场里,吮吸、消融、同化、排解,思维之神得以多方面的顿悟和升华,心灵之殿得以广角的净化和超拔。

享受一种流动生成的对话品位

梅令人高，兰令人幽，松令人逸，菊令人野，就像植物有植物的品位一样，对话亦有对话的品位。

像往常一样，周四下午，五（2）班的习作交流活动如期举行。我们六年级的几位语文老师应邀参加。

"请大家拿出各自的习作档案袋，打开'写真集'，小组交流本周每个人的得意之作。"学习委员宣布，"每组推荐一名代表发言，然后请老师现场点评。准备十分钟。"

全班分成四个小组，小组长带领本组成员交流各自的习作。

一时间，课堂上的声音如同麻雀啁啾，五音齐备，嘈杂而热闹，生机勃勃。

十分钟过后，各小组代表闪亮登场，各展风采。

第一小组推出《狼和小羊》续篇——"狼扑向小羊，搂着小羊说，别怕，宝贝，只吻一次！"

张老师愉快地接受邀请第一个当场点评："续写独到创新、与众不同，语言简洁、幽默诙谐，令人回味无穷。"

教室内掌声一片。掌声中，第二小组的代表交流《喜欢与不喜欢》——

"人人都有自己的喜欢与不喜欢。我喜欢央视《实话实说》栏目那个一脸坏笑的主持人崔永元，他在电视上一露脸，我就想喝'可乐'；我不喜欢上班会课，一上班会课，我就说，老师，我要上厕所！"

"掌声有请石老师点评！"学习委员兴高采烈地说。

"我喜欢这位同学的率真与坦诚，他说的是真话、实话、心里话。"石老师走过去和他握了握手。

"我们第三小组隆重推出《对称》,"小组长按捺不住激动,"并请郑老师点评!"

"一次,老师让我们用'对称'说一说人体,同学们七嘴八舌说了许多。三年级的我站起来脱口而出:人的屁股是对称的,妈妈的乳房是对称的。同学们哄堂大笑,老师大惊失色。课后,老师找来了我的家长,家长闻知我在课堂上'胡思乱想''胡言乱语',就和老师齐心协力教育我。时间过去两年了,我一直在想:我究竟错在哪里?"

"孩子,你没错!"年过半百的郑老师动情地说,"千教万教教人'说'真,千学万学学做真人!"

教室内掌声雷动。

"我们第四小组要和大家共同分享的文章是——《真理》。

"十岁的王凯因为爸爸妈妈霸占了电视机,无法看自己喜欢的节目非常懊恼,他问妈妈:'为什么两个人的自私比一个人的好?'

"'少数服从多数,这是真理!'妈妈说。

"'真理往往掌握在少数人的手里。'王凯当仁不让。

"'这少数人必须有权力!'爸爸插话了。

"'噢,我知道了,将来有一天,我有了权力,也可以命令爸爸妈妈必须看我喜欢的频道!'"

"我来谈谈看法!"深受震撼的我,没等主持人发话,便"越位"陈词,"毕加索说,'我在十几岁的时候就能画得像拉斐尔一样好,而我花了几十年的时间才能画得像孩子一样。'所谓'画得像孩子一样',在我看来,就是回归孩子一样的童真。童真是自然的天性,是毫无装饰的美丽。谢谢你们,打开了个人'写真集',让我重拾童心,让我回归童真,让我分享美丽!"

掌声经久不息……

享受对话的品位，就是享受"教学相长"情景中的技艺切磋、相互信赖氛围下的心智启迪；就是享受以石击石的火花迸射、以情生情的心潮相逐、以思引思的丝丝联结；就是享受交流之后的认可、肯定之中的引导、浅层之下的深入；就是享受用心灵感动心灵、用生命点燃生命、用灵魂塑造灵魂、用智慧开启智慧的相互造就；就是享受这种师生平等对话过程中的相互碰撞、相互回应、相互融合、相互营养、相互创生的一种流动生成的生命美。

享受一种禅味俱足的对话智慧

禅，是东方的大智慧。禅，是直觉思维，即顿悟思维。这也是禅力图启迪我们的教学智慧。

"先把自己的杯子空掉"

学期初，学校组织课改专题研讨课教学。课要体现的理念是"尊重学生多元解读文本"。

上课的青年教师咨询我："教学中如何体现这一主打理念？"

"先读个故事，好吗？"我把他们的视线引向了充满禅机的《一杯茶》——

南隐是日本明治时代的一位禅师。

有一天，有位大学教授特来向他问禅，他只以茶相待。他将茶水注入这位来宾的杯中，直到杯满，而后又继续注入。

这位教授眼睁睁地望着茶水不息地溢出杯外，直到再也不能沉默下去了，终于说道："已经溢出来了，不要再倒了！"

"你就像这只杯子一样，"南隐答道，"里面装满了你自己的想法和看法，你不先把自己的杯子空掉，叫我如何对你说禅呢？"

读罢这则禅味俱足的故事，我说："联系我们的阅读教学想一想，有些时候，面对一篇篇具体的课文，教师的'杯子'里，往往自觉或不自觉地装满了教参的或者自己的看法。设若如此，不'先把自己的杯子空掉'，哪有心境聆听孩子们说'禅'？"

"噢！我明白了！"一位青年教师顿悟。

于是，我观摩了她用自己的理解，实践"学生与文本对话"并"尊重学生的多元化解读"的课堂教学。下面是片段回放：

对《卧薪尝胆》，你们每个人可能都有自己的读法，请各陈己见，以供大家分享：

——会稽一战，勾践战败，给吴王当奴仆。这就是"胜者王，败者寇"。

——勾践能称王，能为寇，这是能屈能伸。

——"得胜的吴王非常骄傲，不听大家的建议"，从中我读出了骄兵必败。

——会稽之战前，勾践为王，好像站在山顶；会稽之战后，勾践为奴，好像下到了山底。

——为王的勾践锦衣玉食、香车宝马；为奴的勾践布衣狗食，替吴王驾车养马。真是当官时幸福，不当官时痛苦啊！

——"勾践夫妇来到吴国，穿上布衣，住进石头房，给吴王养马驾车，舂米推磨，受尽了屈辱。"这使我知道了什么才是风雨同舟、患难与共的夫妻。

——"经过二十多年的努力，越国出奇兵灭掉了吴国。"可谓君子报仇，"二十"年不晚啊！

——"白天，他亲自下田种地；晚上，就睡在柴草上。他还在屋子里挂了一只苦胆，每顿饭前，总要先尝一尝它的苦味……"勾践重登王座的梯子就是卧薪尝胆。

——勾践爬上王座的梯子，表面看上去是自己卧薪尝胆的结果，实质上是将士们的累累白骨换来的。

......

"先把自己的杯子空掉"，是句禅味俱足的话，将其哲理迁移到阅读教学实践中来，旨在开启教师秉持一种欣赏并悦纳学生与文本对话，推崇学生多元化解读文本的良好教学心态。

"所有的思都是诗"

有一次，一位禅僧向赵州请教："怎样参禅才能开悟？"

一百二十高龄的老赵州匆匆忙忙站立起来，边向外走边说："对不起，我现在不能告诉你，因为我内急。"

刚走到门口，赵州忽然又停住了脚步，扭头对禅僧说："你看，老僧一把年纪了，又被人称为古佛，可是，撒尿这一点小事，还必须亲自去，无法找到任何人代替。"

禅僧恍然大悟：禅是一种境界，一种体验，如人饮水，冷暖自知。

是啊！这宗公案开启了我的心智：教学，不仅仅是一种告诉，它同时还是一种体验。

"雪、雪、雪，下雪的雪"......

大雪初霁的一个早晨，金色的暖阳投进教室，照在老师的脸上。她眯缝着眼睛，舞动着竹竿，击节着黑板，一遍又一遍地带领我们念着生字——雪。那一年，我七岁，读一年级。

感谢启蒙老师不厌其烦地"告诉"，我才认识了"雪"字。或许，教学就是一种"告诉"吧。于是，我便"克隆"老师的教法，领着一班毛头孩子，高一声低一声地念着"雪、雪、雪，下雪的雪"......那一年，我十八岁，初为人师。

在赤道地区，一位小学老师努力地"告诉"儿童们什么是雪。

老师说：雪，是一种纯白的东西。儿童们就猜测：雪像盐一样。

老师说：雪是冷的东西。儿童们就猜测：雪像冰淇淋一样。

老师说：雪是粉末状的东西。儿童们就猜测：雪像沙子一样。

老师始终没能"告诉"清楚，雪究竟是什么。教后还出了一道考题："雪的形态?"学生的答案是："雪，是又冷又咸的沙子。"

哈伯德笔下的这段文字洞喻：要知道真正的雪，只有自己到有雪的国度，一如要听黄鹂的歌声，就要坐到有黄鹂的树下；要闻夜来香的清气，就要走到有花的庭院。身临其境，参与体验，一切当会不言而喻。

噢，原来教学不仅仅是一种告诉，还是一种亲历、一种体验。我幡然开悟，那一年，我三十岁，初为人父。

一个飘雪的时节，我又一次教学"雪"字。课始，我将蜂蜜涂在写有"雪"字的课本上，让孩子们去舔食"雪"。

"雪"好甜啊！孩子们兴奋地说。

"是啊！'雪'很甜，课本里的知识更甜！"

于是，我和孩子们一起读"雪"，写"雪"，玩"雪"。

操场上，孩子们手舞足蹈，自娱自乐。有的扬起脸蛋，让雪融在睫毛上变为珍珠；有的伸出舌头，让雪化在舌尖上成为玉液；还有的掷雪球、打雪仗……

"雪是麦子的被子。"我抖落身上孩子们掷过来的雪球问道，"你们说，雪是什么?"

"雪是我们最喜欢的玩具。"

"雪是天使翅膀上失落的羽毛。"

"雪是冬天发给春天的短信。"

"雪是长江的妈妈。"

"雪是太阳的敌人。"

"雪是冬天的云在北方生的孩子。"

"雪是冬天印刷的一部无字天书。"

……

置身皑皑的雪中，孩子们"所有的思都是诗"（海德格尔）。

雪，不，应该说是大自然所有的奇妙景观，都能给人以美的陶冶、智的启迪。"千江有水千江月，万里无云万里天。"哪怕是普普通通的一片树叶，平平淡淡的一方晴空，一次壮观的海潮，一场罕见的飓风，都是可待开发的教学资源，都能给予我们绵密的哲学理趣、迷人的艺术灵光。设若我们能以天地做教室，以自然为课本，以宇宙的情怀引领孩子们去阅读，我们就会谛视到孩子们心门洞开的思接千载、视通万里；就会聆听到孩子们心智开启的见仁见智、言人人殊；就会感应到孩子们心灵舒展的视界敞亮、精神漫游。无疑，这样的教学就会从单纯追求功利的琐屑与平庸提升到精神的、超越的层面，从而赋予生命因遐思、冥想和憧憬而拥有的灵动、舒展和充盈，为每一个学生生命个体的健康、和谐发展铺就现实之路。

身体力行之后，我豁然开朗：教学，不仅仅是一种告诉，它还是一种对沉睡潜能的唤醒，一种对封存记忆的激活，一种对幽闭心智的开启，一种对囚禁情愫的放飞……那一年，我三十五岁，成长为一名特级教师。

享受一种平淡有味的对话艺术

绚丽之极，归于平淡。平淡的对话教学是一种艺术，一种境界。

阳春三月。

六（1）班的黑板上。

我写下了一句话："罗伯特坐在靠窗的沙发上，思索着人生的问题。忽然，他手上的一星烟火抖落到崭新的沙发垫上，沙发垫被烧了一个洞。这时候，他的妻子看见了……"

这个没有结尾的故事，一下子磁铁般地吸引了孩子们的注意。

我微笑着面向孩子们："接下去的故事就交给你们完成了。只要你们肯开动脑筋，联系生活实际，展开想象的翅膀，就一定会有许多美丽的收获。"

孩子们一听，兴高采烈，先是窃窃私语，接着议论纷纷，继而各抒己见，然后奋笔疾书……

十分钟过后，在自由、宽松、和谐的氛围中，孩子们争先恐后地交流着自己的作品——

学生甲："……罗伯特的妻子看见了，走向前去一把扯下他手中的香烟，随手扔到窗外。'抽！抽！抽！'她恼羞成怒，'前两天刚买的一条新裤子就被你烧了一个洞，今天，新沙发垫又遭了殃。'说完，她砰的一声把卧室的门关上，独自一个人进屋生闷气去了。"

学生乙："罗伯特的妻子看见了，破口大骂：'你这个败家子，一个新的沙发垫竟毁在你的手中。你看，这该咋办？''该咋办，就咋办！'罗伯特以牙还牙。他的妻子火冒三丈，弯腰脱下一只鞋愤怒地向罗伯特掷去！罗伯特起身向妻子奔来，两人扭打在一起，一场家庭大战爆发了……"

"你们善于观察生活，写出了真情实感。日常生活中确有如此的妻子、如此的丈夫、如此的家庭。"我想，"每一个家庭都有相似之处，但也有不同之点。你们的笔下还有没有不同的答案？"

学生丙："罗伯特的妻子看见了，尖叫了一声：'天哪！我的沙发！'叫声惊动了正在花园里摆弄海绵的儿子凯利。凯利跑进屋里，见此情景，不慌不忙地将手中的海绵剪成一小块，塞进小洞。看着儿子的举动，爸爸妈妈都会心地笑了。"

"孩子们，全体起立，为这位同学的奇思妙想，为他笔下聪明伶俐的凯利，热烈鼓掌！"

一阵热烈的掌声过后。学生丁迫不及待地站起来，念道——

"罗伯特的妻子看见了，一声不响地拿来针和线，在那里绣了一只活灵活现的小松鼠——那小松鼠正在吃松果，松果的位置恰好是那个小洞的位置。"

"妙!"我向学生丁竖起了大拇指，"请继续念下去。"

"罗伯特见状，连忙熄灭了手中的香烟，爱抚地把妻子揽在怀里……"

"多么富有诗意的想象，多么温馨甜美的细节，多么与众不同的见解，多么意味无穷的表达!"瞬间，我将分享他作品后的激动，化作了一种激励、一种唤醒、一种提升，"罗伯特是幸福的，因为他的妻子会缝补漏洞，缝合创伤，无论是生活里的，还是心灵上的；这样的家庭是幸福的，因为他们生活在相互理解与宽容之中。"

一席话点亮了孩子们的眼睛，我仿佛听到了他们的怦然心动，感受到了他们的悠然心会，体验到了他们的豁然开朗。

……

如何做到平淡有味？"家无鲜鱼，就不要宴客。"真诚似鲜鱼，心不真诚，不要对话；家有一条鲜鱼，不要熬成一大锅汤，水分大，冲淡了原味。

平淡有味，追求的是本真与原味。

本真是真性情的流露，原味是本色的自然呈现。

平淡有味的对话，追求的是一种洗却铅华、素面相向、敞开心扉，以心印心、心心相印的教学艺术。

师师对话

——重拾"对话"的美丽

教师与教师真正的对话，是心灵与心灵的对话、灵魂与灵魂的沟通，是一种曼妙丰赡的精神之旅。

笔者引领一线教师与《月光曲》《少年闰土》《称赞》《威尼斯小艇》《浣溪沙》等文本对话，重拾"对话"的美丽。

对话《月光曲》

【黄老师】孙老师，您作为对话教学的开创者与践行者在小语界享有盛誉。您与文本对话的案例，总能引领我们向"青草更深处漫溯"。我现在正准备公开教学《月光曲》，向您讨教怎样有深度地与该文本对话。

【笔者】一篇好的教学文本，往往都有一条潜在的文脉，《月光曲》也不例外。如果以"静"为线索，你能否感受到《月光曲》一文的脉动？

【黄老师】不知可否理解为"幽静——清幽——恬静"这样一条线索。

【笔者】可以的。我们不妨依着这条线索与文本对话。首先来看"地上幽静"在文本中是怎样体现的。

1. "幽静的小路",这让我们想起"曲径通幽",想到小镇环境的幽静。

2. 环境幽静,贝多芬才可以听到"断断续续的琴声"。环境幽静,可以让人心幽静。

3. 内心幽静,贝多芬才可以眼睛向下,"走近茅屋"。内心的幽静,可以让人的灵魂幽静。

4. 灵魂幽静,贝多芬才能拓展他内心世界的空间,才能从兄妹的对话中汲取创作的灵感。

【笔者】其次,再看"天上清幽"在文本中是怎样呈现的。

【黄老师】"月光照进窗子,茅屋里的一切好像披上了银纱,显得格外清幽。贝多芬望了望站在他身旁的兄妹俩,借着清幽的月光,按起了琴键。"

【笔者】贝多芬曾说过:"扣人心弦的东西只能来自天上。""月光照进窗子,茅屋里的一切好像披上了银纱,显得格外清幽。"清幽的月光来自天上,来到贝多芬的心里。"精神的应该超出尘世,然后才能上升到它所来自的源泉。"于是,借着清幽的月光,贝多芬按起了琴键——

【笔者】最后,再看为什么"人间恬静"写在盲姑娘的脸上。

按常理,一间茅屋里,一架旧钢琴,一对穷兄妹,只有愁眉苦脸才合乎逻辑,哪来恬静的脸呢?让我们走进《月光曲》——

音乐语言是虚幻、最无形、最空灵的,它不能用眼看,不能用手摸,也不能用鼻子闻,更不能用舌头尝,只能用耳听,不仅要用肉耳听,更要用心耳听,即用心灵去听,去感受和体验。

【黄老师】地上路静,天上月静,屋里人静。

【笔者】静,成了天人合一的交感呼应;静,成了文本隐性的脉动。

【黄老师】与其说《月光曲》是一支曲，不如说它是一种"力"。

【笔者】这是一种有方向的力：面对着大海——广远；月亮正从水天相接的地方升起来——高远；微波粼粼的海面上，霎时间洒满了银光——俯察；月亮越升越高，穿过一缕一缕轻纱似的微云——仰望；忽然，海面上刮起了大风，卷起了巨浪——聚焦；被月光照得雪亮的浪花，一个连一个朝着岸边涌过来——渐近。

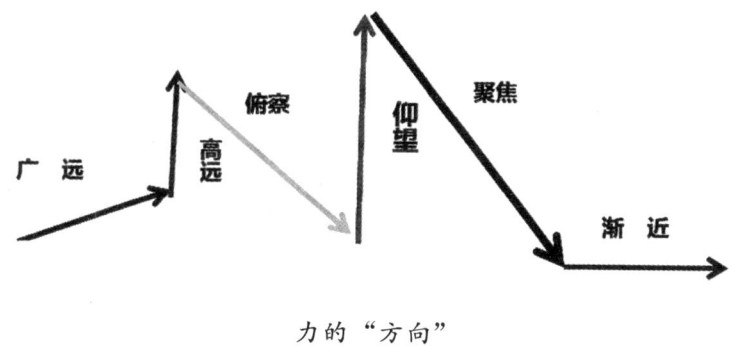

力 的 "方 向"

这是一种"流变"的力：面对着大海——静态；月亮正从水天相接的地方升起来——徐动；微波粼粼的海面上，霎时间洒满了银光——频动；月亮越升越高，穿过一缕一缕轻纱似的微云——跃动；忽然，海面上刮起了大风，卷起了巨浪——暴动；被月光照得雪亮的浪花，一个连一个朝着岸边涌过来——涌动。

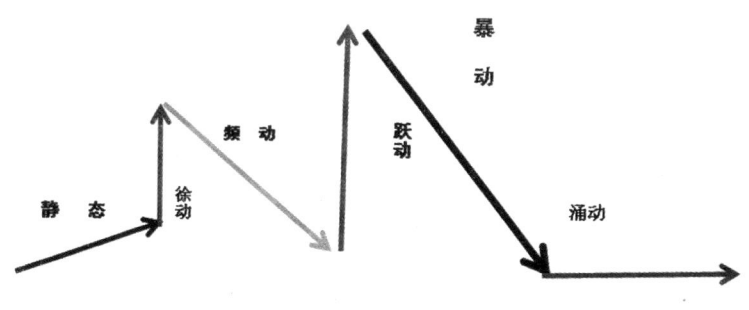

力 的 "流 变"

这是一种"转化"的力：面对着大海——原来面对的是看不到希望的迷茫大海；月亮正从水天相接的地方升起来——象征希望的明月升起来了；微波粼粼的海面上，霎时间洒满了银光——心海洒满希望；月亮越升越高，穿过一缕一缕轻纱似的微云——希望如月步步高；忽然，海面上刮起了大风，卷起了巨浪——生活中常有不测风云；被月光照得雪亮的浪花，一个连一个朝着岸边涌过来——敢于直面，待到风平浪静后海阔月更明。

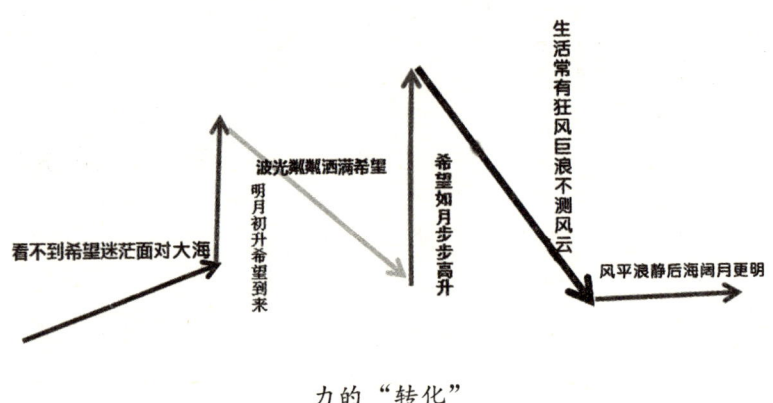

力的"转化"

【黄老师】《月光曲》中的这种力陶醉了兄妹俩，感染了盲姑娘，她从中找到了精神的家园，她的心里充满平静、平和、安详，她的脸上写着恬静……

【李老师】聆听孙老师与《月光曲》的深度对话是一种美的享受，这不禁让我想起德国作曲家马勒的妙语："我们的音乐所演奏出来的，归根到底不过是整个人——感觉的人、思想的人、呼吸的人、遭难的人。"人有许多个侧面，当呼吸的、思想的和遭厄运的"我"占上风时，我们就特别渴望贝多芬，渴望他的《月光曲》。

对话《少年闰土》

【李老师】我很喜欢《少年闰土》这篇传统的老课文，但是怎样与之对话，才可以推陈出新呢？

【笔者】文中哪一段留给你的印象最深刻呢？

【李老师】让我过目不忘的是课文的第一自然段。

【笔者】好，我们以此段为例，说说怎样才能有创意地与之对话。譬如，第一句"深蓝的天空中挂着一轮金黄的圆月"，作者着笔的方位是——

【李老师】天空。

【笔者】"下面是海边的沙地，都种着一望无际的碧绿的西瓜"描写的方位是——

【李老师】沙地。

【笔者】"其间有一个十一二岁的少年，项带银圈，手捏一柄钢叉，向一匹猹尽力地刺去。那猹却将身一扭，反从他的胯下逃走了。"描写的是？

【李老师】人物。

【笔者】这就是天、地、人——

【李老师】天、地、人合一。

【笔者】天、地、人是怎样合一的呢？不妨这样引领学生与文本对话——

1. 师：请读第一句。

生："深蓝的天空中挂着一轮金黄的圆月。"

师：圆月的颜色是——

生：金黄。

（课件出示：一轮金黄的圆月。）

2. 师：请读第二句。

生："下面是海边的沙地，都种着一望无际的碧绿的西瓜。"

师：西瓜的颜色是——

生：碧绿。

（课件出示：碧绿的西瓜。）

3. 师：请读第三句。

生："其间有一个十一二岁的少年，项带银圈，手捏一柄钢叉……"

师：闰土脖子上的项圈颜色是——

生：银白。

（课件出示：项带银圈的闰土。）

师：金黄、碧绿、银白，天地人色彩合一。

【笔者】接下来，如果让你做个教学预设，你怎样引领学生与文本对话呢？

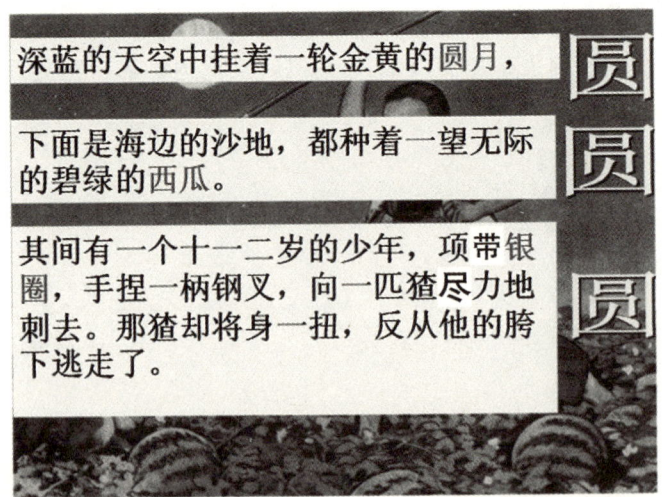

【李老师】我可以先出示课件。

再让学生完成填空：月亮的形状是（ ），瓜地上西瓜的形状是（ ），闰土脖子上项圈的形状是（ ），从而领悟到"天地人的形态合一"。

然后，再投影课件。

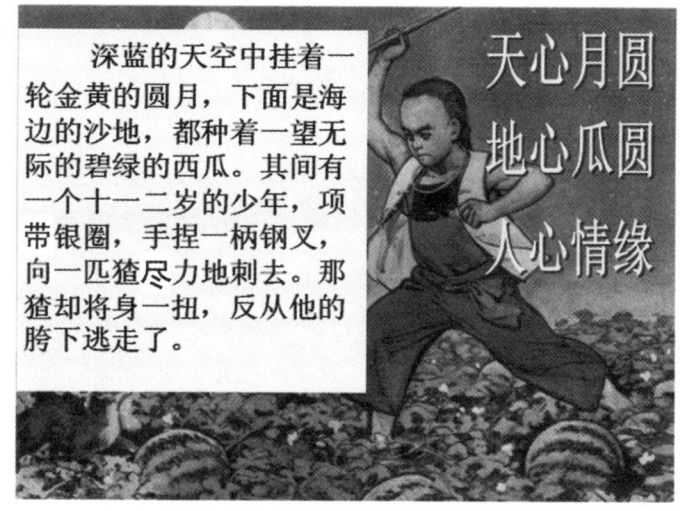

接着，师生对话。

师：孩子们，我们仰望天空——

（出示：天心月圆。）

生：天心月圆。

师：我们俯视沙地——

（出示：地心瓜圆。）

生：地心瓜圆。

师：我们凝视闰土——十一二岁的少年，项带银圈，手捏一柄钢叉。三十多年后，闰土的形象依然深深刻在我的心里，那是一种情缘。

（出示：人心情缘。）

生：人心情缘。

师：天心月圆——地心瓜圆——人心情缘，天、地、人情态合一。

【笔者】这样与文本对话，我们既知道了写什么——天、地、人，又知道了怎样写——天、地、人合一。那么，文本所蕴含的天、地、人合一的人文情怀便得到内化，成为一种真正意义上的精神滋养。

对话《称赞》

【陈老师】孙老师，我明白了，教师有心力与文本对话才是上好课的重要前提与保障。但是，落实新课标"阅读教学是教师引领学生与文本对话的过程"的关键在哪里？请您结合我执教的《称赞》一课谈一谈高见。

【笔者】在我看来，落实"新课标"的对话精神，关键在于课堂的操持。

昨天，一位朋友跟我说，他家楼下的一家"月亮"酒店，最近改名叫"星光"酒店了。图新鲜，不少人赶忙光顾，然而品尝后大家都说：酒还是那个酒，菜还是那个菜。没多久，"星光"暗淡……厨艺不变，服务不变，店名频变，哪怕酒店更名"希尔顿"，生意能长久红火吗？

从"课标"到"新课标"，不在于单纯改个什么名号，也不在于刻意增删多少字句，关键在于课堂的操持。课堂操持不到位，学生能享受到"新课标"的精神大餐吗？

落实"新课标"，不求每节课面面俱到，但求每节课能突破一点点，点动成线，线动成面，面动成体。唯此，新课程的目标体系，才能真正地构建。

下面结合你教学《称赞》的两个例子，谈谈怎样对话才能够扎实有效地落实"结合上下文和生活实际了解课文中词句的意思"和"重视情感、态度、价值观的正确导向"。

教例1：一颗不粗糙的心，理解另一颗不粗糙的心

师：请读课文第二节。

生："在小路边，他看见一只小獾在学做木工。小獾已经做成了三个小板凳。板凳做得很粗糙。但是看得出，他做得很认真。"

师：有疑问吗？

生：什么是"粗糙"？

师：谁能解释一下这个词语？

（同学们一下子愣住了，看来解词有点困难。）

师：（四十多岁的执教老师，伸出他常年劳作的手，微笑着对提问的同学说）咱们握握手，好吗？

（师生握了握手。）

师：你的小手真细嫩！

生：老师，您的手就像我爸的手，很粗糙。

（教室内笑声一片。）

师：我俩的手相比，"粗糙"就是——

生：不细嫩。

师：生活中，哪些场合你还感受过"粗糙"？

生1：妈妈炒土豆就很粗糙，不像爸爸土豆丝切得很细，放上青椒和红椒一起爆炒，最后放点醋和糖。

师：生活味很浓。爸爸、妈妈的厨艺，一个精细，一个粗糙。

生2：喜鹊在树杈上垒的窝，看上去很粗糙，但是很结实。

师：北京鸟巢建筑设计可能受此启发吧。

生3：与西班牙、巴西等足球强队相比，中国足球的脚法显得很粗糙。

师：脚法粗糙的球队，要向脚法细腻的球队学习啊！

生4：爸爸跟叔叔说，你的酒店管理再这样粗糙，最后非关门不可。

师：爸爸说得有道理，不光是酒店，经营任何企业，都需要细致管理。管理粗糙，肯定难以立于不败之地。

生5：外婆说，过日子要精细些，吃大米要粗糙些。

师：外婆懂生活，会养生，精米不如糙米营养价值高。

生6：老师，我觉得你的手粗糙，但引领我们理解什么是粗糙，一点都不粗糙。

师：谢谢！一颗不粗糙的心，理解另一颗不粗糙的心。

【陈老师】传统教学中的词语理解——教师直截了当地告诉学生该词语在教参或者词典上的注释，其流弊在于命令学生死记硬背。这种单一告知、机械灌输的方法不应当成为词语理解的唯一方法。在对话中引领学生结合上下文和生活实际了解课文中词句的意思，也是一种不错的方法。"结合上下文"解词，即结合具体的语境解词；"结合生活实际"解词，即在特定的生活场景中激活并运用词语。会运用词语比单纯会解释词语更重要，运用是更深的理解。上文的对话片段就是明证。

【笔者】对话教学中"情感、态度、价值观"的渗透，宜润物细无声，忌穿靴戴帽。

教例2：每个人的成功都独一无二，都值得称赞

师：小刺猬称赞小獾，小獾称赞小刺猬。小刺猬和小獾是＿＿＿＿＿＿称赞。

生：小刺猬、小獾是互相称赞。

师：小獾是学做木工的，小刺猬是采果子的。学做木工的和采

果子的是_____称赞。

　　生：学做木工的和采果子的是互相称赞。

　　师：学做木工的是劳动者，采果子的也是_____。

　　生：采果子的也是劳动者。

　　师：_____和_____是互相称赞。

　　生：劳动者和劳动者是互相称赞。

　　……

　　师：王冰期末考了73分，期中考了65分，你怎样称赞？

　　生：冰冰，好样的，你第二次比第一次进步了8分，相信下一次你会考得更好！

　　师：放学回到家，妈妈已把饭菜做好，碗筷放好，看到这一切，你怎样称赞？

　　生：妈，菜真香！

　　师：（扮演妈妈）多吃点，吃饱了更有精神读书。

　　师：我认为，在学校，只有考取好成绩，才值得称赞；在社会，只有当大官，挣大钱，才值得称赞，你们怎么看？

　　生1：在学校，考取好成绩，得称赞；在社会，当大官，挣大钱，也值得称赞。但不能只称赞成绩好的和当大官挣大钱的。

　　师：事实上是这样的啊！作为老师，我就只称赞成绩好的。

　　生2：成绩不好，小提琴拉得好的呢？

　　生3：成绩不好，球打得好的呢？

　　生4：成绩好的，还不一定称赞老师好呢。

　　……

　　【陈老师】这样对话，旨在开蒙孩子，称赞每一个劳动者。每一个劳动者在劳作中都有成功的时候，而每个劳动者的成功又都是独一无二的。

小板凳一个比一个做得好，小獾的成功是独一无二的；自食其力采到香喷喷的果子，小刺猬的成功也是独一无二的。

【笔者】问题是，现实生活中很多人都有一个通病，衡量是否"成功"往往采用一元化的标准：在学校看成绩，进入社会看名利。真正的成功应是多元化的，既可能是你创造了新的财富或技术，也可能是你为他人带来了快乐；既可能是你在工作岗位上得到了别人的信任，也可能是你找到了回归自我、与世无争的生活方式。这些成功都值得称赞。

称赞有了多元化，你才会觉得：一个小木匠用刨子刨平一块木板时的娴熟与自信，值得称赞；一个网络工程师制作了精彩别致的网页，值得称赞；一个才俊起草了文采四溢的文稿，值得称赞；一个成功人士把酒临风、指点江山、笑谈欲将巍巍昆仑"裁为三截"时的大气与儒雅，值得称赞；一个企业主管与对手谈判时从容镇定的目光，值得称赞；一个男人得志时、失意时宠辱不惊的神态，值得称赞；一个女性作别了孩童时期的盲目、少女时期的浅薄、少妇时期的虚妄，繁花凋尽，唯见本真，值得称赞……

【陈老师】高屋建瓴、一针见血。

对话《威尼斯的小艇》《浣溪沙》

【笔者】林老师、赵老师、梅老师、黎老师、胡老师、尹老师，你们还记得我们邀请学生一起参与评课、议课的一幕吗？

【林老师】那是《威尼斯的小艇》执教完毕，您微笑着对我说："晓珊，请到你班上找赵海兰同学过来一下。"于是，就有了下面的这段对话。

笔者："知不知道老师为什么找你来?"

赵："不知道。"

笔者："你坐在教室比较靠后的位置,林老师写完板书的时候,我问你有没有问题,你说没有。后来我近距离拍下了林老师的板书。你看出问题了吗?"

赵："老师写威尼斯的'尼'的时候,把'尼'底下的'匕'写成'七'了。"

笔者："当你看到老师写错字的时候,你心里是什么想法呢,尽量说出来。"

赵："我觉得老师是太紧张了,才会出现这样的错误。"

笔者："多好的学生啊,对我们老师那么宽容。那你下课的时候有没有去指出老师的错误啊?当时老师是什么反应啊?"

赵："我悄悄地告诉老师,指给她看,老师本来是面带笑容的,后来脸红了。"

……

【赵老师】苏轼的《浣溪沙》执教完毕,您让我邀请我班同学一起聊聊,当时的情景我至今记忆犹新。

笔者:"还记得这首词叫什么吗?"

生:(略想了一会儿)《完溪沙》。

笔者:哦,不,是《浣溪沙》。"浣"是什么意思呢?

生:不知道。

笔者:学完这首词,你感受最深的是哪句?

生:(迟疑片刻)什么……沙路净无泥。

笔者:能大体说说这句词的意思吗?

生:松林间的沙路上很干净,没有泥巴。

笔者：泥巴哪儿去了？

生：摇摇头，不知如何作答。

······

【笔者】谁解我邀约孩子一起议课的情怀？

【梅老师】孙老师，执教这些年来，我从未见过邀请学生与老师一起评课、议课的场景。您请学生参与议课，把本属于学生的发言权还给了学生。学生发出了声音，我们才真正了解到学生在这节课上了解了多少，学到了多少，还有什么困惑与需求。一个有学生参与的评课才更真实有效。

【黎老师】把学生请来，不只是请到评课现场来，更是请到老师的心里来。老师发自内心地与学生对话，用心听学生说课，让学生说出他们的收获与困惑，这才是真正意义上的"亦师亦友"。

【胡老师】很喜欢与孙老师的博客对话，您说——

"屡见如此教研——'让孩子们爱上语文课'讨论会，但是，参加讨论的，除了教师，还是教师。无疑，初衷是好的。显见，方法是欠妥的。

"为什么'让孩子们爱上语文课'的讨论不见了孩子？学生哪儿去了？是他们不愿意参加，还是他们无权参加？为什么剥夺学生的讨论权？为什么屏蔽学生的声音？学生缺席的讨论，教师讨论愈热烈，愈显得一厢情愿。

"连酒店都懂得顾客心理学，递上菜单，询问好什么口、点什么菜。语文课，设若都是'教师做好饭'，'学生等着吃'，还奢谈什么爱吃不爱吃？道理似乎人人都懂，但只见讨论同质化却鲜见讨论异质化。很难想象，孩子的思维与创意、精神与情操会在不爱的课上翩翩起舞。

"每一个不曾起舞的日子，都是对生命的辜负。"

一个学生缺席的评课活动，就像您说的，"那是一种智慧不周全的评课。"

【赵老师】记得您在《要画脚，不要画鞋子》的教育随笔中说过——

"要教人，不要教教案……教案有人，字字珠玑；教案无人，废纸一张。一如鞋子有脚，步步莲花；鞋子无脚，弃物一件。

"'要画脚，不要画鞋子'，倡扬的是以脚为本，画活的是鞋子；'要教人，不要教教案'，倡扬的是以人为本，教活的是学生。画活了鞋子的是艺术家；教活了学生的是教育家。'没有艺术这回事，只有艺术家'，贡布里希的至理名言昭示：艺术跟人走，人在艺术在，人在教学在，人在性灵在。"

【尹老师】与这样意味隽永的教育随笔对话，我们觉得自己的对话教学，永远在路上，但我们昂首阔步，走着走着，花就开了。

【林老师】有人说："怀揣空门的心，遁入文本；谦卑与文本对话，洗心；放达与文本对话，拓心；朦胧与文本对话，筑心；超拔与文本对话，颐心。我们是对话的过客，我们在对话中寻觅，我们在对话中禅思，我们在对话中拂尘，我们在对话中筑净，我们在对话中逍遥，我们在对话中流年……"

【笔者】我们在对话中美丽，我们是对话的觉者。

磨课对话

——磨课《鼎湖山听泉》《七颗钻石》

好课是磨出来的，千磨万磨出好课。2006 年与 2008 年有两位青年教师参加全国青年教师阅读教学比赛，笔者曾为他们参赛进行了磨课。

磨课《鼎湖山听泉》

2006 年，南通市李伟忠老师要代表江苏省参加第六届全国小学青年教师阅读教学比赛，设计了《鼎湖山听泉》教案，请我提点参考意见。

李老师的教案设计如下：

一、导入，激发兴趣

1. 同学们，今天我们一块儿来学习一篇与泉水有关的文章，齐读课题——

2. 注意：这儿的"鼎"是后鼻音（dǐng），一块儿再来读一遍。

3. 你对课题中的哪个字最感兴趣？为什么？

二、初读，理清脉络

1. 接下来，请大家打开课本，自由地读读课文，用笔圈出你觉得难读的词，多读几遍，注意读准字音。

2. 检查字词朗读情况：

（1）大屏幕出示：

轻纱　薄雾　草丰林茂　繁花似锦　古树参天　著名古刹

轻柔　清脆　清纯悦耳　悠悠扬扬　厚重回响　雄浑磅礴（bó）

（2）先指读第一组，注意教读音：薄（bó）雾；著名古刹（chà）。再齐读。

（3）指读第二组，看看这五个词语有什么共同点（都可以描写声音)？意思有什么不一样？能读出它们的不一样吗？自己再练练看。再指读一生后师范读，全班跟读。

3. 这些词语都是形容泉声的（板书：泉声），课文中还有许多句子直接描写泉声，请你用笔画出书中带有"泉声"的句子。

4. 学生交流所画到的句子（共7句）。

5. 是啊，作者这次游览鼎湖山最关注的就是这儿的泉水，本文的题目是——（齐读）鼎湖山听泉，作者最感兴趣的便是这奇妙的泉声（指板书引读）了。

三、深究，斟酌字句

1. 同学们，鼎湖山是我国……还是让我们一块儿用心去聆听这大自然的神奇之作吧。（同时播放课件。课件描述：先是30秒的鼎湖山简介，由老师根据画面配解说；再是30秒的纯泉声，结合相应画面，让学生欣赏；最后是1分30秒的第四自然段的配乐。）教师范读第四自然段。

2. 看得出来，大家都喜欢这段文字，让我们也用心轻轻地读读这段文字。

3. 学生轻声读第四自然段。

4. 逐句理解这段文字。

第一句：

(1) 这是在夜晚听泉水，这是一个怎样的夜晚？能不能用读的方式告诉大家。(点红第一句话，指一生读。)

(2) 读得挺流利的，假如你理解了这句话中的一个关键词，你肯定会读得更好。大家知道是哪个词？(点击变色：万籁俱寂。)

(3) "籁"在字典中的解释是——(显示字典中的解释。)

(4) 根据这个解释说说"万籁俱寂"的意思。(大自然中的所有声音都没有了。)

(5) 心静下来，放松一点，通过你的读，让大家感觉更静一点。

(6) 齐读。

第二句：

(1) 汩汩的泉水伴随着浓浓的夜色一直流淌到"我"的枕边，流淌到"我"的心里。(点红第二句话) 在这样宁静的夜晚，作者是怎样来听泉的？

(2) 谁来读读这句话？

(3) 大家听出来了吗？他(她)朗读时强调了(注意了)什么？

(4) 指导学生理解并读好"聆听""辨识""品味"。

第三句：

(1) 正是作者用心去聆听、去辨识，他才品味出如此迷人的泉声，让我们也来静心聆听聆听。(板书：聆听) 播放四段水流声(轻柔的、清脆的、厚重回响的、雄浑磅礴的)，同时出现四个画面。

(2) 你能辨别(板书：辨识)出四段流水声分别对应哪个画面吗？

(3) 以这四个画面为背景，引读出四段文字。仔细地读读，看看这四个句子有什么共同点，告诉你的同桌。（每句都有描写声音的词；每句都有乐器；句式相同……）

（4）指生回答，追问这句将什么比作什么？

（5）其他的三句又是把什么比作什么？同桌相互交流。

（6）这四种泉声又是不一样的，怎么不一样？

（7）接下来请同桌合作读好这四句话，同学互评。全班怎么分角色读好这句话呢？谁来帮我们分工一下。

（8）用一句话来赞美一下这夜间的泉声吧。出示：是啊，这泉声真是（　　　　　）。

第四句：

（1）听吧，还有的泉声更妙，自己默默品味品味（板书：品味）这段文字（点红最后一句话），想想你能读懂什么？在书中这段文字旁写下你的感受。

（2）学生交流。

（3）您留意句中的八个"忽"了吗？怎样读好泉声的变化？

（4）您留意句中的四个动词了吗？品味作者用词的巧妙。

5. 同学们，大自然不仅是一位高明的画家、一位多情的诗人，更是一位神奇的音乐家，它为我们创造了无数奇妙的乐曲，你留心了吗？你聆听到了吗？你辨识清了吗？你品味出了吗？叫醒你的耳朵，说说你听到的美妙的声音。

6. 学生感情交流。

四、总结，飞扬激情

1. 歌曲《把耳朵叫醒》起。让我们叫醒耳朵，用心去聆听、去辨识、去品味大自然的天籁之声吧。

2. 作业：以《听雨》《听潮》《听雀》等为题，仿照课文中的"那像（　　　　）的，是（　　　　　　　）"句式写几句话。

笔者与李老师的磨课重点是在细节上精准地引领学生与文本对话，旨在使得教学更实、更活、更新！

第一，教师与文本对话时，重点抓住——"听"泉。

1. 用耳听——听泉水——自然之声

未见其泉，先闻其声——淙淙之声（天然的）；

到处泉水，处处泉声——不绝于耳（绵延的）；

浓阴深处——清纯悦耳（舒心的）；

和着钟声——欢快活泼（可爱的）；

2. 用心听——听泉水——天籁之音

当然，用心听泉的背景是"入夜，山中万籁俱寂"，即宁静。宁静，人才能进入一种唯美的灵魂状态：

那像小提琴一样轻柔的，是在草丛中流淌的小溪的声音；那像琵琶一样清脆的，是在石缝间跌落的涧水的声音；那像大提琴一样厚重回响的，是无数道细流汇聚于空谷的声音；那像铜管齐鸣一样雄浑磅礴的，是飞瀑急流跌入深潭的声音。还有一些泉声忽高忽低，（音高）忽急忽缓，（音速）忽清忽浊，（音质）忽扬忽抑，（音色）是泉水正在绕过树根，拍打卵石，穿越草丛，流连花间……

音乐是时间的神话。因而音乐也是人内在生命的神话。

音乐是流动的，一如泉水，以至于我们可以舒畅地把它"饮"下去。它流动着，飘荡着，犹如一种空气，我们可以呼吸着它。

我们饮着音乐，呼吸着音乐时，它的声音、节奏与旋律就进入了我们肺腑呼吸的节律中，进入了心脏的脉搏中，融入我们血液的流动中。

音乐美高于天籁美。人在倾听中澡雪灵魂，在倾听中脱胎换骨。

第二，教师引领学生与文本对话举要。

譬如——

师："聆听"像什么？

生：像小提琴一样轻柔；

师："辨识"是什么？

生：是在草丛中流淌的小溪的声音；

师："品味"出什么？

生：轻柔！

又如——

师：这轻柔的声音你听到了？

生：……

师：多么想分享你的声音！

生：……

再如——

师：鼎湖山仿佛是一只神奇的手，在匠心独运地调弄着泉声，那泉声——

生：忽高忽低。

师：忽（做个上声的手势）——

生：高。

师：忽（做个下降的手势）——

生：低。

师：那泉声——

生：忽高忽低

……

师：那泉声忽高忽低，忽急忽缓，忽清忽浊，忽扬忽抑，可谓天籁之音，美轮美奂！

（同年11月，李伟忠执教的《鼎湖山听泉》获全国第六届小学青年教师阅读教学比赛（武汉赛区）一等奖。）

磨课《七颗钻石》

2008 年，深圳市刘学金老师代表广东参加全国第七届青年教师阅读教学大赛，笔者曾参与磨课，下面是笔者与《七颗钻石》对话的共享资料：

一、与文本对话的时代背景

课前，曾与一些教师交流对《七颗钻石》课文的看法，有的说故事纯粹是瞎编乱造，文章太假，小姑娘太傻。

我问他们为什么会这样思考问题，他们回答说什么道理他们自己也说不上来，只是跟着感觉走。

在我看来，处在社会转型期的人们，其价值取向丧失整体性，忽略根源性，缺乏辩证性。

为什么说丧失整体性？

社会趋于自由开放以后，个人自主性增强，行动选择依据逐渐由"该不该"转为"能不能"，好像只要"我能够，有什么不应该"，道义放两旁，权利与能力放中央。于是，大家分道扬镳，形成多元的价值观。

多元化，表现在生活方式上是可以的，只要大家能够互相尊重、宽容。但是价值观如果陷入多元化，就会出现两种后遗症：一是各种形式及规模的群体（国家、社区、企业、家庭）走向人各异志、分崩离析的局面；二是当个人面对群体的分裂而无所适从时，个人内在与外在会出现疏离。譬如，如若某个人信奉真、善、美，而这种信仰在别人看来无足重轻，甚至是一个笑话，那么怀疑主义、虚无主义的念头就会泛滥，甚至会导致个人对人性与人生丧失希望。

这就是价值观丧失整体性。个人价值观与人群的价值观必须统合，而非分崩离析。

谁来统合？是文学、哲学，还是宗教？

为什么说忽略根源性？

价值观的多元化，必然诱发价值观的"相对化"。

"相对化"的典型特征就是世俗化，一切向钱看，一切讲究实用，一切为了功利，不再承认世界上还有卓越与神圣的价值，不再肯定值得坚守的原则与值得献身的信念。

这就是价值观根源性的枯竭。

保存价值观的根源性，营根固本的领域在哪里？在文学？在哲学？在宗教？

为什么说缺乏辩证性？

多元化、相对化，使得人们忽略了辩证性。

辩证性，意味着肯定心灵的发展是动态的，是可以不断提升与超越的。

二、与《七颗钻石》对话

（一）与《七颗钻石》的主旨对话

《七颗钻石》本身就是一种价值，一种宝贵的价值。

《七颗钻石》为题，是人间宝贵价值的一种隐喻。

七颗星星，是上天永恒价值的一种隐喻。

在东方哲学看来，地上一个人，天上一颗星。

地上的人，就是小姑娘；天上的星，就暗喻小姑娘熠熠生辉的人性。

这种人性的光辉是什么？又是怎样散发出来的呢？

（二）与《七颗钻石》的情节对话

小姑娘人性的光辉，是在特定的时空里，经由特殊的事件表现出来的。

这个事件的特殊性——大旱灾!

1. 遭遇大旱灾

很久很久以前,在地球上发生过一次大旱灾,所有的河流和水井都干涸了,草木丛林也都干枯了,许多人及动物都焦渴而死。

对话要点:

(1)"大旱灾"表现在:"所有的河流和水井都干涸了,草木丛林也都干枯了,许多人及动物都焦渴而死。"

(2)"所有的河流和水井都干涸了,草木丛林也都干枯了,许多人及动物都焦渴而死。"这里的"干涸"与"干枯"调换一下位置可以吗?为什么?

(3)"所有的河流和水井都干涸了,草木丛林也都干枯了,许多人及动物都焦渴而死。"这是一次( )旱灾。

(4)由是,我知道植物、动物、人都离不开水。没有水,就没有( ),水是( )之源。

2. 寻找救命之水

一天夜里,一个小姑娘拿着水罐走出家门,为她生病的母亲去找水。小姑娘哪儿也找不到水,累得倒在草地上睡着了。当她醒来的时候,拿起罐子一看,罐子里竟装满了清亮新鲜的水。小姑娘喜出望外,真想喝个够,但又一想,这些水给妈妈还不够呢,就赶紧抱着水罐跑回家去。她匆匆忙忙,没有注意到脚底下有一条小狗,一下子绊倒在它身上,水罐也掉在了地下。小狗哀哀地尖叫起来。小姑娘赶紧去捡水罐。

训练过程:圈画语句——用心体会——有感情朗读。

(1)找水的辛苦——哪儿也找不到水,累得倒在草地上睡着了。

(2)见水的欣喜——拿起罐子一看,罐子里竟装满了清亮新鲜的水。小姑娘喜出望外。

（3）想喝的心焦——真想喝个够。

（4）回家的心急——赶紧抱着水罐跑回家去。

（5）绊倒的心慌——一下子绊倒。

3. 感悟水罐的魔变

她以为，水一定都洒了，但是没有，罐子端端正正地在地上放着，罐子里的水还满满的。小姑娘把水倒在手掌里一点儿，小狗把它都舔净了，变得欢喜起来。当小姑娘再拿水罐时，木头做的水罐竟变成了银的。小姑娘把水罐带回家，带给了母亲。母亲说："反正我就快要死了，还是你自己喝吧。"又把水罐递给小姑娘。就在这一瞬间，水罐又从银的变成了金的。这时小姑娘再也忍不住，正想凑上水罐去喝的时候，突然从门外走进来一个过路人，要讨水喝。小姑娘咽了一口唾沫，把水罐递给了这个过路人。这时突然从水罐里跳出了七颗很大的钻石，接着从里面涌出了一股巨大的清澈而新鲜的水流。

而那七颗钻石越升越高，升到了天上，变成了七颗星星。

（1）对话思辨

（过渡）罐子里的水非同寻常，大旱之际，许多动物和人都焦渴而死，它从天而降，是救命的甘霖，它掉地不洒，是救命的圣水。

a. 小姑娘把水倒在手掌里一点儿，小狗把它都舔净了，变得欢喜起来。当小姑娘再拿水罐时，木头做的水罐竟变成了银的。

木头做的水罐之所以变成银的，是因为_____

木头做的水罐之所以变成银的，是上帝对小姑娘给_____水喝的一种奖励与认可。

b. 小姑娘把水罐带回家，带给了母亲。母亲说：'反正我就快要死了，还是你自己喝吧。'又把水罐递给小姑娘。就在这一瞬间，水罐又从银的变成了金的。

水罐之所以又从银的变成了金的，是因为_____

水罐之所以又从银的变成了金的，是上帝对小姑娘给_____水喝的一种奖励与认可。

c. 这时小姑娘再也忍不住，正想凑上水罐去喝的时候，突然从门外走进来一个过路人，要讨水喝。小姑娘咽了一口唾沫，把水罐递给了这个过路人。这时突然从水罐里跳出了七颗很大的钻石，接着从里面涌出了一股巨大的清澈而新鲜的水流。

之所以突然从水罐里跳出了七颗很大的钻石，是因为_____

水罐里跳出了七颗很大的钻石，是上帝对小姑娘给_____水喝的一种奖励与认可。

（2）对话升华

小姑娘把罐子里的水"给_____喝——给_____喝——给_____喝"，她关爱_____，关爱_____，关爱_____。换句话说，她关爱每一个_____。这就是普度众生，就是平等博爱。

地上一个人，天上一颗星。

地上金、银、钻石般珍贵美好的心灵，升上了天空，化作了永恒璀璨的北斗七星。

金、银、钻石是人间的珍宝，往往被人储存独享；星星是夜空的明灯，它的光芒所有的眼睛都可以共享。

仰望太空，无论夜多么黑暗，闪亮的七星都会指示我们北在哪里；无论灾难多么深重，光明的七星都在开示我们光明众生。

（3）对话增值

"得鱼而忘筌，得兔而忘蹄，得意而忘言。""观于象外，得之环中。"对话文本，旨在超越文本，一旦醍醐灌顶，彻上彻下，彻里彻外，就会受到前所未有的灵魂洗涤。

在1995年到2007年的十三个年头里，比尔·盖茨蝉联福布斯全球亿万富翁榜的首位。2008年6月，比尔·盖茨接受英国BBC电视台访问时表示，将把自己 580 亿美元财产全数捐给比尔及梅琳达·盖茨基金会，一分一毫也不会留给自己子女。同时，他表示这是他和妻子梅琳达的共同决定，他说："我们决定不会把财产分给我们的子女。我们希望以最能够产生正面影响的方法回馈社会。"比尔·盖茨把钱罐子里的 580 多亿美元全倒给了别人。

有人说，比尔·盖茨的眼睛像"七颗星星"一样明亮，对此，你怎么看？

（同年 10 月，刘学金老师获第七届全国青年教师阅读教学大赛一等奖。）

名课对话

——凄美的放手

　　充满机智的师生对话，抑扬顿挫的反复诵读，对重点词句的用心揣摩，诗一般语言的烘托渲染……这一切，必然会让学生走入课文所描述的情感世界。

　　《凄美的放手》是笔者根据著名作家张丽钧的大作《读懂了女人，也就明白了世界》改编的教材文本，笔者曾在全国各地进行过公开教学，产生了广泛的影响。著名特级教师高林生、著名作家张丽钧是怎样与我教学的公开课《凄美的放手》对话的呢？

教材文本：《凄美的放手》

（一）

　　那是一个晴朗的夏日。美国加州攀岩俱乐部的罗夫曼和妻子莫莉亚丝同时攀岩。罗夫曼的攀岩速度比妻子快一些，他很快就成了供莫莉亚丝仰视的风景。没有任何防护，他们是岩壁上会呼吸的岩石。顶峰越来越近了，围观的人群情不自禁地雀跃欢呼起来。然而就在这时，位于莫莉亚丝右上方约 5 米处的罗夫曼突然一声惨叫，他失足了！正在攀岩的莫莉亚丝蓦然瞥见险象，毅然脱离了崖壁，伸出双手准确地搂接住了迅速下坠的罗夫曼。两个人紧紧依偎着，共同坠入万丈深谷……

这瞬间发生的惨剧惊呆了在场的每一个人。

莫莉亚丝那个漂亮的搂接动作被摄像师定格成了旷世经典。

——亲爱的，别做傻事！我们似乎听见罗夫曼在说。

——不要，不要推开我！这是莫莉亚丝坚定的声音。让我再陪你走一程。

让云擦着我们的眉睫，让风掠过我们的耳际。从巅峰到谷底，我们的后半生多么匆遽啊！如果一切还来得及，我真愿和你再重复一遍我们携手共度的好时光。我们厮守着，啜饮千般欢爱，沐浴万种柔情……可是现在，我们却在坠落，坠落。噢，让我们抱得更紧一些吧，因为，我们生命的花就要在洁净的谷底灿然绽放了。

亲爱的，我知道我根本无力救你，我只是想救起那个字——爱。

（二）

1998 年夏，中国嘉鱼。洪水铺天盖地袭来的时候，董方保和他的妻子在急流中同时抓住了一棵小树。他们都不会水，求生的本能使他们死死地抱住了那棵救命的小树。洪水迅猛地往上涨，他们拼死往上爬。终于，幼嫩的树干再也无力承受两个人的重量，一点点朝水面弯下来，弯下来。妻子平静地看了丈夫一眼，说："还有那么多孩子等着你呢，多保重。"还没等董方保反应过来，他的妻子已从容地放开了紧握树干的双手，消失在了湍急的洪流中。

董方保悲痛欲绝，但理智告诉他，他不可以随她而去——他是一所小学的校长，他的生命属于千百个天使般的孩子。

——让我先走一步吧。这是一个爱着丈夫所爱的女人最后的心音。你可知道，我多么不愿也不忍这么早就对你说出这诀别的话语。别了，生我养我的土地；别了，生死相依的爱人。带着我的一颗心好好活下去。待到洪水退去的时候，请你一定要领着我们的女儿小董钰来寻这棵树，告诉她，妈妈曾经怎样地紧握；更要告诉她，妈妈又是怎样微笑着放手。

实录与点评

（评课教师：高林生，全国著名特级教师，国标本苏教版教材编委）

师：孩子们，下午好！

生：老师好！

师：主持人刚刚介绍过我，注意听的同学一定知道我姓什么？

生：姓孙。

师：知道我叫什么吗？

生：（摇了摇头）不知道。

师：请你到前面来，拿着这支粉笔，很快就知道我叫什么了。先写一个"孙"字，子、小，孙。

（生一笔一画写"孙"。）

师：（欣赏地）瞧他写字多认真，一笔一画，端端正正。这就是我的姓——孙，再写"建锋"，建设的"建"，先锋的"锋"。

师：顿笔、运笔、收笔，很有韵味，字很漂亮，真是好样的！现在知道我叫什么名字了吧！

生：孙建锋！

师：（怂恿）请带领同学们喊一遍。

生：孙建锋老师。

师：不要带"老师"。

生：孙建锋。

生：（齐喊）孙建锋。

师：有一点响亮。

生：（再喊）孙建锋。

师：非常响亮！能说说喊孙建锋的感受吗？

生：我认为老师的名字很有气概。

师：你们喊得整齐、有力，更有气概！（向学生竖了竖大拇指。）

生：我觉得老师很慈祥。

师：谢谢夸奖！

生："建锋"，就是建设的先锋。

师：建设的先锋，第一次听到那么美好的解释！谢谢！

生：我觉得老师很幽默、风趣。

生：我认为老师的名字有气质，有内涵。

生：老师叫建锋，有一种锋锐的精神在里面。

生：我认为老师的名字很有力量。

生：我认为老师很亲切。

生：喊"孙建锋"就像喊朋友的名字，自然、随和、亲切。（掌声）

师：咱们刚刚见面，你们就一人一种声音解释老师的名字，并且让我产生一种内在的精神力量。如果这次不来枣庄，我还不知道我的名字有那么多的含义呢？如果说孙老师像一本书，那么你们才刚刚看了封面就知道了那么多的内容。读书、读人、读世界，你们读我，我也在读你们，这节课就让我们相互读，用心去读，用爱去读，好吗？

生：（铿锵有力）好！

师：喜欢猜谜语吗？

生：（兴奋地）喜欢！

师：这个谜语可能有点难度。但它难不住认真听、会思考的同学。"一只大羊没尾巴，打一个字。"（片刻，有学生举手）举手的那位同学，请你到前面来，你猜出来了？

生：（自信地）猜出来了。

师：（将信将疑）真的猜出来了？

生：（信心十足）真的猜出来了。

师：耳听为虚，眼见为实。把你猜到的那个字写在黑板上。

（生一笔一画地写"美"。）

师：你能说说你的根据吗？

生：一只大羊没尾巴，把"羊"下面的竖去掉，然后加一个"大"字，就是"美"。

师：（扶着她的肩膀）她根据谜面的语言进行想象、判断、组合，最后得出一个字——美。

师：请你在同学们的掌声中回位。

（生鼓掌。）

师：你们一定能说出含有"美"的词语，比如美丽、美好、美妙……

生：美术。

生：凄美。

师：请你到前面来，"凄"是一个不常见的字，请你把它写下来。

（生写"凄美"）

师：请带领同学们把你刚才写的这个词语读一读。

生：凄美。

师：读出了美中有凄，再读一遍。

生：凄美。

师：读出了凄中有美。请继续说说你知道的带"美"的词语。

生：完美。

生：优美。

生：美观。

师：能不能说说带"美"的四字词语？

生：完美无缺。

生：美不胜收。

生：两全其美。

生：美轮美奂。

生：美妙绝伦。

生：各美其美。……

师：很好！这就看出了我们平时词语的积累。词语就像人民币，积累得越多财富越多！

（学生会心地点点头。）

师：平时从课文中，从课外读物中，从朋友交流中，从电影电视中，你一定了解过一些凄美的故事。说给大家听一听，好吗？

生：《卖火柴的小女孩》是凄美的。

师：一个金发、碧眼、皮肤白皙的小女孩，在大年夜活活冻死街头。何等凄美的故事啊！

生：《小音乐家杨科》是凄美的。

师：一个热爱音乐的孩子，一个酷爱小提琴的孩子，不就是触动了一下主人的琴弦吗，竟然被管家活活打死。何等触目惊心的凄美故事！

生：有个著名的女词人李清照，自从她的丈夫去世后，她所写的词都是凄美的。

师：（躬身探问）大家愿意欣赏这首词，正翘首以待呢！

生：（爽快地）那好！我来背背李清照的《声声慢》：寻寻觅觅，冷冷清清，凄凄惨惨戚戚……（声情并茂）

（生热烈鼓掌。）

师：李清照是我国宋朝著名的婉约派女词人。她晚年生活凄楚，写出了许多凄美的诗篇。你们还知道的凄美的故事有……

生：牛郎织女。

师："盈盈一水间，脉脉不得语。"无情的天河凄楚地隔开了两个如胶似漆的佳侣。

生：梁山伯与祝英台。

师：家喻户晓、妇孺皆知的《梁山伯与祝英台》，凄美、哀婉，一对有情人只能化蝶相会。那么，外国的有没有？

生：罗密欧与朱丽叶。（掌声）

师：呵！真不简单！凄美的故事让人记忆深刻。今天孙老师和你们再来学习一篇凄美的故事，它是根据著名作家张丽钧的文章改编的课文——《凄美的放手》。请跟老师写课题。（板书：凄美的放手。）

师：（边板书课题，边旁白）写字一笔一画，做事认认真真。今天把一个字写好了，明天把一件事做好了。人人都这样，该有多么和谐，多么美好！大家一起读课题——

生：（齐读）《凄美的放手》。

【点评】孙老师从拆解自己的姓名入手，然后通过"唠家常"式的对话，渐渐地引入了课题——《凄美的放手》。这样的一段教学看似闲笔，其实，很好地利用了东方人长于预言性叙事的特质，并充分利用了东方人会在事发前常有预感在心的特殊心理，引着学生们在猜测和期待中慢慢入味。这很像是《红楼梦》的第一回"甄士隐梦幻识通灵，贾雨村风尘怀闺秀"，就对"十二金钗"的命运做出了暗示；也像是《水浒传》的第一回"张天师祈禳瘟疫，洪太尉误走妖魔"就对全书所要描写的108

位英雄好汉埋下了伏笔一样，在举重若轻的点化中，为读者（学生）进一步探究课文的主题，定下了"基调"，巧妙地设下了伏笔。

师：找到感觉了吗？读书要像唱歌一样，先要找准基调。

生：（齐读）《凄美的放手》。

师：有点感觉了。

生：（声音轻轻）《凄美的放手》。

师：声音再轻一点。

生：（"凄美"读得轻轻）《凄美的放手》。

师：看文题，"凄"是什么意思？

生：凄凉、悲伤。

生：伤感。

生：凄惨。

生：凄楚。

师：那么，"美"呢？

生：美丽、美好。

生：美妙。

生：壮美、悲美。

师：好一个"悲美""壮美"！

师：放手。（说着，老师松开手，手中的粉笔随之落地了。）"放手"就是一个简单的、普通的、平常的手上动作，为什么说"放手"就是"凄惨的"，就是"壮美的"呢？

（生疑窦丛生……）

【点评】古人有云："小疑则小进，大疑则大进。"孙老师充分调动了学生的已有知识和经验，让他们自由自在地与文本进行碰撞，引爆了猜想的火花，激活了学生潜在的学习动机。

师：（不悱不启）答案就在课文中，请同学们把书拿出来。注意！读书的时候要字字入目，句句入心。字字入目就是要求每一个字都不要放过，读准它的字音。句句入心，就是要读通顺每句话，就是要认真想一想："放手"是说谁放手了？从哪里放手了？放手的结果是什么？现在请同学们放开声音，自由读课文。

（生练习读课文，一时间书声琅琅。）

师：书声琅琅，在孙老师的耳朵里，那就是最美妙的乐章。孙老师很喜欢听同学们读书，更喜欢看你们读书时的专注神情。读书，只要努力，就会有收获。刚才同学们读得很认真，下面我想请几位同学起来读读课文，只要把字词读正确就行了，当然能读得有情感、很流畅那就更让人羡慕了。愿意读书的，请站起来。

（生迅速地站起来。）

师：请你到前面来。下面的同学可以选择如下两种办法之一，弥补没能展示读书成果的遗憾：第一，她用声音读，你用气息跟着读；第二，她用声音读，你用心听。

师：告诉老师，你叫什么名字？在你读书之前，推荐一位平时读书机会较少的同学先读课题，好吗？

（生推荐一位同学。）

师：（友善地跟被推荐的同学说）孙老师不为难你，只要你把课题读出来就可以了。

生：《凄美的放手》。

师：你满意吗？

生：满意。

师：你要感谢这位同学，是她给了你一次展示读书成果的机会。

生：谢谢！

师：你推荐同学读书有功，奖励你继续读下去。

生："那是一个晴朗的夏日。美国加州攀岩俱乐部的罗夫曼和妻子莫莉亚丝同时攀岩。罗夫曼的攀岩速度比妻子快一些，他很快就成了供莫莉亚丝仰视的风景。没有任何防护，他们是岩壁上会呼吸的岩石。山峰越来越近了……"

师：（佯装没听清）什么越来越近了？

生："顶峰越来越近了。"

师：哦！看看我的耳朵。（诙谐地）

生："顶峰越来越近了，围观的人群情不自禁地雀跃欢呼起来。然而就在这时，位于莫莉亚丝右上约 5 米处的罗夫曼突然一声惨叫，他失足了！正在攀岩的莫莉亚丝蓦然瞥见险象……"

师：什么"见"？请再读一遍。

生：瞥（piē）见。

师：同桌告诉他。

生：瞥（piē）见。

师：你读得很正确，请带领大家把这个词语读三遍。

生：瞥（piē）见。

师：（问读错的同学）你现在知道怎么读了，请你再带领大家读两遍。

生："瞥（piē）见。"

师：刚才读错了，马上改正，接着又做"老师"教大家读，进步真快！你做一个"瞥见"的动作让大家看一看。同学们都做一个"瞥见"同桌的动作。好，字音读准确了，动作也做得很到位，词语自然也就理解了。请继续往下读。

生："正在攀岩的莫莉亚丝蓦然瞥见险象，毅然脱离了崖壁，伸出双手准确地搂接住了迅速下坠的罗夫曼。两个人紧紧依偎（wèi）着，共同坠入万丈深谷。"

师：你心理素质会越来越好的。这里是"两个人紧紧依偎（wēi）着，共同坠入万丈深谷"。再重新读一遍。

生：两个人紧紧依偎（wēi）着，共同坠入万丈深谷。

师：好孩子，我知道你是故意的，想引起大家的警觉，不就是依……

生：依偎（wēi）——

师：读书机会又来了。

生：（有一个学生迅速站了起来）"这瞬间发生的惨剧惊呆了在场的每一个人……莫莉亚丝那个漂亮的搂接动作被摄像师定格成了旷世经典。"

师：喜欢读书的同学，一起接着往下读。

（生接着往下读。）

师：读得正确、流利。

【点评】留有足够的时间和空间，让每一个学生都能正确、流利地朗读课文，切实过好"认读关"，扎实而有效！

师：课堂上仅仅练习读了一遍，你们已经能够读得正确、流利，有的同学还能读得比较有感情，的确了不起。孩子们，思考一下，《凄美的放手》讲了两个故事，第一个故事中的"放手"是说谁放手？

生：第一个故事是讲罗夫曼的妻子莫莉亚丝放手。

师：从哪儿放手？

生：从崖壁上放手。

师：第二个故事呢？

生：第二个故事是说董方保的妻子放手。

师：从——

生：从小树上放手。

师：放手的结果？

生：董方保的妻子落到了湍急的洪流中，莫莉亚丝和她的丈夫紧紧地依偎着坠入了万丈深谷。

师：比较长的一篇课文，经过你们自己的阅读与理解，变成了两句话。就是讲的两个女人的放手，一个女人从……

生：岩壁上放手。

师：结果——

生：坠入了万丈深谷。

师：另一个女人——

生：放开了紧握树干的双手。

师：结果是——

生：消失在了湍急的洪流中。

师：原来，放手就是意味着——

生：死亡。

师：这就是——

生：凄惨！

【点评】先是整体勾勒，然后步步深入地引领着学生经历一个从内容到主题的探索过程。应该说，这是符合人们认识事物的普遍规律的。

师：是啊！世界上哪有比一个鲜活的生命瞬间死亡更凄惨的呀，作者为什么说是美丽的呢？

【点评】中国有句古话："提领而顿，百毛皆顺。"意思是说，抓着了问题的关键，就会使诸多纷繁的事物顿时顺畅起来。孙老师在此时，紧紧抓住话题的关键——"世界上哪有比一个鲜活的生命瞬间死亡更凄惨的呀，作者为什么说是美丽的呢？"——一下子就把学生们带入了"愤""悱"的境界，这是不是"提领而顿"之举呢？答案是肯定的。

（生一下子陷入深思。）

师：也许，死亡有大美而不言，它不言我们言。我们读书，我们言说。说出我们对死亡的理解，说出死亡背后的壮美。孩子们，再回到课文中去，认真地去读。请你上来，咱们合作、携手，与课文对话，共同感受"放手"的悲美。

师：（扶着学生的肩膀）你叫什么名字？

生：我叫珍伟。

师：你叫珍伟！（笑声）珍伟，你来读一遍。我们共同聆听文章背后的声音，聆听那死亡当中的壮美、凄美、悲美……

生：《凄美的放手》——"那是一个晴朗的夏日。"

师：告诉我们故事发生的——

生：时间。

生："美国加州攀岩俱乐部的罗夫曼和妻子莫莉亚丝同时攀岩。"

师：美国加州攀岩俱乐部是——

生：地点。

师：罗夫曼和妻子莫莉亚丝？

生：人物。

师：同时攀岩？

生：事件。

师：于是我们知道写记叙文的时候，一般要交代的四要素是——

生：时间、地点、人物、事件。

师：我说文章有大美而不言，我们用我们的眼睛去看，用头脑去思考，用心灵去记忆。美文就是这样炼成的——简单、明了。

【点评】俄国作家车尔尼雪夫斯基曾经说过："紧凑——是作品美学价值的第一个条件，一切其他优点都是由它表现出来的。"孙老师紧紧抓住课文中的实例，只消三言两语就让学生明白了"四要素"，着实是对"紧凑"的最好注脚。

生："罗夫曼的攀岩速度比妻子快一些，他很快就成了供莫莉亚丝仰视的风景。"

师：这是一个什么句子？

生：比喻句。

师：你平时都看过哪些风景？

生：桂林山水。

生：杭州的"断桥残雪"。

师：看风景的感受——

生：舒服。

生：赏心悦目。

师：表明你对风景的——

生：喜爱。

师：罗夫曼就是罗夫曼，莫莉亚丝就是莫莉亚丝，两个人同床共枕、同桌共饮、朝夕相处，罗夫曼不就是攀岩的速度比妻子快一些吗？为什么妻子看他的时候像看风景？

生：攀岩是垂直的，莫莉亚丝看到的是丈夫的脚，重叠上去，像岩石一样。

师：这是你对"风景"的个人理解。

生：后面说了他们没有任何防护，和岩壁贴得很紧，像岩壁上会呼吸的岩石，多么惊险的一个场面，所以说像"风景"一样。

师：只要能自圆其说就是动脑筋的表现。还有没有不同看法？我刚才说了那是她同床共枕、同桌共饮、朝夕相处的丈夫，她看丈夫像看风景，从情感的角度上说明——

生：说明他们俩有深厚的感情。

生：妻子爱丈夫。

师：情人眼里出——

生：西施。

师：风景。

师：她看丈夫像看一道风景，是因为有深厚的感情在里面。这句话应该怎样读，才能表达这份情？

生：（感情水到渠成）"罗夫曼的攀岩速度比妻子快一些，他很快就成了供莫莉亚丝仰视的风景。"

师：真美！一起把这句话再读一遍。

生：（齐读）"罗夫曼的攀岩速度比妻子快一些，他很快就成了供莫莉亚丝仰视的风景。"

师：如果想把内心的情感表达出来，要不要大声疾呼：我爱罗夫曼？

生：不要。

师：课文这样写——

生：这样写更能体现妻子对丈夫的感情。

师：课文这样写叫含蓄。她把对丈夫的爱藏在心里，她看丈夫像看风景一样。如果每一个人，每一个家庭，你看我，我看你，都像看风景一样该有多好啊！再读这句话。

生："罗夫曼的攀岩速度比妻子快一些，他很快就成了供莫莉亚丝仰视的风景。"

【点评】有人说，发现语文的美，常常在于对语言文字深层意思的揣摩。你看，课文中的"风景"一词原本普通，可在孙老师点拨下，学生不但读出了"风景"所描绘的景象，而且体味到了妻子看丈夫攀岩就像仰视一道"风景"中所蕴含的内在情感。如此一举，竟使"情"与"景"尽收心中，难得的一举而多得。

师：继续读。

生："没有任何防护，他们是岩壁上会呼吸的岩石。"

师：（激发思考）人就是人，此时此刻怎么变成岩石了呢？

生：他们是紧紧地贴在岩壁上的。

师："贴"字用得好，为什么用"贴"呢？

生：因为他们没有任何防护，必须紧贴岩壁才能保证安全。

师：这么好的比喻句，我们再来读一遍。

生："没有任何防护，他们是岩壁上会呼吸的岩石。"

师：你们记住了吗？

生：记住了："没有任何防护，他们是岩壁上会呼吸的岩石。"

师：没有任何防护，他们需要贴得很紧，否则一失足成……

生：千古恨。

师：千古"鬼"。

（生笑）

师：孩子们，想一想，这句话跟放手有什么关系？

生：我觉得没有任何防护，他们很容易失足，掉入万丈深谷。

生：这样写是为了给下面的放手做铺垫。

师：做铺垫，埋伏笔。你比我知道的还多，真是好样的！

生："顶峰越来越近了，围观的人群情不自禁地雀跃欢呼起来。"

师：这里是写围观的人群，不直接写他们俩了，这跟他们攀岩有什么关系？

生：这样写能表现出后来写罗夫曼的失足对人们心理的打击。

师："打击"这个词用得有力度。

生："然而就在这时，位于莫莉亚丝右上方约5米处的罗夫曼突然一声惨叫，他失足了！"

师：把"然而"圈起来，这个词告诉我们，故事发生了转折。池水兴波。

生："正在攀岩的莫莉亚丝蓦然瞥见险象，毅然脱离了崖壁，伸出双手准确地搂接住了迅速下坠的罗夫曼。两个人紧紧依偎着，共同坠入万丈深谷。"

师："毅然"说明莫莉亚丝放手的时候？

生：想都没有想。

生：没有丝毫考虑。

生：没有任何犹豫。

生：不计后果。

生：她的动作非常果断。

师：言之成理。请带着你们的理解再读这句话。

生："正在攀岩的莫莉亚丝蓦然瞥见险象，毅然脱离了崖壁，伸出双手准确地搂接住了迅速下坠的罗夫曼。两个人紧紧依偎着，共同坠入万丈深谷。"

师：192个字，一个惊心动魄、扣人心弦、令人震撼的故事戛然而止。言已尽，意无穷。

【点评】咬文又嚼字，语语悟其神。

生："这瞬间发生的惨剧惊呆了在场的每一个人。"

师：何止是在场的每一个人，也惊呆了每一个读者。

生："莫莉亚丝那个漂亮的搂接动作被摄像师定格成了旷世经典。"

师：定格成了万世经典啊！摄影师的眼睛在瞬间就捕捉到了这么美的镜头，美的画面，美的瞬间。

生："——亲爱的，别做傻事！我们似乎听见罗夫曼在说。"

师：连罗夫曼都不能理解她的这个举动，再读。

生：（齐读）"——亲爱的，别做傻事！我们似乎听见罗夫曼在说。"

生："——不要，不要推开我！这是莫莉亚丝坚定的声音。"

师：这不只是莫莉亚丝坚定的声音，这是她毅然放手，毅然放弃生命时的坚定的声音。

生：（齐读）"——不要，不要推开我！这是莫莉亚丝坚定的声音。"

生："让我再陪你走一程。"

师：这一程我们夫妻两个将要走向……

生：谷底。

生：深渊。

生：地狱。

生：天堂。

师：走向黄泉，走向地狱，走向天堂……

生："让云擦着我们的眉睫，让风掠过我们的耳际。"

师：这哪是在走向死亡？这俨然是在跳伞："让云擦着我们的眉睫，让风掠过我们的耳际。"何等的浪漫！何等的洒脱！何等的诗意！何等的壮美！

生：（齐读）"让云擦着我们的眉睫，让风掠过我们的耳际。"

师：好极了！让我们再次体会这种面对死亡的美好情怀。

生："从巅峰到谷底，我们的后半生多么匆遽啊！"

师：从巅峰到谷底，也许就是几十秒钟的时间，我们的后半生就走完了，这个词就是文章当中的——

生：匆遽。

师：没错，一起读这个词。

生：匆遽！

师：它的意思是——

生：非常快。

生：很快就过去了。

师：再把这句话读一读。

生："从巅峰到谷底，我们的后半生多么匆遽啊！"

师：后半生过得那么匆匆，我们怎么能不留恋它呢？

生："如果一切还来得及，我真愿和你再重复一遍我们携手共度的好时光。我们厮守着，啜饮千般欢爱，沐浴万种柔情……"

师：（深情旁白）回想相爱来时路，有多少柔情，有几多甜蜜——想当初人约黄昏、月上柳梢、花前月下、耳鬓厮磨、海誓山盟、新婚宴尔、两情融融、缠缠绵绵……可是，那万般缱绻，瞬间将烟消云散……

（生泪眼蒙眬……）

生："可是现在，我们却在坠落，坠落。噢，让我们抱得更紧一些吧，因为，我们生命之花就要在洁净的谷底灿然绽放了。"

师：我们似乎看到了两朵殷红殷红的花，紧紧依偎着；我们似乎听到了两朵花在呢喃低语……

生：（突然插嘴）我想到了梁祝的化蝶。

师：非常好，你用中国古典的美来解释这两朵花。化成两只蝴蝶比两朵花更有动感，更有美感。

师：我们似乎听到花在低语……

生："亲爱的，我知道我根本无力救你，我只是想救起那个字——爱。"

师：一个女人——莫莉亚丝，为了丈夫，从岩壁上放手，坠入了谷底，化作了花朵，她的死是凄美的。而另一个女人——董方保的妻子，从小树上放手了，消失在湍急的洪水中，她的死又是怎样的呢？请同学接着往下读。

【点评】充满机智的师生对话，抑扬顿挫的反复诵读，对重点词句的用心揣摩，诗一般语言的烘托渲染……这一切，必然会让学生走入课文所描述的情感世界。正应了孙老师的那句话：情到深处，泪自流。

生："1998年夏。"

（师把话筒伸到学生面前。）

生：（迅速反应）时间。

生："中国嘉鱼。"

（师又把话筒送到学生面前。）

生：地点。

生："洪水铺天盖地袭来的时候，董方保和他的妻子在急流中同时抓住了一棵小树。"

生：人物、事件。

师：文章不厌其烦地告诉我们，开头要交代清楚——

生：时间、地点、人物、事件。

【点评】和遗忘做斗争的重要手段之一是"再现"，孙老师就是用"再现"的手段来加深学生的理解和记忆的。

生："他们都不会水，求生的本能使他们死死地抱住了那棵救命的小树。"

师：爱动脑筋的你，一定会发现"死死地抱住那棵救命的小树"相当于上一篇文章的哪一句话。

生："他们是岩壁上会呼吸的岩石。"

师：上下文对比着读，贯通着读，就能读出写作的规律。

生："洪水迅猛地往上涨，他们拼死往上爬。"

生："终于，幼嫩的树干再也无力承受两个人的重量，一点点朝水面弯下来，弯下来。"

师："终于"，这个词语相当于上一篇文章的——

生："然而。"

生："妻子平静地看了丈夫一眼，说：'还有那么多孩子等着你呢，多保重。'还没等董方保反应过来，他的妻子已从容地放开了紧握树干的双手，消失在了湍急的洪流中。"

师："从容地放手"就相当于上一篇的——

生："毅然脱离了岩壁。"

【点评】好一个"上下文对比着读"："死死地抱住那棵救命的小树"与上文"他们是岩壁上会呼吸的岩石"的对比；"终于"和"然而"的对比；"从容地放手"与上文"毅然脱离了岩壁"的对比。事实证明：就在这一连串的联系上下文的对比中，学生自己就能发现写作的规律。

师：从"从容地放手"，你可以看出——

生：放手时的从从容容、平平淡淡。

生：平常的心态。

生：看出了妻子坦然的心理。

师：从"死死抓住"到"从容地放开"，可见——

生：妻子态度的坚决。

生：舍己为"夫"的毅然、决然。

生：从从容容、平平淡淡才是真。

生："董方保悲痛欲绝，但理智告诉他，他不可以随她而去——他是一所小学的校长，他的生命属于千百个天使般的孩子。"

师：妻子随着洪水漂走了，董方保为什么不像莫莉亚丝那样随着他的爱人而去呢？

生：因为他是一所小学的校长。

师：是校长就不应该为所爱的人去死吗？

生："他的生命属于千百个天使般的孩子。"

生：他的生命不属于他自己，还属于很多人，很多个孩子。

生：如果他放弃了自己的生命，身后那些孩子就没人管了。

师：如果他放弃了自己的生命，就等于放弃了千百个天使般孩子的教育使命，是吗？

生：是！

师：董校长走了，还会有王校长、李校长呢？

生：当时洪水已经淹没了那所学校，他不能丢下那千百个孩子不管。

生：王校长、李校长必定不是董校长。

师：假设有一架天平，一边是千百个孩子，一边是他的妻子，他是怎样平衡的？

生：他放弃了自己的妻子，为了那千百个天使般的孩子。

生：此时，天平偏向了孩子。

师：假如他随着他的妻子一起走了呢？

生：那所学校的孩子会很伤心。

生：我认为他不能随着妻子而去，他的生命属于身后那千百个孩子。妻子为了他而放弃了生命，选择了死亡，如果他随妻子而去，不是白白浪费了妻子的一条生命？（热烈的掌声）

【点评】为学生创设宽松的对话空间，放飞他们的思维，在平等的对话中提升学生的认知。

生："让我先走一步吧。这是一个爱着丈夫所爱的女人最后的心音。"

师：丈夫的所爱是什么？

生：是千百个天使般的孩子。

师：这个女人爱什么？

生：爱丈夫。

师：还爱谁？

生：爱那千百个天使般的孩子。

师：所以她为了丈夫，为了丈夫身后那千百个天使般的孩子而放弃了生命，选择了死亡。这就是她为什么——

生：从容放手。

师：难道她不留恋生命，不留恋亲人？

生："你可知道，我多么不愿也不忍这么早就对你说出这诀别的话语。"

生：她也不想死啊！

师：如果她死了，她的丈夫会——

生：难过。

师：她的女儿会——

生：伤心。

师：她的父母会——

生：白发人送黑发人。

生：悲痛欲绝。

师：所以她说——

生："我多么不愿也不忍这么早就对你说出这诀别的话语。"

师："下课了，我就要和你们诀别了。"这句话对吗？

生：不对。

师：为什么？

生："诀别"是以后永远都不会再见，而我们和孙老师以后还会再见面的，长大后，我们会去看您。（掌声）

师：那孙老师这句话应该怎么改呢？

生：下课后，我们就要和孙老师再见了。

生：下课后，我们就要和孙老师离别了。

生：下课后，我们就要和孙老师分别了。

生：下课后，我们就要和孙老师告别了。

生：下课后，孙老师就和我们辞别了。

师：原来"诀别"——

生："诀别"和"离别、分别、告别、辞别"意思不一样。

师：（齐读）"你可知道，我多么不愿也不忍这么早就对你说出这诀别的话语。"

生：（齐读）"你可知道，我多么不愿也不忍这么早就对你说出这诀别的话语。"

生："别了，生我养我的土地；别了，生死相依的爱人。"

师：向生养自己的土地告别、向生死相依的爱人告别，这是一个女人最后的心音。

生："别了，生我养我的土地；别了，生死相依的爱人。带着我的一颗心好好活下去啊。等到洪水退去的时候，请你一定要领着我们的女儿小董钰来寻这棵树，告诉她，妈妈曾经怎样地紧握；更要告诉她，妈妈又是怎样微笑着放手。"

师：洪水退去了，董方保来了，带着他的女儿小董钰，带着他的一帮孩子来了。小董钰看到那棵小树会——

生：伤心。

生：悲痛。

生：流泪。

生：会放声大哭。

生：扑过去，紧紧搂住小树……

生：如果我是小董钰的话，我会把这棵树养起来，让它长得更粗壮，再来洪水的时候，就不会再发生这样的悲剧。

生：小董钰可能会痛哭流涕，但她也会明白是妈妈的死换来了爸爸的生。

生：我觉得小董钰既伤心又自豪，伤心的是妈妈死掉了，自豪的是妈妈的死换回了爸爸的生命和千百个孩子受教育的机会。

师：如果你就是董方保领来的那群孩子中的一员，你会怎么说？

生：感谢您，阿姨，您用自己的生命换来了我们和您丈夫的生命，我会在心里永远感激您！

生：这棵树如果长得再粗壮些，阿姨就不会死了。

生：（声音发颤）阿姨，您现在在哪里？我们想您……（眼圈红了）

【点评】从语言文字入手，让学生入情入境，从而引发他们心底的情感共鸣，语文的魅力就在这里呀！

师：读了这两个令人荡气回肠的故事。我禁不住——（投影幻灯片）

我禁不住想对莫莉亚丝说＿＿＿＿＿＿＿＿＿＿＿＿＿＿＿＿＿＿＿

我禁不住想对罗夫曼说＿＿＿＿＿＿＿＿＿＿＿＿＿＿＿＿＿＿＿＿

我禁不住想对董方宝说＿＿＿＿＿＿＿＿＿＿＿＿＿＿＿＿＿

我禁不住想对董方宝的妻子说＿＿＿＿＿＿＿＿＿＿＿＿＿

我禁不住想对自己说＿＿＿＿＿＿＿＿＿＿＿＿＿＿＿＿＿＿

生：我想对自己说，其实爱不是紧握在手里的，有时放手也是美的，也是对别人的爱。（掌声）

生：我想对自己说，就是因为这种爱、这种美好的品质，才成就了这样令人荡气回肠的故事。

生：我想对自己说，就是这两个为了爱而放弃自己生命的女人，创造了这样荡气回肠的爱。

生：我想对董方保的妻子说，您不光是您女儿的母亲，您还是那千百个孩子的母亲。有一句话说人的死有的重于泰山，有的轻于鸿毛，您的死对千百个孩子来说是最伟大的。（掌声）

生：我想对罗夫曼说，理解你的妻子吧！她的死不只是为了你，也是为了她自己。你既然爱她，就应该让她快乐。如果她没有随你坠入谷底而苟且活了下来，她不会快乐的。现在虽然和你一起粉身碎骨，但她的心里一定是幸福的！

生：我想对董方保的妻子说，你为了千百个孩子失去了生命，这千百个孩子是不会让你白白牺牲的。

生：我想对罗夫曼说，你妻子和你一起选择了死亡，坠落的时候你要紧紧地抱着她啊！

生：我想对自己说，爱自己的亲人吧，爱自己的老师、父母、同学，爱自己的一切一切吧。树欲静而风不止，子欲养而亲不待，不要等到失去的时候才知道珍贵。（哽咽）（掌声）

生：我想对自己说，读了这个故事我才知道为什么世间有这么多的爱，为什么上帝会造出懂得爱的人来。

生：人家都说男子汉大丈夫，女子是大豆腐，读了这篇文章，我知

道了有时候女人比男人更加坚强，更加伟大！（掌声）

师：我代表所有的女人拥抱你一下。（掌声）

【点评】情动而辞发，真的不假。

师：两个女人在放手中死去了，她们的死是相同的——都是主动放弃生命，选择了死亡。但是她们的死又是不同的，莫莉亚丝是为了——

生：为了丈夫，为了他们之间的爱。

师：董方保的妻子是为了——

生：不仅是为了她的丈夫，而且是为了丈夫身后那千百个孩子。

师：好！我们一起来读这一段话。

生：（齐读）就一个生命的过程来讲，死亡是一种活着的启示。因为这种启示，我们对死亡有所认识，有所思考，有所觉悟，即对死亡有了智慧，获得了美感。

师：我们从别人的死亡当中拥有了智慧，获得了美感，让我们记住这经典的瞬间。我读第一行文字，你们读下面的文字。

师：这是两个女人对死的坦然面对——生："两个人紧紧依偎着，共同坠入万丈深谷。""妻子平静地看了丈夫一眼，从容地放开了紧握树干的双手，消失在了湍急的洪流中。"师：这是两个女人对爱的深刻体验——生："亲爱的，我知道我根本无力救你，我只是想救起那个字——爱""还有那么多孩子等着你呢，多保重。"

师：这是两个女人对生活美的万般眷恋——生："如果一切还来得及，我真愿和你再重复一遍我们携手共度的好时光。我们啜饮千般欢爱，沐浴万种柔情……""我多么不愿也不忍这么早就对你说出这诀别的话语。别了，生我养我的土地；别了，生死相依的爱人。"

师：在这个世界上有三种非常重要的事情，可是不管哪一个国家的学校都没有教的：一是对死亡的面对；二是对爱的深刻体验；三是对生活美的万般眷恋。其实，这三件事情又指向同一件事情——死亡，它其实是对爱与美的一个检查。

师：人与人之间最遥远的距离，不是生与死的距离，而是我站在你面前，你却不知道我多么爱你。

生：人与人之间最遥远的距离，不是生与死的距离，而是我站在你面前，你却不知道我多么爱你。

师：我们一起再来说一遍。（边旁白边轻轻地抚摸一下每一个孩子的头顶。）

生：人与人之间最遥远的距离，不是生与死的距离，而是我站在你面前，你却不知道我多么爱你。

（说着说着，孩子们情不自禁地流下了热泪……老师拿出纸巾轻轻拭去孩子腮边的泪水……）

师：孩子们，我们在一起一个多小时，共同度过了我们生命当中最美好的时光，就要下课了，也许我们有缘以后还能再见面，也许我们一生都不能相见，离别时，我把刚才那句话送给你们。你们有话要对我说吗？

生：孙老师，虽然我们马上就要离别了，我相信我们以后一定会再见面的。

生：孙老师，谢谢您送给我们的这句话，这句话会让我们受益终生。

生：也许以后真的不会再见面了，但这次的相见把我们的心连在了一起。

（老师再次拿出纸巾轻轻拭去前排几个孩子腮边的泪水……）

生：离别不是我们的最后，而是我们想念的开始。

生：虽然这节课很短，却让我们学到很多知识，我代表全班同学谢谢您！

师：刚才是你喊起立的吗？现在请你再喊一次。

生：起立。

（生全体起立。）

师：请同学们跟台下这么多静静听我们上课的老师说一声再见。

生：老师再见！（掌声）

师：孩子们，再见！

【点评】孙老师的这节课给人印象最深的有以下三点：一是教师对课文的把握准确到位；二是语言文字的训练扎实有效；三是情真意切，感人至深。

课文是课堂教学的第一资源，是进行课堂教学的重要凭据。没有对课文的深刻理解和准确把握，便不可能有成功的教学。孙老师对课文的把握最为突出的是以下两点：一是对课文中字、词、句、段、篇，甚至是标点符号的读法、写法了然于胸、准确无误；二是对课文的主题和价值取向的把握成竹在胸、确切到位。

孙老师的这堂课对学生语言文字的训练扎实有效，主要表现在教学的每一个环节对词句教学的重视，对正确、流利、有感情朗读课文的指导。教学中，孙老师不但注意引领学生对词句内在语义进行揣摩，而且注意引领学生对关键词句表情达意作用予以剖析。尤为可贵的是，他不失时机地引领学生对词句的理解，融入自己的朗读，实实在在地带领着学生在课文中走上几个来回。

语文以形象表意，以情感动人。在教学中，不但孙老师本人十分地投入、动情，而且能通过巧妙的引领、机智的对话、有效的渲染去引发学生的情感共鸣。应该说，这堂课的教学过程，是学生对语言文字认知的一次提升，也是他们难得的一次情感和精神的洗礼。

作家对话：人间好课

建锋：

你从深圳给我发来一个课堂实录，是你在山东枣庄做课时讲授的一堂语文课。因为你所选取的课文是根据我的一篇文章改编的，还因为我也是一名语文教师，所以，我想就这堂课谈一点自己的看法。

说实话，一开始，我对你把我那篇题为《读懂了女人，也就明白了世界》的文章拿到小学课堂上去讲是心怀疑虑的，那么小的孩子，该如何去面对"死亡"这样一个沉甸甸的话题？若手中没有"金刚钻"，大概是断然不敢揽这样的"瓷器活"的吧？

夜深了，家人都已沉沉睡去。我坐到电脑前，开始静心步入你精心创设的课堂。

我首先重温了自己在7年前写下的文字——《读懂了女人，也就明白了世界》。文章描述的是真实的故事，故事曾重重地撞击过我的心扉。我向来认为，对一个真正的作家而言，生命中割舍得下的东西，是很难化成文字的，唯有生命中那些割舍不下的东西，才可能饱蘸了自己的心血之墨，凝于笔端。

作为这篇文章的原作者，我以为自己应该是一个"权威"的解读者。但是，当我以一个旁观者的身份潜入你和你的"孩子们"中间，我臣服了。我没有料到，你对这篇文章所进行的"二度创作"是如此精妙精彩，孩子们稚嫩纯美的声音恍若来自红尘之外。我一下子就为自己先前对"枣庄上千人的大礼堂一时泪雨纷飞"的说法所持的怀疑态度感到羞耻。

静静的夜，我独自在电脑前静静地流着热泪。

我多想让自己的泪幸福地融入枣庄的那一场泪雨啊！

一天的劳顿，偷走了我所有的好心情，但此刻，在这一天的结尾处，我走进了枣庄的课堂，你和孩子们重新为我人生中这寻常的一天定义。我明白了，人间是有天使的。

自觉不自觉地，我们总在回避"死亡"这个黑色的话题，但在枣庄的课堂，"死亡"竟可以变得如此美妙，如此庄严！你向我表示，你要把"第一眼就受震撼的'凄美'根植于孩子的心田"，你说："作品，活在孩子心里，是永活。"感谢你给了我的文字"永活"的机会，更要感谢你为这"永活"所付出的美丽劳动！我在发给你的短信中由衷地称你是"美的布道者"，我欣赏你引导学生与文本进行的"零距离对话"，欣赏你巧妙地引领着学生去品尝"一吐为快"的快感，你带领孩子们对死亡、爱和生活所做的深度思考，精警熨帖，水到渠成。在我看来，真教育是善爱者的游戏，而教育的至高境界，是"无痕的教育"——情感的自然涌流、知识的自觉接纳，这样的教育才可能楔入生命之中，才不会轻易流失或消散。

一想到在这个嘈杂的星球上还有你这样的人以这样一种虔敬的姿势在孩子面前站立，心就快慰得微微发痛。读过一篇"酷评"，说"孙建锋在上'真课'"，当时不懂，现在明白了评论者用词之妙。你确实是在上"真课"，用真心上课，用真爱上课，用真本领上课，用真智慧上课。你的课的耐看处不在于你"给予"了孩子们什么，而在于你"唤醒"了孩子们什么。你把自己对生命和生活的感恩传递给孩子们，让孩子们不由萌生出爱的冲动。有个曾现场聆听过你讲课的同行跟我讲过这样一件事：在你的课堂上，有个孩子突然脱口说出了自己藏在心中的苦恼——爸爸妈妈离婚了，我跟奶奶过……你当众抱起了这个泪流满面的孩子，在他的额上轻轻吻了一下，令在场的每一个听课者都唏嘘不已。记得以前在"凤凰语文论坛"看过一个帖子，题目就是《爱上孙建锋》——面对这样一个揣着一颗"圣心"在小学课桌间从容穿行的老师，想不爱上，难。

我想，不管我将为这堂课写下怎样的评论文字，这四个字应该是必不可少的吧——人间好课。

张丽钧

2007 年 3 月 10 日

图书在版编目（CIP）数据

发现语文/孙建锋著.—济南:山东文艺出版社，
2017.5
ISBN 978－7－5329－5458－2

Ⅰ.①发… Ⅱ.①孙… Ⅲ.①小学语文课—教学研究
Ⅳ.①G623.202

中国版本图书馆 CIP 数据核字(2017)第 052396 号

发现语文

——孙建锋对话教学

孙建锋　著

主管部门　山东出版传媒股份有限公司
出版发行　山东文艺出版社
社　　址　山东省济南市英雄山路 189 号
邮　　编　250002
网　　址　www.sdwypress.com

读者服务　0531－82098776(总编室)
　　　　　　0531－82098775(市场营销部)
电子邮箱　sdwy@ sdpress.com.cn

印　　刷　山东德州新华印务有限责任公司
开　　本　710 毫米 ×1000 毫米　1/16
印　　张　20.5　插页/2
字　　数　260 千
版　　次　2017 年 5 月第 1 版
印　　次　2017 年 5 月第 1 次印刷
印　　数　1~5000
书　　号　ISBN 978－7－5329－5458－2
定　　价　39.00 元

EDUCATION DISCOVERY · EDUCATION DISCOVERY · EDUCATION DISCOVERY · EDUCATION DISCOVERY EDUCATION DISCOVERY · EDUCATION DISCOVERY · EDUCATION DISCOVERY · EDUCATION DISCOVERY EDUCATION DISCOVERY · EDUCATION DISCOVERY EDUCATION DISCOVERY · EDUCATION DISCOVERY · EDUVERY · EDUCATION DISCOVERY · EDUCATION DISCOVERY · EDUCATION DISCOVERY · EDUCATION DISCO VERY · EDUCATION DISCOVERY · EDUCATION DISCOVE RY · EDUCATION DISCOVERY · EDUCATION DISC EDUCATION DISCOVERY · DUCATION DISCOVERY OVERY · E DISCOVERY · EDUCATION DISCO

教育
发现